Gabor Steingart

Unser Wohlstand und seine Feinde

Knaus

MIX
Papier aus verantwortungsvollen Quellen
FSC® C014496

Verlagsgruppe Random House FSC® N001967
Das für dieses Buch verwendete
FSC®-zertifizierte Papier *Munken Premium*
liefert Arctic Paper Munkedals AB, Schweden

1. Auflage

Dokumentation: Dr. Jörg Lichter
Gesetzt aus der Sabon von Buch-Werkstatt GmbH, Bad Aibling
Druck und Einband: GGP Media GmbH, Pößneck
Printed in Germany
ISBN 978-3-8135-0518-4

www.knaus-verlag.de

Inhalt

Vorwort

Dieses Buch verdankt seine Entstehung dem Zustand der Verwirrung. Es ist die Verwirrung eines Autors, der entgegen den Gesetzmäßigkeiten seiner Zunft darauf keinerlei Exklusivitätsansprüche erhebt. Vielmehr fühlt er sich in bester Gesellschaft. Nach den vielfältigen Krisen von Banken, Währungen und Staaten sehen viele das Wohlstandsversprechen unseres Wirtschaftssystem in Frage gestellt.

Wird es unseren Kindern wirklich besser gehen können als uns heute? Überlebt der nach dem Krieg errichtete Sozialstaat die permanent gegen ihn gerichteten Angriffswellen, auch die seiner ihn überfordernden Freude? Kann die Krisenbekämpfungspolitik in Südeuropa den großen Knall verhindern? Und dann die wohl düsterste aller Fragen: Ist unser Modell von Demokratie und marktwirtschaftlicher Ordnung noch zukunftsfähig?

Dieses Buch versucht, Antworten zu geben. Wobei jene Leserinnen und Leser gewarnt seien, die sich an den Spielarten eines ökonomischen Fatalismus erfreuen oder der Sehnsucht nach Apokalypse verfallen sind. Sie werden hier nicht auf ihre Kosten kommen. Es geht in »Unser Wohlstand und seine Feinde« um Realismus, nicht um Pessimismus. Wir wollen die bedrohlichen wirtschaftlichen Zustände nicht an ihr Ende, sondern zum Anfang zurückdenken. Vor dem geneigten Leser liegt ein Beitrag zur wirtschaftlichen Evolutionsgeschichte der Welt, die erzählt und erklärt, wie wir dahin kamen, wo wir heute stehen.

Ohne diese historische Ortsbestimmung driftet die so leidenschaftlich geführte Debatte über die Zukunft unseres Wirtschaftssystems, das viele fälschlicherweise »kapitalistisch« nennen, ins Zufällige ab. Denn die Grundverwirrung rührt ja gerade daher, dass beide an unseren Universitäten vertriebenen Navigationssysteme, das sozialistische wie das liberale, zur Positionsbestimmung nicht mehr taugen. Die ihren Betriebssystemen zugrunde gelegten Algorithmen wurden von der Wirklichkeit widerlegt.

Das kapitalistische System fuhr nicht wie von Karl Marx geweissagt in die Hölle der Verelendung. Es gibt keinen tendenziellen Fall der Profitrate, so wenig wie der Unternehmer die ihm zugewiesene Rolle als »Totengräber« des Systems übernahm.

Adam Smith, dem geistigen Gegenspieler, ist es in der rauen Wirklichkeit nicht besser ergangen. Der Glaube an die »unsichtbaren Hände«, die unser Wirtschaftssystem einer natürlichen Balance zuführen würden, erwies sich als irrig. Nur die eiserne Hand des Staates konnte die Welt nach der Implosion des von deutschen Aussiedlern gegründeten Bankhauses Lehman Brothers vor Massenarbeitslosigkeit, Armut und politischem Radikalismus retten. Die unsichtbaren Hände hätten uns beinahe erdrosselt. Man fragt sich heute, wie wir diesen Unfug, alles würde von selbst seiner natürlichen Ordnung zustreben, jemals glauben konnten. Wenn es denn ein Wesensmerkmal unserer Wirtschaftsordnung gibt, dann ist es ihre ständige Neigung zur Unordnung.

Auch die neuzeitliche Volkswirtschaftslehre hilft uns nicht weiter. Sie betrachtet die Wirtschaft als eine große Maschine. Bildhaft wird sie gerne mit einer Lokomotive gleichgesetzt. Welche Lokomotive zieht die Weltwirtschaft? So lautet die Frage vor nahezu jedem G-20-Treffen der wichtigsten Staats- und Regierungschefs.

Das Bild von der Lokomotive besagt: Die Wirtschaftsmaschine erbringt unter gleichbleibenden Bedingungen gleichbleibende Leistung. Wer sie mit mehr Energie, sprich Geld, befeuert, erhöht das Tempo.

Das Beruhigende und Fatale an diesem Bild ist: Wenn das Umfeld sich verändert, arbeitet die Maschine gemäß ihrer Konstruktion und der in ihr angelegten Mechanik trotzdem weiter. Sie funktioniert. Im Zweifel verbraucht sie mehr Energie und ist weniger effektiv, aber, und darauf kommt es hier an, die Maschine bleibt eine Maschine. Kehrt das Umfeld wieder zum Normalzustand zurück, zum Beispiel nach einer Rezession oder einer Finanzkrise, stellen sich die alten Ergebnisse wieder ein. Die Wirtschaft laufe wieder rund, heißt es dann.

Doch diese mechanistische Sichtweise, bei der die Leistungen der Maschine mit mathematischen Modellen vorhergesagt werden können, bildet das ökonomische Geschehen nur unvollständig ab. In seiner Starrheit erinnert das Konzept »Wirtschaft = Maschine« an den frühen Glauben, alle Pflanzen und Tiere seien mit einem Donnerschlag, von der Kirche »Schöpfungsakt« genannt, entstanden. Erst Charles Darwin konnte mit seiner Theorie von der Evolution, bei der sich jede künftige Lebensform durch Mutationen oder Modifikationen aus heutigen Lebensformen entwickelt, so wie die heutigen aus vorherigen Lebensformen hervorgegangen sind, die Komplexität des Entstehens und Vergehens von Arten erklären.

Wir sollten »die Wirtschaft« ebenfalls weniger starr und mechanistisch betrachten. Sie ist – zumal sie im Kern aus nichts anderem als aus Menschen besteht, ihrer Arbeitskraft und ihren Ideen, ihren Bedürfnissen und Abneigungen – ein großer lebender Organismus, der, wie alle anderen Organismen auch, auf Veränderungen der Umwelt mit Verhaltensänderungen reagiert. Darwin würde von »Adaption« sprechen.

Gelingt dem Organismus diese Anpassungsleistung nicht oder zu langsam, so wie es den Dinosauriern im Übergang von der Kreidezeit zum Tertiär ergangen ist oder dem Malaria-Virus in Kontinentaleuropa nach der Entdeckung von Antikörpern, stirbt er aus oder führt ein Nischendasein. Jene Organismen aber, denen die Anpassung an veränderte Umstände am besten und schnellsten gelingt, werden belohnt. Sie vermehren sich häufiger als andere. Darwin nennt das »natürliche Selektion«.

Um die Welt der Ökonomie besser zu verstehen, sollten wir uns Darwins Bilder von der Evolution ausleihen. Die von ihm entdeckten Prinzipien von Adaption und natürlicher Selektion kennzeichnen nicht nur die Evolution von Pflanzen-, Tier- und Menschenwelt, sondern auch die Art und Weise, wie unser Wirtschaftsorganismus sich entwickelt.

Verändert sich das Umfeld kaum, bleibt der Organismus stabil. Das trifft auf die westlichen Nachkriegsgesellschaften zu mit ihren anhaltend hohen Wachstumsraten und der stabilisierenden Wirkung der Blockkonfrontation zwischen Ost und West.

Wir leben heute in einer Zeit weltweit großer evolutionärer Dynamik, nicht erst seit der Finanzkrise. Die sowjetische Planwirtschaft, die nicht in der Lage war, ihre eigene Bevölkerung zu ernähren, musste weichen. Nicht Ronald Reagan oder Michail Gorbatschow haben der Sowjetunion das Todesglöckchen gebimmelt, auch wenn sie dafür vielerorts verehrt werden. Es war ein ökonomischer Auswahlprozess, der das entscheidende Wort sprach. Ein blühendes russisches Wirtschaftssystem hätte Reagan nicht totrüsten und Gorbatschow nicht preisgeben können.

Zugleich werden schnell lernende Systeme belohnt. Der chinesischen KP, die nach der pragmatischen Devise verfährt, »wenn etwas gut funktioniert, nennen wir es Kommunismus«, gelang es, ein Wirtschaftssystem neuen Typs zu etablieren. Der oft wiederholte Satz »nach dem Ende der Planwirtschaft fehlt dem Kapitalismus die Systemalternative« könnte falscher nicht sein.

In Wahrheit haben wir es mit einer nie da gewesenen Artenvielfalt der wirtschaftlichen Systeme zu tun. Von Putins Oligarchenwirtschaft über den Öl-Kapitalismus im Nahen Osten und in Venezuela bis zu den verschiedenen asiatischen Modellen einer dirigistischen Marktwirtschaft streut die ökonomische Variation.

Selbst innerhalb der westlichen Industriegesellschaften herrscht ein bunter Pluralismus. Man denke nur an die Unterschiede zwischen dem zentralistischen Frankreich und dem Deutschland des Föderalismus und des Mittelstandes. Oder an die Differenz zwischen Amerika und Europa. Darwins »Gradualismus«, der eine Veränderung des Lebens in oft kleinsten Schritten beschrieb, findet hier seine Entsprechung in der Welt der Wirtschaft.

Erzählt wird diese Evolutionsgeschichte in diesem Buch von allem Anfang an. Wir kehren zurück in die graue Vorzeit des Wolfskapitalismus, ziehen mit den Ölmagnaten, Industriebaronen und Börsenspekulanten an die frühen Siedlungsstätten unseres Industrialismus. Wir begegnen jener Zeit, als das System erstmals autoaggressive Verhaltensweisen zeigte. Über die Große Depression führte der Pfad zu Hitler und Roosevelt.

Von dort geht es in gleichermaßen dialektischer wie glorreicher Verkehrung des bis dahin Gewesenen zur Marktwirtschaft. In Deutschland schuf Kanzler Ludwig Erhard »Wohlstand für (fast) alle«, so wie sein amerikanisches Gegenstück Präsident Lyndon B. Johnson die »Great Society« begründete, die amerikanische Ausgabe eines Sozialstaates. Unter dem Eindruck steiler Wachstumsraten mutierte der kapitalistische Wolf zum marktwirtschaftlichen Haushund, der dem Menschen nahe und nützlich sein will. Viele glauben seitdem, die Domestizierung sei unumkehrbar. Und wer das nicht glaubt, der hofft zumindest.

Als sich die hohen Wachstumsraten der Nachkriegsjahre verabschiedeten, wurde ein neues Kapitel aufgeschlagen. Staaten und private Banken kamen sich nun näher, als Bürgern und Kunden recht sein konnte. Der Kredit führte sie zusammen. Er wirkt für beide Seiten wirklichkeitsvergrößernd. Bald schon kooperierten und kopulierten Bank und Staat, bis unklar war, wer hier eigentlich die Verantwortung trägt. Aus hybriden Verhältnissen entschlüpfte eine Bastardökonomie, die – halb Markt- und halb Staatswirtschaft – im Schatten der Globalisierung gezeugt worden war. Das Wölfische kehrte in das System zurück.

Nirgendwo im Westen ist der Staat noch der, als der er sich ausgibt. Er ist heute eine Art Doppelwesen, das tagsüber auf dem roten Teppich wandelt, umbraust von Militärkapelle und Nationalhymne, um sich des Nachts im Schattenreich der globalen Finanzmärkte seinen Nachschub an Geld zu besorgen. Von den dortigen Eliten lässt sich der Politiker bereitwillig die modernen Finanzmarktprodukte erläutern: das Leasing der Müllfahrzeuge, das Sale-and-lease-back der Sportplätze, die Kreditausfallversicherungen, das Hebeln von Staatsanleihen und die Devisenspekulation auf Optionsschein. Noch im kleinsten Rathaus der Republik kommen diese riskanten Instrumente zum Einsatz. So gelangten die Banken zu ihrer einzigartigen Machtposition im Staate.

Der private Kapitalmarkt ist heute der große Ermöglicher von Politik. Politische Macht gegen wirtschaftliche Sonderstellung, das ist das Tauschgeschäft, auf dem dieses historisch einmalige und in keiner westlichen Verfassung vorgesehene Zusammenspiel beruht.

Im atemberaubenden Wachstum der Deutschen Bank, dem größten Institut unseres Landes, findet die neue Zeit ihren Ausdruck. Entsprach die Bilanzsumme des Geldhauses 1990 mit

200 Milliarden Euro erst rund neun Prozent der deutschen Wirtschaftsleistung, erreicht sie mit heute knapp zwei Billionen über 90 Prozent unserer gesamtdeutschen Wirtschaftskraft – ein Plus von inflationsbereinigt 640 Prozent. Es gibt keine zweite Institution, keine Partei, kein anderes Großunternehmen, das ein vergleichbares Wachstum vorzuweisen hätte.

Überall auf der Welt sehen wir dieses enthemmte Wachstum des Finanzsektors. Er löste sich aus der Rolle des Dienstleisters, sein Wachstum schoss deutlich über das Wachstum all seiner Kunden hinaus, er veränderte die Wirtschaftsordnung, der er entsprungen ist.

Der Finanzsektor gilt fortan als »systemrelevant«, was zur Folge hat, dass der Bürger für seine Banken haftet: Politiker retten Banken, Banker retten Staaten, und beide zusammen lassen sich ihre Flitterjahre von den Notenbanken bezahlen, die mit dem Gelddrucken kaum mehr nachkommen.

Das, was wir bis dahin »Marktwirtschaft« nannten und als »sozial« bezeichnet haben, verformte sich unter dem Druck der Ereignisse. Risiko und Verantwortung wurden entkoppelt. Die Gelehrten können sich schon auf den Befund – hat der Staat oder hat der Markt versagt? – nicht mehr einigen. Von den Rezepturen – mehr Markt, rufen die einen; gebt uns das Primat der Politik zurück, die anderen – gar nicht zu reden.

Die Gewissheitsverluste übersteigen mittlerweile die materiellen Verluste. Aktien, Anleihen und verbriefte Immobilienkredite wurde teilentwertet, doch die Entwertung der klassischen Volkswirtschaftslehre war radikaler. Aktien und Anleihen erholen sich nach derartigen Krisen, die Erkenntnisse der Klassiker aber sind unter dem Schutt der Weltfinanzkrise begraben.

Wer diese Bastardisierung der Verhältnisse durchschaut, versteht, warum Marktfundamentalisten und Staatsgläubige, Konservative und Progressive, Christ- und Sozialdemokraten derzeit so leidenschaftlich an der Sache vorbeistreiten. Und er bekommt eine Ahnung, warum dem politischen Liberalismus der Zeit mehr fehlt als ein charismatischer Führer. Seine Grammatik stimmt nicht mehr, weshalb die Schlachtrufe der politischen Elite wie das Echo einer vergangenen Zeit klingen. Markt- und Staatsversagen müssen heute zusammen gedacht werden.

An den Universitäten wird die Rückmeldung aus der Wirklichkeit vielfach ignoriert, zumindest von den Professoren. Viele junge Menschen sind weiter. Sie besitzen ein deutlich sensibleres Radarsystem für die Veränderung. Sie spüren die aufkeimende Leere und die Notwendigkeit, sie mit neuen Annahmen zu füllen. Nur wer weiß, wo er herkommt, weiß, wo er hinwill.

Wir sollten gar nicht erst so tun, als ob die Krise beendet und die Risiken für die Zukunft unserer Kinder gemeistert seien. Das sind sie nicht. Die ökonomischen Zustände unserer heutigen Welt sind weiterhin von Rauschhaftigkeit geprägt. Das Auto-Aggressive ist in unsere Wirtschaftsordnung zurückgekehrt. Die Pleite des Bankhauses Lehman, die Zahlungsunfähigkeit Griechenlands und der Einsatz der Rettungsbillionen zur Stabilisierung der Weltwirtschaft waren nicht die Höhepunkte eines Dramas, sondern dessen Präludium.

Dieses Buch versucht, Komplexität zu reduzieren, aber nicht um den Preis der Simplifizierung. Deshalb wird die Entwicklung unseres Wohlstands nicht nur bis zum Krisenjahr 2008 zurückverfolgt, sondern bis zu seinen Quellen. Nur wenn wir durch das Fenster der Geschichte blicken, können wir den Charakter der krisenhaften Erscheinungen von heute verstehen.

In Kapitel 1 bis 4 schauen wir auf die Anfänge des Kapitalismus und die wesentlichen Treiber unserer Wohlstandsentwicklung. Wir gehen neben dem langen Fluss der Geschichte her bis zu jener Gabelung, an der wir heute stehen: Die Widersprüche der Marktwirtschaft aushalten oder den Verlockungen eines »staatlich-finanzwirtschaftlichen Komplexes« nachgeben? Die ausführliche Schilderung der Ereignisse in den USA – von der Großen Depression bis zum Immobilienprogramm der Präsidenten Clinton und Bush junior – ist dabei ein unverzichtbarer Bestandteil der Aufarbeitung. Denn hier nahm das neuzeitliche Unheil seinen Lauf. Ohne die abknickenden Wachstumsraten der siebziger Jahre und das besondere Verständnis der USA von einer privat finanzierten Sozialpolitik hätte die Immobilienblase niemals entstehen können. Ohne die Immobilienblase wäre es nicht zur weltweiten Bankenkrise gekommen. Ohne Bankenkrise kein Griechenland-Drama mit angeschlossener Euro-Rettung. Allerdings: Einer soliden Staatsfinanzierung in Europa hätten auch die Ereignisse in Übersee nichts anhaben können. So aber arbeiteten Europäer und Amerikaner mit vereinten Kräften und umso wirksamer am Zustandekommen einer bastardisierten Ökonomie als Grundlage des perfekten Angriffs auf unseren Wohlstand.

In Kapitel 5 werden die unbequemen, auch die schmerzhaften, vor allem aber die notwendigen Schlussfolgerungen aus den Erkenntnissen unserer Wohlstandsgeschichte gezogen.

Es steht mehr auf dem Spiel als die Stabilität der europäischen Währung. Wenn der Rückkehr des Wölfischen kein Einhalt geboten wird, dürften der Zusammenhalt der europäischen Gesellschaft, ihre freiheitliche Substanz, das Streben nach Demokratie und sozialer Gerechtigkeit einmal mehr einem historischen Stresstest unterzogen werden. »Die Geschichte selbst hat weder ein Ziel noch einen Sinn«, rief uns Karl Popper in »Die Offene Gesellschaft und ihre Feinde« mit der ihm eigenen Deutlichkeit zu. Und fügte allerdings in tröstender Absicht hinzu: »Aber wir können uns entschließen, ihr beides zu verleihen.«

Daran will dieses Buch mitwirken.

Gabor Steingart, Februar 2013

Kapitel 1
Urknall. Vom Entstehen des Kapitalismus und was ihn von der Marktwirtschaft unterscheidet

Glühbirne, Dampfmaschine und Telegrafenmast: Das Jahrhundert der Erfinder bringt Wohlstand und Wolfskapitalismus hervor. +++ Das Primat des Profits, und warum der Staat anfangs nur eine Statistenrolle spielt. +++ Kapitalismus erzeugt Krieg und zerstört die Konkurrenz, also auch sich selbst. +++ Was die Schlachthöfe im Chicago des 19. Jahrhunderts mit dem iPhone-Hersteller Foxconn in China verbindet.

Kapitalismus und Marktwirtschaft – ziemlich entfernte Verwandte

Um den Ruf unserer Marktwirtschaft ist es nicht gut bestellt. Die permanente Banken-, Euro- und Staatenrettung, bei zeitgleich sich beschleunigendem Dauerrisiko in der Arbeitswelt hat dem Ansehen unserer Wirtschaftsordnung nicht gutgetan.

Doch wir sollten der Treibjagd auf die Marktwirtschaft Einhalt gebieten, wenigsten für die Dauer der hier vorliegenden Lektüre. Plädiert sei für ein Moratorium, für einen zeitlich befristeten Empörungsaufschub. Denn mag unser Zorn auch berechtigt sein – und wer wollte das angesichts der zahlreichen Missstände ernsthaft bestreiten –, sorgen die feindseligen Emotionen womöglich für eine fehlerhafte Analyse. Denn Marktwirtschaft und Kapitalismus sind beileibe nicht dasselbe. Sie sind sogar höchst verschieden, stehen zueinander in einem ähnlichen Verwandtschaftsverhältnis wie der Haushund zum Wolf.

Der Wolf – canis lupus – ist das ewige Raubtier. Der Mensch und er sind, kaum dass man einander zu nahe kommt, Rivalen im Kampf um Lebensraum und Nahrung. Der Haushund – canis lupus familiaris – ist hingegen eine domestizierte Unterart des Wolfes. Er will dem Menschen nah und nützlich sein. Wolf und Hund entspringen zwar demselben Genpool, aber die Evolution hat sie einander entfremdet.

Der Kapitalist ist der Wolf der Weltwirtschaftsgeschichte. Auch wenn er in verschiedenen Weltgegenden in unterschiedlicher Ausprägung in Erscheinung tritt – so wie der Wolf als Polarwolf in Sibirien, als Buffalo-Wolf in den Rocky Mountains oder als Eurasischer Wolf in China –, so sind die Ähnlichkeiten der Kapitalisten in China, Russland, den USA und bei uns doch stets größer als die Unterschiede. Das von ihnen hervorgebrachte System ist totalitär, weil die ökonomischen Beziehungen allen anderen Beziehungen ihren Stempel aufdrücken.

Der Kapitalist ist ein Wesen, das einzeln oder im Rudel auftritt, vornehmlich um Beute zu machen. Bei aller Wohlerzogenheit, die nach Bedarf vorgezeigt werden kann, interessiert ihn doch vor allem eins: der Profit. Zuweilen tritt das Raubtierhafte seines Charakters deutlich zu Tage, wie wir mit einem Blick in die Chicagoer Schlachthöfe des 19. Jahrhunderts oder zu den 1,2 Millionen Arbeitern der heutigen Firma Foxconn, die in Südkorea unter erbärmlichen Arbeitsbedingungen das iPhone von Apple zusammenkleben, erkennen können.

Die Spezies des Kapitalisten ist, da hilft keine Beschönigung, inhuman und von Gier gesteuert, auch wenn die Fabrikanten der Frühzeit uns mit dem Gebetbuch in der Hand und feiner Kleidung am Leib zu täuschen versuchten. Aber der Wolf bleibt ein Wolf, auch wenn er den Frack anzieht.

Im Zentrum des Denkens und Handelns dieser Spezies steht seit jeher das Geld, wie uns das Wort »Kapitalismus« ohne Umschweife mitteilt. Und die Überhöhung zum »Ismus« deutet darauf hin, dass wir uns im Tempel der Heilslehren befinden, wo eine Tapetentür immer auch zum Fanatismus führt. Hier wird Profitverherrlichung in all seiner Einfältigkeit gepredigt.

Kein zweiter Autor hat die frühe Morgenstunde des Kapitalismus vergleichbar einprägsam überliefert wie der Fabrikantensohn Friedrich Engels. Das »Geldmachen ist die Sonne, um die sich alles dreht«, schrieb er in seinem Werk »Die Lage der arbeitenden Klasse in England«. Und weiter:

»Mir ist nie eine so tief demoralisierte, eine so unheilbar

durch den Eigennutz verderbte, innerlich zerfressene und für allen Fortschritt unfähig gemachte Klasse vorgekommen wie die englische Bourgeoisie. Für sie existiert nichts in der Welt, was nicht nur um des Geldes willen da wäre, sie selbst nicht ausgenommen, denn sie lebt für nichts, als um Geld zu verdienen, sie kennt keine Seligkeit als die des schnellen Erwerbs, keinen Schmerz außer dem Geldverlieren. Und wenn der Arbeiter sich nicht in diese Abstraktion hineinzwängen lassen will, wenn er sich einfallen lässt zu glauben, er brauche sich nicht als Ware im Markte kaufen und verkaufen zu lassen, so steht dem Bourgeois der Verstand still.«

Man wünschte, Engels hätte ins Polemische überdreht. Aber das hat er nicht. Der Kapitalismus seiner Zeit war im Kern ein Beherrschungsvertrag der Wirtschaft über die Gesellschaft. Auf dessen strikter Einhaltung haben die Unternehmer der frühen Stunde bestanden. Das Versprechen von Reichtum und die Drohung mit Armut lösten sie mit unbarmherziger Pünktlichkeit ein.

Wenn Bundespräsident Joachim Gauck heute sagt, der Mensch sei nicht primär durch seine Rolle im Wirtschaftsleben bestimmt, kann er den Menschen des Ur-Kapitalismus nicht gemeint haben. Denn der war zuerst und vor allem anderen durch seinen Rang im Machtgefüge des Produktionsapparates bestimmt. Die große ökonomische Prägemaschine hielt ihn zeitlebens zwischen ihren Pressbacken gefangen. Da zappelte er und funktionierte, wie es die Maschine für ihn vorsah. Und wenn er wirtschaftlich überflüssig oder nicht mehr ausreichend effektiv war, ließ man ihn auf den Boden plumpsen. Sollte er doch sehen, wie er klarkam. Armut und Armseligkeit galten als der angemessene Lohn für Lebensleistung.

Der Kapitalist war sich keiner Schuld bewusst. Er orientierte sich am Feudalstaat, der ihn hervorgebracht hatte. An der

Wiege des Kapitalismus standen nun einmal Könige, Fürsten und Klerikale. Das Wort »Demokratie« war noch nicht in aller Munde.

So schwebte denn dem frühen Fabrikanten ein Feudalismus ohne Geburtsnachweis vor, in dem der Fabrikherr der neue König war. So geschah es dann auch: Der Ausbeuter wurde ein ökonomischer Feudalherr, der den Arbeiter als Untertan und jeden Widerspruch als Majestätsbeleidigung verstand. Der Volksmund sprach folgerichtig von »Industriefürsten« oder, herzhafter noch, von »Räuberbaronen«. Die Freiheit, die die Kapitalisten meinten, war nicht die Freiheit der anderen. Der Wohlstand, dem sie zustrebten, war ein Wohlstand nur für wenige. Die Wirtschaftsordnung dieses Ur-Kapitalismus konnte das Wölfische in ihrem Gencode nie verleugnen.

Der Marktwirtschaftler ist von anderer, deutlich friedlicherer Natur. Er ist der aus dem Wolf hervorgegangene Haushund. In einem langen Evolutionsprozess hat er sich durchgesetzt. Über die Wendeltreppe der Irrtümer führte der Weg zu Marktwirtschaft und parlamentarischer Demokratie.

Wie der ihr vorhergehende Kapitalismus ist aber auch die marktwirtschaftliche Ordnung womöglich nur eine temporäre Erscheinung. Denn wie die Evolution der Tiere und Pflanzen kennt auch die Wirtschaft keinen Endzustand. Alles Gegenwärtige wird durch den Lauf der Zeiten wieder in Frage gestellt. Dennoch bilden sich von Zeit zu Zeit Systeme heraus, deren Aggregatzustand fester und stabiler erscheint, deren Ablösung keineswegs wünschenswert ist. Die Soziale Marktwirtschaft gehört dazu. Sie ist nicht die Krönung der Entwicklung, kein Paradies auf Erden, sie verdient keine götzenhafte Verehrung. Aber sie ist das Beste, was die Evolutionsgeschichte der Wirtschaft den Menschen bisher zu bieten hatte. Es lohnt sich für sie, den Willen zu mobilisieren.

Das nach dem Zweiten Weltkrieg in Europa und Amerika durchgesetzte Leitbild der marktwirtschaftlichen Ordnung folgt der Idee von der Freiheit. Schon das ist bemerkenswert. Die Marktwirtschaft blickt nicht mehr auf den Untertan, sondern schaut auf den selbstbestimmten Bürger. Auf den Märkten, jenen Orten, an denen Anbieter und Nachfrager, Bedürftige und Begünstigte, Gebildete und solche, die es erst noch werden wollen, zusammentreffen, sollen sie ihre Freiheit ausleben dürfen. Der Einzelne kann zur angebotenen Ware Ja, Nein oder gar nichts sagen. Die Marktwirtschaft ist kein Beherrschungsvertrag, sondern ein Koordinierungsvorgang zwischen freien Menschen. Der Marktwirtschaftler will nicht andere berauben, sondern anderen nützlich sein.

Die heutigen Marktwirtschaftler sind vor allem Pragmatiker. Sie wollen den friedlichen Wettbewerb, die Kooperation zwischen Kapital und Arbeit, und sie glauben nicht an die natürliche Neigung des Systems zum Selbstausgleich. Sie streben eine über den Preis vermittelte Harmonie an, wo der eine gibt, was der andere braucht. Aber sicherheitshalber hat der Marktwirtschaftler Institutionen erschaffen, die diese romantische Idee auch bewachen.

Die Marktwirtschaft, das zeichnet sie aus, nimmt den Menschen, wie er ist. Sie sieht im Innersten der Welt ein Prinzip wirken, das auf Freiheitsdrang und Entfaltungssehnsucht beruht, das den Trieb nach Wohlstandsvermehrung zugleich fördert und begrenzt, das um das menschliche Bedürfnis nach und die Befähigung zur Anteilnahme mit anderen weiß. Die Marktwirtschaft strebt eine Fortschrittsmechanik an, die in kleinen Schritten in Richtung eines guten Lebens voranschreitet. Deshalb wurde zwar nicht das Glück selbst, wohl aber »das Streben nach Glück« in der Verfassung der USA als Grundrecht jedes Menschen festgeschrieben.

Es gibt keine für alle gültige Vorstellung vom guten Leben. Man kann daher mit gutem Grund behaupten, der Marktwirtschaft fehle das Großformatige oder Großartige. Aber: wenn der tschechische Intellektuelle und einstige Berater von Václav Havel Tomáš Sedláček die zwei menschlichen Urängste richtig beschrieben hat – die Angst vor dem Animalischen, dem Triebhaften, und die Furcht vor dem Maschinellen, dem Roboterhaften –, dann muss die Marktwirtschaft sich hier nicht angesprochen fühlen. Beide Ängste sind ihr wesensfremd. Sie kennt nicht den einen großen Durchbruch, nur die vielen kleinen. Und in ihrem Innern wirken Menschen, nicht Maschinen. Sie will, das ist das Romantische an ihr, ein Gleichgewicht herstellen, einen Ausgleich zwischen Anbietenden und Nachfragenden. Während der Kapitalist vom Endsieg träumt, strebt der Marktwirtschaftler nach Balance.

Die Marktwirtschaft besitzt die sozialen Techniken, die dem Kapitalismus zeitlebens fehlten. Letzterer glaubte an die Beherrschung der Natur, die Allmacht der Naturwissenschaften, an Dampfmaschine, Hochofen und Atomspaltung, an die möglichst effektive Nutzung von Kohle, Dynamit und Elektrizität. Er sah sich als Vollstrecker der Naturwissenschaften, weshalb alles Menschliche beiseitezutreten hatte. Das Soziale war für ihn ein Kostenfaktor, keine Produktivkraft.

Die Marktwirtschaft aber weiß, dass erst die gemeinsame Anwendung von Naturgesetzen und sozialen Techniken die Wohlstandsvermehrung dauerhaft voranbringt. Wirtschaften bedeutet eben nicht nur ein rohes Gegeneinander auf den Märkten der Konkurrenz, sondern auch ein einfühlsames Miteinander. Wir müssen nur an die Zusammenarbeit der Mutterkonzerne mit ihren Tochterfirmen denken, an die Vertrauensbeziehung der Produzenten zu den Kunden, an das Partnerschaftliche von Betriebsleiter und Betriebsrat. Der Marktwirtschaftler kann zuhören und erklären, vermitteln und einlenken, derweil der Kapitalist das Wort »Kompromiss« nicht aussprechen mag. Er arbeitet am liebsten mit Hammer und Amboss. Der Marktwirtschaftler dagegen bevorzugt die Moderation. Er will alle zueinander bringen, Arbeit und Kapital, Bedürftige und Begüterte, Staat und Privatwirtschaft, Angebot und Nachfrage. Das Ausgleichende ist seine zweite Natur.

Herzlosigkeit als Mitgefühl – die schwierige Rolle des Staates

Die Marktwirtschaft erkennt an, dass es immer mehr als einen gibt. Der Kapitalismus liebt Monopole und strebt ihnen zu. Marktwirtschaft und Monopol dagegen sind zwei Begriffe, die sich abstoßen, so wie Marktwirtschaft und Knechtschaft auch. Wer »Marktwirtschaft« sagt, der sagt auch »Staat«.

Der Kapitalist sagt auch »Staat«, aber er sagt es in verächtlichem Ton. Er verlangt dessen Unterordnung. Während der Marktwirtschaftler den Staat als Partner auf Augenhöhe anspricht, klingelt der Kapitalist nach ihm als Diener. Sein heimliches Ideal ist die staatsfreie Zone. Er will die Gesellschaft aufspalten in viele Atome, und weil er ahnt, dass ihm das nie ganz gelingen kann, versucht er, Staatlichkeit und Gruppeninteressen aller Art zu marginalisieren und zu diffamieren. Nur ein Staat, der vor sich hindämmert, ist für den Erzkapitalisten ein guter Staat. Nur eine Gewerkschaft, die sich als Nostalgieverein zum Gedenken an verpasste Siege versteht, wächst ihm ans Herz.

Eine Ausnahme macht der Kapitalist allerdings schon. Er will den starken Staat, der sein Privateigentum schützt. Polizei, Armee, Überwachungsorgane – davon kann er nicht genug bekommen. Sein Eigentum, ob Fabrik oder Patent, vermag er nicht allein vor den vielen Feinden und Spähern zu schützen. Der Staat als Konservierungsmittel der Verhältnisse ist dem Kapitalisten recht.

Die Marktwirtschaft hingegen begreift sich als ein Ordnungsprinzip, in dem staatliche Instanzen immer wieder aktiv werden, um Anarchie, Massenarmut, Ungerechtigkeit und Monopole aller Art zu vermeiden. Die unsichtbare Hand des Marktes und die eiserne Hand des Staates gehören für ihn zum selben Körper. Die eine gleicht aus, was dem anderen misslingt.

Der Unterschied zwischen Kapitalismus und Marktwirtschaft wird am deutlichsten, wenn wir auf den sehr unterschiedlichen Umgang mit den Verlierern der Gesellschaft schauen. Der wölfische Kapitalismus ist das ökonomische Gegenstück zur jakobinischen Revolution, die keine Gefangenen machte. Beseelt von Stärke und Stringenz ihrer Gedankenwelt herrschte im Paris des späten 18. Jahrhunderts eine urwüchsige Kopf-ab-Mentalität, in der Mitgefühl als Willensschwäche und Armut als von Gott gewollt galten.

Der Kapitalist der frühen Industrialisierung war sich keiner Schuld bewusst. Er glaubte, dass im Kapitalismus ein archaisches Prinzip verwirklicht sei. Der Löwe fragt schließlich auch nicht die Gazelle, ob sie gejagt, gerissen und verspeist werden will.

Die Schlüsselbegriffe der kapitalistischen Heilslehre lauten Rivalität und Konkurrenz, Ungleichheit und Kampf. Der Schwache muss sich nach dem Starken strecken, nicht der Starke zum Schwachen hinunterbeugen. Hilfe würde den Menschen nur hilfloser machen, glaubt der Kapitalist, weshalb sie grundsätzlich zu unterbleiben habe.

So sprach sich der Kapitalist nicht nur vom moralischen Makel der Herzlosigkeit frei, sondern erklärte in einer schlitzohrigen Paradoxie seine Herzlosigkeit zum Ausdruck von Mitgefühl. Unglück wird zur Vorbedingung von Glück. Der Kapitalist kommt seiner Verantwortung für die Gesellschaft dadurch nach, dass er sich für nicht zuständig erklärt. In das »freie Spiel der Kräfte« eingreifen will er schon deshalb nicht, weil es ihm nicht gerecht erscheint. »Kapitalismus ist das, was Menschen tun, wenn man sie in Ruhe lässt«, sagt der Philosoph Kenneth Minogue.

Diese Härte richtete sich keineswegs nur gegen jene Bevölkerungsschichten, die man heute als die »sozial Schwächeren« bezeichnet. Sie richtete sich gegen alle, die nicht oben in der Nahrungskette stehen, also auch gegen die Zweitplatzierten. Der katholische Sozialkritiker Heinrich Pesch hat Recht, wenn er in seinem »Lehrbuch der Nationalökonomie« schreibt: »Die ungeregelte Freiheit ermöglicht die volle Ausnutzung der im Kapitalbesitz verbundenen Übermacht, darum Niederwerfung des Mittelstandes, Vernichtung minder kräftiger Konkurrenten, die Ausbeutung des Konsumenten wie des besitzlosen Arbeiters.« Man könnte auch sagen, das letzte Ziel des wölfischen Kapitalismus ist es, den Markt und jegliche Form der Freiheit abzuschaffen. Er besitzt Charaktereigenschaften, die sich als »autoaggressiv« beschreiben lassen.

Was auf den Märkten seinen Ausgangspunkt nahm, setzte sich im Zeitalter des Kapitalismus in der Sphäre des Staates fort. Hier wurde wirtschaftliche Stärke in politische Macht verwandelt. Wer die Verfügungsgewalt über Fabriken, Transportmittel und Energiequellen besaß, hatte im späten 18. und im beginnenden 19. Jahrhundert auch politisch das Sagen. Und diese politische Macht setzte er vor allem dazu ein, die Verzinsung seines Kapitals zu erhöhen, notfalls auch mit den Mitteln der Diktatur.

Anders der Marktwirtschaftler: Privatwirtschaft wird von

ihm nicht mit Privatangelegenheit übersetzt. Dem Marktwirtschaftler liegt auch die Welt »jenseits von Angebot und Nachfrage«, wie sich Wilhelm Röpke ausdrückte, am Herzen. Deshalb ist den marktwirtschaftlichen Theoretikern der Wettbewerb der Meinungen so wichtig wie der Wettbewerb der Waren. Nur dass jetzt nicht mit Geld abgestimmt wird, sondern mit dem Wahlschein. Der Marktplatz heißt in diesem Fall Parlament. Dort bieten Pragmatiker und Polemiker ihre Ware feil. Die Mehrheitsmeinung soll sich durchsetzen, aber nie so total, dass der Unterlegene gedemütigt ist oder gar im Kerker landet. Die Ablehnung eines wirtschaftlichen Monopols findet in der Ablehnung einer »Tyrannei der Mehrheit« (Stuart Mill) ihre Entsprechung.

Wenn im Kapitalismus das »Recht des Stärkeren« herrscht, steht in der Marktwirtschaft das Gesetz über dem Menschen, auch und gerade über dem starken Menschen. Der Reiche ist weiterhin reich, der Unternehmer noch immer Unternehmer, aber beide sind nicht mehr automatisch mächtig. Ihre Macht endet, wo das Interesse der Gesellschaft beginnt. In Marktwirtschaft und Demokratie geht es, der schottische Aufklärer und Ökonom Francis Hutcheson hat es vortrefflich formuliert, um »das größtmögliche Glück der größtmöglichen Zahl«. Hier erkennen wir sehr deutlich den Marktwirtschaftler als den Haus- und Hirtenhund. Sein Glück ist das Glück der ihm anvertrauten Herde.

Marktwirtschaft und Aufklärung traten ihren Siegeszug gemeinsam an. Denn ohne den Abschied der Menschen von Glaube und Aberglaube, ohne das Ersetzen von Vorurteil und Ressentiment durch Vernunft und Bildung wäre es nicht so weit gekommen. Die Evolution der Wirtschaftsordnung ist daher auf das Engste mit der Verwandlung der Gesellschaften im 18. und 19. Jahrhundert verbunden. Die Selbstbefreiung des

Bürgertums aus den Fängen von Klerus und Königshof war die Grundbedingung auch für die Umwälzung der Produktionsverhältnisse.

Erst die Veredelung des Menschen in der Zivilgesellschaft konnte den Kapitalismus und zugleich den Keim seiner Überwindung hervorbringen. Ohne die Französische Revolution von 1789, ohne den erfolgreichen Unabhängigkeitskrieg der amerikanischen Siedler gegen die britische Krone, ohne das Hambacher Fest im Jahre 1832, ohne all die aufklärerischen Mühen der sich entwickelnden Bürgergesellschaft hätte die Marktwirtschaft niemals das Licht der Welt erblicken können. An ihrer Wiege stand der zivilisierte Mensch, der Bildungs- und Staatsbürger, das sich seiner selbst bewusste Individuum, das nicht mehr als Befehlsempfänger und Untertan anzusprechen war. Die neue Selbstsicht der Menschen war das Kraftzentrum aller Veränderung, auch auf dem Feld der Ökonomie.

Nun dürfen wir allerdings nicht so tun, als würden sich Kapitalismus und Marktwirtschaft gar nicht kennen. In der Evolutionsgeschichte der Wirtschaft ist der Kapitalist der direkte Vorfahre des Marktwirtschaftlers. So wie im Wolf der Hund schon angelegt war, ist umgekehrt auch im Hund das Wölfische noch abgespeichert. Es wurde domestiziert, das haben wir eben gesagt. Nun müssen wir hinzufügen: Aber ausgerottet wurde es nicht. In jedem Hund steckt immer auch ein Wolf. Die eigene Vergangenheit steckt ihnen bildlich gesprochen noch in den Knochen.

Wer den Fortschritt verstehen will, den die nach dem Zweiten Weltkrieg entstandenen Marktwirtschaften für die Menschheitsgeschichte bedeuten, und wer zugleich ein Gefühl bekommen möchte für die Gefahren, die unserem heutigen Wohlstand drohen, sollte daher einen genaueren Blick auf den gemeinsamen Stammbaum von Kapitalismus und Marktwirtschaft werfen. Die Verwandtschaftsverhältnisse sind entscheidend. Sie helfen uns später, die neue Spezies zu verstehen, die unsere Gegenwart dominiert, die aus hybriden Verhältnissen entschlüpfte bastardisierte Ökonomie, von der noch ausführlich die Rede sein wird. Diese Spezies taucht in keinem Lehrbuch auf, wohl aber in unserem Leben.

Kapitalismus pur – von Monopolisten, Kartellbrüdern und Kriegsherren

Der erste Kapitalist betrat die Weltbühne im England des Jahres 1769. James Watt war sein Name. Er hatte die Dampfmaschine zwar nicht erfunden, wie ihm heute angedichtet wird, aber er hat es geschafft, sie industriell nutzbar zu machen. Zusammen mit einem gewissen Matthew Boulton gründete er die Firma »Boulton & Watt«. Der Partner brachte das Geld, Watt besaß die Ideen, geschäftstüchtig waren beide.

Sie wussten, was die Welt an ihrem Verfahren haben würde. Denn erstmals konnte jetzt im großen Stil Muskelkraft durch maschinelle Mechanik ersetzt werden. Die Arbeitsproduktivität in den britischen Textilmanufakturen explodierte durch den Einsatz der Dampfmaschine, die nun die Webstühle mit eiserner, aber deshalb auch besonders flinker Hand antrieb. Von dort sprang der Funke nach und nach auf alle anderen Branchen über. James Watt hat die Welt in Schwung gebracht wie niemand zuvor und wenige danach. Er war der Bill Gates der damaligen Welt.

Gewirtschaftet wurde schon vor Beginn des Industriezeitalters. Aber eben nicht so. Die Bauern rührten ihre Hände während der Vegetationsperiode von früh bis spät, waren im Winter aber nur wenig produktiv und im Wesentlichen mit Reparaturarbeiten und Saufgelagen beschäftigt. Die Händler, die man verächtlich »Pfeffersäcke« nannte, tauschten gemächlich ihre Waren, ohne auch nur das Geringste zu erfinden. Die Feudalherren in den Palästen und an den Höfen waren sich selbst genug. Man war protzig, aber man war nicht produktiv.

In der 150-jährigen Herrschaft der Fugger verharrte das Einkommen der einfachen Bevölkerung auf einem Niveau, das kaum mehr als die Versorgung mit den Gütern des Grundbedarfs sicherte. Im Heiligen Römischen Reich Deutscher Nation, das immerhin rund 800 Jahre währte, lebte die überwiegende Mehrzahl der Bauern und Handwerker von der Hand in den Mund. Eine schlechte Ernte reichte, um eine Hungersnot zu provozieren. Auch zu Zeiten von König Ludwig XIV. ist keine nennenswerte Steigerung der Volkseinkommen überliefert, wenn auch das Königshaus selbst nach unzähligen Eroberungskriegen in Saus und Braus lebte.

Katharina die Große mehrte zwar den Ruhm und die Kunstschätze Russlands, wie sie eindrucksvoll in der Eremitage von St. Petersburg dokumentierte, aber die einfachen Leute und auch die unteren Chargen des Staatsapparates profitierten davon kaum. Wie sollten sie auch: Das Wesen der Feudalherrschaft war über Jahrhunderte der ökonomische Stillstand. Es gab keine nennenswerten Erfindungen, die sich mit der Adelsherrschaft in Europa in Verbindung bringen lassen. Technologische Durchbrüche waren nur sehr vereinzelt zu vermelden. Abends saß man wie in all den Jahrhunderten zuvor bei Kerzenschein zusammen, die Menschen benutzten die Latrine, fuhren Pferdekutsche oder gingen auf »Schusters Rappen«.

Arme wie Reiche kämpften mit Flöhen und der Krätze, das Kindbettfieber raffte die Wöchnerinnen aller Gesellschaftsschichten dahin wie der Frost die Fliegen. Für das Jahr 1780 geht die Geschichtsforschung davon aus, dass 14 Prozent der

Säuglinge unmittelbar nach der Geburt starben. Jedes dritte überlebende Kind verstarb bis zum Alter von 14 Jahren. Kindheit war noch nicht der Inbegriff von Unbeschwertheit, sondern die Chiffre für unverdientes Leiden, stumme Verzweiflung und frühen Tod.

Wohlstand konnte so nicht heimisch werden. Es scheint im Rückblick, als hätten zu jener Zeit große Teile der Menschheit geglaubt, ihr Kopf sei vor allem zum Tragen von Krone oder Soldatenhelm geschaffen. Man schaute mit religiöser Ehrfurcht nach oben, in Richtung Himmel, oder mit mystischem Entsetzen nach unten, wo man die Hölle vermutete. Nur nach vorn schaute kaum einer. Die meisten fühlten sich als demütige Gäste auf Erden, aber nicht als Herren ihres eigenen Schicksals. Das Leben war eng, kurz und vorbestimmt. So glaubte man. Und weil man es glaubte, war es auch so. Das Wort »Selbstbestimmung« hatte noch niemand erfunden.

Selbst die Eliten lebten nicht nach vorn, sondern für den Augenblick, wenn auch auf deutlich höherem Niveau als die Feldarbeiterinnen. Aber das Fehlen einer ökonomischen Antriebskraft einte die Gesellschaft. Der Feudalismus war eine weitgehend stationäre Veranstaltung, in der die Eliten durch Eitelkeit, Faulenzerei, Obszönitäten und Frivolitäten, Kriegslust und soziale Grausamkeit auffielen, aber eben nicht durch technologischen Erfindungsreichtum und gesteigerte wirtschaftliche Produktivität. Wenn sie Wachstum sagten, meinten sie erobern und rauben, nicht erwirtschaften. Außer auf dem Gebiet der Künste hat sich der Feudalismus nur in der Militärtechnik und anderen Fertigkeiten, die der Eroberung dienten – der Schifffahrt, der Kartenkunde und der Navigation –, historische Verdienste erworben.

Der Kapitalist war von anderem Kaliber. Im Vergleich zu allem Vorherigen zeigte er sich als Freund des technischen Fortschritts, als jemand, der die Allmacht des Verstandes entdeckt hatte. Die größte Produktivkraft, so die Erkenntnis, die zu Beginn des 18. Jahrhunderts wirkungsmächtig zu werden begann, schlummere im Innern des Menschen, der sich nur selbst von Mystik und Bequemlichkeit befreien müsse.

Der moderne, der aufgeklärte Mensch jener Zeit schaute nicht mehr nach oben oder unten, sondern endlich geradeaus, wie Egon Friedell in seiner »Kulturgeschichte der Neuzeit« erzählt. Er betrachtete die Welt nicht mehr als göttliche Gegebenheit, sondern »als einen Bauplatz für alles erdenklich Nützliche, Wohltätige und Lebensfördernde, ein unermesslich weites Operationsfeld für die Betätigung und Steigerung der Kräfte des reinen Verstandes, der sich alles zutraut, vor nichts zurückschreckt, durch nichts zu enttäuschen ist«.

Dieser angewandte Verstand denkt sich im 19. Jahrhundert durch alle Naturphänomene, versucht zu verstehen, zu entschlüsseln, nutzbar zu machen. Er sieht den Blitz und entdeckt den Strom. Er schaut auf das kochende Wasser und sieht plötzlich nicht mehr nur Dampf, sondern eine Energiequelle zum Betreiben von Maschinen. Im Innern der Erde vermutet er nicht mehr den Teufel, sondern Kohle und Eisenerz.

Auch wenn wir Pyramiden und Zikkurate, die Tempel Griechenlands und die Thermen Roms, die gotischen Dome und die Städte der Renaissance zu Recht bewundern, so entstanden doch 99 Prozent des heute gemessenen menschlichen Wohlstandes und dessen Basis – der Verbrennungsmotor und das Auto, die drahtlose Kommunikation, die Agrarchemie, die Produkte von Pharma- und Chemieindustrie, die Beherrschung von Licht und Welle – in weniger als einem Prozent der Menschheitsgeschichte.

Mit der Gemütlichkeit war es unter der nun beginnenden Herrschaft der Kapitalisten vorbei. Müßiggang wurde abgeschafft. Industrielle Imperien schossen aus dem Boden, die nicht auf ererbten Pfründen oder erbeuteten Ländereien beruhten, sondern auf echter Arbeit und der Vermehrung von Kapital. Ur-Kapitalisten wie August Borsig, ein Pionier des Lokomotivenbaus, oder Carl Ferdinand von Stumm-Halberg, der Stahlindustrielle aus dem Saarland, der in Berlin als »Scheich von Saarabien« bezeichnet wurde, drängten auch in Deutschland die Menschen in die Fabriken, wo sie im Takt der Maschine zu funktionieren hatten, als wären sie selber eine. Es kam »zur Unterwerfung der Welt unter einen kalkulierenden geschäftlichen Rationalismus«, schreibt Jürgen Osterhammel in »Die Verwandlung der Welt«.

Überall im Westen wurden nun Maschinen mit Kohle, Erzen, Fett, Getreide, Baumwolle, Tabak und Holz gefüttert, bis sie am Ende Gewehre, Seife, Streichhölzer, Textilien, Zigaretten und Lebensmittel ausspukten. Es wurden Produktivitätsrekorde aufgestellt, die seither unerreicht geblieben sind. Die Eisenproduktion in Europa hat sich allein zwischen 1870 und 1890 fast verdoppelt, die Stahlproduktion legte zwischen 1880 und 1900 um das Zehnfache zu. Der Kapitalist war zu jeder Tages- und Nachtzeit beides: Menschenschinder und Wohlstandsvermehrer.

Und weil er trotz aller Ausbeutung und elenden Lebensbedingungen mehr bot als die bäuerliche Landwirtschaft, die nun ebenfalls von Intensivierung geprägt war, strömten die Massen ihm zu. Die Menschen fluchten, sie stöhnten, sie begehrten auf, aber sie kamen in die Fabriken, auch wenn der britische Dichter und Maler William Blake diese als »satanische Mühlen« beschrieb. 1840 arbeiteten bereits 47 Prozent der Briten in der Industrie, die Zahl der in der Landwirtschaft Beschäftigten dagegen sank im Zeitraum von 1760 bis 1840 von 53 auf 29 Prozent.

Von dort aus ging es mit der Landwirtschaft weiter bergab. Großbritannien war das erste Land, das seinen Bauernstand fast aussterben ließ und an die Stelle der alten Elite von Großgrundbesitzern die neue industrielle Klasse setzte. Allein zwischen 1875 und 1895 verschwanden zwei Drittel der Anbauflächen für Weizen.

Die USA folgten mit Zeitverzug. 1870 arbeitete noch über die Hälfte der Beschäftigten in der Landwirtschaft, und nur einer von vier Amerikanern lebte in einer Stadt mit 2500 oder mehr Einwohnern. Innerhalb von 40 Jahren erhöhte sich der Anteil der Industriearbeiter auf zwei Drittel. Nahezu jeder zweite Amerikaner lebte nun in einer Stadt. Die Bevölkerung der USA verfünffachte sich in der Zeit zwischen 1845 und 1914 von 20 auf 100 Millionen Menschen.

Deutschland hörte ebenfalls auf, ein reines Agrarland zu sein. An Rhein und Ruhr, aber auch an Saar, Elbe und Spree entstanden die neuen Industrieanlagen, die auf das Landvolk wie große Magneten wirkten. Lebten im Jahr 1882 noch 42 Prozent der Menschen des heutigen deutschen Territoriums von Ackerbau und Viehzucht, waren es 1933 nur noch 21 Prozent. Die Dynastien der Familien Krupp, Siemens, Bosch und Thyssen begründeten damals ihre Macht und ihren Reichtum.

Nun entstand die technische Infrastruktur für die späteren Wohlstandsgesellschaften. 1825 fuhr die erste Eisenbahn. 35 Jahre später betrug das Streckennetz bereits rund 100 000 Kilometer. 1888 steuerte Bertha Benz das erste Automobil durch deutsche Lande. Vor Ausbruch des Ersten Weltkrieges nannten bereits 1,7 Millionen Menschen ein solches Gefährt ihr eigen.

1833 wurde der erste Telegrafenmast errichtet. 25 Jahre später verlegte man im Atlantik das erste Telefonkabel zwischen Europa und Amerika.

1880 wurde die erste Glühbirne zum Leuchten gebracht. 1914 schlossen sich weite Teile Europas und Amerikas an das Stromnetz an.

Die westliche Welt war dem Schummerlicht von Kerze und Öllampe, aber auch der Langsamkeit für immer entrissen. Es brummte, zischte und knatterte bald überall.

Das Streben nach mehr – der »kapitalistische Mensch« entsteht

Der Mensch selbst veränderte sich unter den Bedingungen des neuen Wirtschaftssystems. Er war nun im Hauptberuf Stahlarbeiter, Kohlekumpel oder arbeitete im Telegrafenamt, aber auch in seinem Innersten wurde er transformiert. Ein Streben nicht nur nach materiellem Wohlstand, sondern nach einem ständigen Wachsen des Wohlstands bildete sich heraus. Die erste Anstrengung galt noch dem Überleben – Essen, Kleidung, ein Dach über dem Kopf. Doch das wurde allmählich zur Selbstverständlichkeit. Man wollte nun besseres und mehr Essen, bessere und mehr Kleidung, bessere Wohnungen und Aufstiegsmöglichkeiten, zumindest für die eigenen Kinder und Enkel. Der Mensch ökonomisierte sich oder wurde ökonomisiert, was für unsere Betrachtung zunächst unerheblich ist.

Entscheidend ist, dass der Einzelne begann, dem Horizont eines besseren Lebens für sich und die Seinen hier auf Erden entgegenzurennen, freilich ohne ihn je erreichen zu können. Immer wenn er glaubte, er sei zum Greifen nahe, rückte dieser Horizont wieder in die Ferne.

Diese Unersättlichkeit des Strebens nach »besser« durch »mehr« war und ist bis heute eine kulturelle Sensation. Der Wachstumsglaube war erfunden, und er kann es mit allen anderen Glaubensrichtungen aufnehmen. Der Kapitalismus besaß plötzlich eine innere Kraft, die auf Veränderung aus war. Und es waren keineswegs nur die Industriekapitalisten selbst, die derart nach vorne drängten. Das sich formierende Bürgertum, das nicht mehr davon ausging, der Einzelne sei durch Glaube und Geburt definiert, sondern könne sein Schicksal selbst bestimmen, wurde ebenfalls zum Träger der Idee vom Wachstum. Arbeitseifer, Fleiß, Leistungswille, Pflichtbewusstsein, das waren die bürgerlichen Kerntugenden, an denen sich alle, auch die Industriearbeiter, orientierten.

Es sah zwar so aus, als würde der Kapitalist nur seiner Klasse selbst dienen. Und am liebsten hätte er das auch getan. Aber die Verhältnisse waren längst außer Kontrolle geraten. Die Öffnung der Gilden und Zünfte ermunterte jedermann zur Selbständigkeit. Die nun erstmals geltende Gewerbefreiheit – in Deutschland von den aufgeklärten Monarchen des Preußenstaates eingeführt – lockte junge Talente. Mit der Aufhebung der Beschränkungen beim Kauf und Verkauf von Grund und Boden war der Immobilienmarkt geschaffen. Und, nicht zu vergessen: Erst die Abschaffung von Fronarbeit und Leibeigenschaft und damit verbunden die Gewährung eines Rechts auf freie Berufswahl konnten die Arbeiterklasse hervorbringen, ohne die der Kapitalist sich nur selbst hätte ausbeuten können.

Die Bürgerliche Revolution war also zugleich auch eine kapitalistische Revolution. Es bildete sich ein »Wirtschaftsbürgertum« heraus, dem Kaufleute, Industrielle, Bankiers, leitende Angestellte und selbständige Handwerker angehörten. Der Bildungsbürger hatte auf der politischen Bühne und in der Administration seinen großen Auftritt. Der Wirtschaftsbürger derweil wandte sich der Produktionsbasis zu. Nur gelegentlich, so als das altsprachliche-humanistische sich mit dem neusprachlich-naturwissenschaftlichen Gymnasium konfrontiert sah, kamen sich die beiden in die Quere.

Das Wort »Selbständigkeit« aber nahmen beide Fraktionen für sich in Anspruch. Unter diesem Banner konnte sich die Bürgerliche Revolution, die im Frankreich des späten 18. Jahrhunderts auf der Straße, in Deutschland zunächst nur in den Köpfen stattfand, jederzeit versammeln. Die bürgerliche Gesellschaftsformation begann zu sprießen, derweil der Feudalstaat zur gleichen Zeit verwelkte. Oder, wie es im »Kommunistischen Manifest« von 1848 hieß: »Alles Ständische verdampft«.

Es kam zur Umdeutung von Werten. Plötzlich wurde Müßiggang nicht mehr mit Nachdenklichkeit, sondern mit Faulheit gleichgesetzt. Bildung war nicht länger der Zeitvertreib von reichen Schnöseln, sondern wurde der Treibstoff für ein besseres Leben. Wissen und Wohlstand begannen heftig miteinander zu reagieren, geistige Armut und materielle Armut auch. Der von Geburt sozial Privilegierte und der körperlich Starke verloren ihren Platz an der Spitze der Pyramide, weil nun die Kohorten der Erfindungsreichen und Gebildeten nach vorne drängten. Damit war auch die frühe Saat für die späteren Erfolge der Frauenbewegung gesät, denn die Höherbewertung der geistigen vor den körperlichen Kräften unterstützte das natürliche Recht der Frauen auf Gleichberechtigung.

Das Bürgertum begann seine Laufbahn als Massenkonsument. Tee, Kaffee, Tabak und Schokolode – eben noch eine Rarität, vorbehalten vor allem den Aristokraten – hielten Einzug in den Haushalten von Millionen. Allein die Briten, die 1840 pro Kopf keine 700 Gramm Tee verbrauchten, erreichten 1870 einen Teeverbrauch von rund 2500 Gramm pro Kopf. Im Deutschland des Jahres 1840 entfielen auf jeden Bürger nur 1,1 Kilogramm Kaffee. Zur Jahrhundertwende waren es bereits 3 Kilogramm. (Heute sind es 6 Kilogramm.) Der Zuckerverbrauch in England konnte sich zwischen 1820 und 1910 von zwei Kilogramm auf 20 Kilogramm verzehnfachen, der Fleischverbrauch hat sich im selben Zeitraum von 15 Kilogramm pro Kopf auf 45 Kilogramm gesteigert.

Der Kapitalismus war archaisch, wölfisch, ungerecht, aber zugleich brachte er wie kein System zuvor einen Wohlstand hervor, wie ihn die Welt bis dahin noch nicht erlebt hatte. Über das Steuersystem saugte die Staatlichkeit aus dem sich vergrößernden produktiven Kern des Landes Energie ab. Auch die Amts- und Würdenträger glühten vor Glück.

Das kleine Inselvolk der Briten stieg mit Hilfe der neuen Kapitalistenklasse in den Olymp der großen Nationen auf. Der Kapitalismus hatte nicht nur die materielle Grundlage für ihre Welteroberung gelegt, er führte so auch zu einer moralischen Erhebung. Im Mutterland des Kapitalismus traten die technologischen Durchbrüche damals derart gehäuft auf, dass die britische Oberschicht glaubte, die Briten seien ein von Gott auserwähltes Volk.

An Beweisen schien kein Mangel: Königin Victoria war die erste Monarchin, die gegen Pocken geimpft wurde. Sie war die erste, die 1842 mit der Eisenbahn fuhr. Sie schickte als erste ein Telegramm über den Atlantik nach Kanada. Und: Sie ließ die Titanic bauen, jenen 269 Meter langen Ozeanriesen, der zum Wahrzeichen der neuen Zeit werden sollte.

Das »Viktorianische Zeitalter« ließ das zahlenmäßig kleine, wirtschaftlich aber starke Inselvolk über den Rest der Welt triumphieren. Aus Kaufleuten waren Kolonialisten geworden. 458 Millionen Menschen zählten schließlich zum Commonwealth, was wörtlich übersetzt »Gemeinsamer Wohlstand« bedeutet. Auf dem Höhepunkt des Kolonialismus herrschten die Briten, die nur 2,4 Prozent der Weltbevölkerung stellten, über 25 Prozent der Weltpopulation.

Das verdankten sie nicht wie in früheren Epochen zuerst den Militärs, sondern einer kapitalistischen Massenproduktion, die mit ihren hohen Profitraten die Voraussetzung für alles weitere schuf. Sie sorgte für das nötige Geld, um andauernd Kriege zu führen, und brachte jene Waffentechnologie hervor, die auf den Schlachtfeldern Überlegenheit garantierte.

500 Schuss pro Minute schafften die vom amerikanisch-britischen Erfinder und Konstrukteur Hiram Maxim produzierten Maschinengewehre. Dagegen hatten die Einwohner Indiens und Afrikas mit ihren Macheten, Speeren und Vorderladern keine Chance. Bei einer Schlacht im Sudan fielen im Jahr 1898 knapp 10 000 afrikanische Aufständische, aber nur 50 Briten.

So hielt der Kapitalist dem Kolonialisten die Steigbügel – und umgekehrt. Wer auf sich hielt, nannte sich zu Beginn des 20. Jahrhunderts »Imperialist«. Das war zu jener Zeit kein Schimpfwort, sondern eine Art Selbstverpflichtung. Nicht ohne Ironie gab der 1867 in Chicago geborene amerikanische Schriftsteller Finley Peter Dunne den Ton seiner Zeit wieder: »Wenn ihr bei den Chinesen seid, sagt der deutsche Kaiser, dann spießt mit euren Bajonetten jeden verhassten Ungläubigen auf, der euch über den Weg läuft. Wenn ihr zufällig nebenbei ein Stückchen Land findet, dann lasst es euch von keinem Franzmann oder Russen wieder wegnehmen.«

Jetzt endlich konnten jahrhundertealte Welteroberungsfantasien ausgelebt werden. Jeder verdächtigte den Nachbarn, nach Hegemonie zu streben, und, um ihm zuvorzukommen, setzte man lieber selbst die Armee in Bewegung. Das von George W. Bush geprägte Wort vom »preemptive strike«, dem »vorsorglichen Angriff«, war noch nicht erfunden. Aber es spukte schon in den Köpfen der damaligen Eliten.

Im kurzen Zeitraum zwischen 1875 und dem Ausbruch des

Ersten Weltkriegs wurde ein Viertel der Erdoberfläche von einem halben Dutzend Industriestaaten besetzt. England vergrößerte sein Territorium um rund 10 Millionen Quadratkilometer, Frankreich seines um knapp 9 Millionen Quadratkilometer, Belgien und Italien schnappten sich jeweils 2,5 Millionen Quadratkilometer. Das Deutsche Reich war ein imperialer Spätzünder, weshalb es sich nur ein zusätzliches Territorium von 2,7 Millionen Quadratkilometern einverleiben konnte. Der »Platz an der Sonne«, nach dem Wilhelm II. rief, war nur noch ein Plätzchen.

Die große Rücksichtslosigkeit und die Rolle der Banken

Der wichtigste ökonomische Grund für die aufsteigenden Nationen jener Zeit, in die entlegenen Gebiete der Welt vorzudringen, war der Rohstoffhunger der neuen Fabriken. In der Stahlproduktion wurden Eisenerz, Kohle und Mangan benötigt, die Autoproduktion verlangte nach Kautschuk, die entstehende Elektroindustrie konnte ohne Nachschub an Kupfer und Zinn nicht leben. Und alle zusammen dürsteten nach Erdöl.

Den weitgehend rechtlosen Arbeitermassen in den heimischen Großbetrieben brachte der Wettlauf der früh industrialisierten Staaten zu den Lagerstätten der Rohstoffe zunächst nicht viel. Für den Hang zur Kartellbildung zahlten die Arbeiter mit höheren Preisen, für den Eroberungsdrang in fernen Gefilden mit ihrem Blut.

Ein System, das Effizienz und bescheidenen Wohlstand versprochen hatte, produzierte plötzlich Mord und Totschlag. Die Welt lernte eine bittere Lektion über das Wesen der Konkurrenz: Findet sie ungeordnet und unbeaufsichtigt statt, entstehen nicht Wohlstand und Reichtum, sondern Krieg und Zerstörung. Der Kapitalismus lebte im Nationalismus seine wölfische Aggressivität hemmungslos aus.

Wann immer die Lage unserer heutigen Wirtschafts- und Sozialordnung uns zwingt, an die graue Vorzeit der Weltwirtschaftsgeschichte zurückzudenken, ist es diese genetische Disposition, der »animal spirit«, wie Keynes ihn nannte, der ins Auge fällt. Unverkennbar findet er in der spekulativen Übertreibung der Bankenwelt, beim manipulativen Umgang mit Börsennotierungen und Zinssätzen und der von Gier und Rücksichtslosigkeit geprägten Szenerie der Weltfinanzmärkte seinen Ausdruck. Nach dem Ständischen scheint auf einmal auch alles Empathische verdampft, aus Partnern sind wieder Rivalen geworden. Nicht Teilhabe und Rücksichtnahme, sondern einmal mehr Unterwerfung und Dominanzstreben prägen in solchen Phasen das wirtschaftliche Geschehen.

Der Wolf als »König der Wälder« tritt uns nun als Mensch gewordener »Master of the Universe« gegenüber. Wir werden später darüber zu sprechen haben, wie es zu dieser Reaktivierung von tief im Erbgut gespeicherten Verhaltensweisen, zur Bastardisierung der modernen Marktwirtschaft, überhaupt kommen konnte. Aber bestreiten lässt sich dieser Befund heute nicht mehr. Der Co-Chef der Deutschen Bank, Anshu Jain, selbst ein Kind der kapitalistischen Bonanza, sprach unlängst davon, der Vertrag zwischen den Banken und der Gesellschaft sei gebrochen worden.

Noch etwas anderes lässt sich schon in den Morgenstunden des Industriezeitalters erkennen: Das neue Wirtschaftssystem zeigte schnell seinen schwankenden, instabilen Charakter. Es war leistungsstärker als alle Wirtschaftssysteme zuvor, aber es war eben auch deutlich unkalkulierbarer. Es kann ohne Vorwarnung vom Auf- in den Abschwung übergehen, es ist im Stande, von der Hochkonjunktur plötzlich in tiefe Depression zu verfallen.

Der erste große Abschwung begann 1873 an der Wiener Börse, breitete sich über Europa aus und setzte sich von dort nach Amerika fort. In den USA gab es über eine Million Arbeitslose, und ein Fünftel der Eisenbahngesellschaften fuhr in Richtung ihres eigenen Bankrotts. An den Börsen herrschte ein einziges Drunter und Drüber, Sorge war in Panik umgeschlagen, so wie zuvor Optimismus in Euphorie. Die Industrieproduktion wuchs weiter, aber mit deutlich gedrosseltem Tempo. Den Zeitgenossen erschien schon diese erste kleine Funktionsstörung des Kapitalismus als »Depression«.

Die Industriellen nutzten die Schwächephase, um sich in Kartellen und Syndikaten zusammenzuschließen. Ihnen ging es immer schon um die Ausschaltung von Konkurrenz. Ausnahmslos auf allen inländischen Märkten zeigte sich, sobald sie eine gewisse Größe erreicht hatten, diese fatale Neigung, dem Markt, dem man seine eigene Existenz verdankte, bei erstbester Gelegenheit den Garaus zu machen. Es kam zur Rudelbildung wider das eigene Wirtschaftssystem.

Überall im Westen ist seit Beginn des 20. Jahrhunderts die Konzentration der wirtschaftlichen Aktivität zu beobachten. Preisabsprachen, Gebietsaufteilung und gezielte Vernichtung der mittelständischen Konkurrenz waren an der Tagesordnung. Das Rheinisch-Westfälische Kohlesyndikat beispielsweise, 1893 gegründet, förderte in seinem Einzugsgebiet 90 Prozent der Kohle.

Nahezu alle großen deutschen Familiendynastien verdanken ihre Imperien der Konzentrationsbewegung ihrer Branche, bei der sie die Oberhand behielten. Die Geschichte der Krupps ist bis heute eine Geschichte der Übernahmen. Rund 20 einst selbständige Stahlfirmen – darunter Rheinstahl, die Deutschen Edelstahlwerke, Hoesch und Thyssen – sind in dem Konglomerat Thyssen-Krupp heute vereint.

Die Standard Oil Company, 1870 gegründet, kontrollierte zu ihrer Hochzeit 95 Prozent des in den USA raffinierten Erdöls. Dabei verdankte die Familie Rockefeller, die Anfang des 18. Jahrhunderts aus dem rheinpfälzischen Örtchen Rockenfeld in die USA ausgewandert war, ihren Aufstieg keineswegs nur der Geschäftstüchtigkeit von Firmengründer John D. Rockefeller, sondern vor allem seinem Hang zu konspirativen Preisabsprachen.

Dass der 16-jährige Rockefeller, der im September 1855 eine Stelle als Lehrling bei der Speditionsfirma Hewitt & Tuttle antrat und wenig später dort als Hilfsbuchhalter beschäftigt wurde, zum reichsten Mann der USA aufstieg, erklärt sich nur aus dem Zusammentreffen von drei Ereignissen: Da war zum einen der in ihm lodernde Unternehmergeist, der zweitens vom Aufbruch der Industrie in das Ölzeitalter befeuert wurde. Aber beides hätte nicht gereicht, Rockefeller den Aufstieg zu den Sternen zu ermöglichen. Der kam zustande, weil drittens der Staat zuschaute, wie die Großen der Ölindustrie sich untereinander arrangierten. Es gab noch keine Gegenmacht, die sich berufen fühlte, den »animal spirit« in die Schranken zu verweisen.

Am 10. Januar 1870 entstand die Standard Oil Company, der sich im Januar 1872 mehrere Unternehmen der Ölbranche unter Rockefellers Führung anschlossen. Das erklärte Ziel war es, durch illegale Preisabsprachen bei den Eisenbahnlinien günstigere Frachttarife für Rohöl zu bekommen. Als diese Absprachen an die Öffentlichkeit drangen, musste Rockefeller einen Teil seiner Betriebe stilllegen.

Aber der Staat war zu schwach, um Rockefeller und seinen Kartellbrüdern wirklich das Handwerk zu legen. Der Ölprinz erholte sich von dem Schlag und kaufte in den folgenden Jahren immer mehr Unternehmen und Anlagen der Ölindustrie auf. 1891 kontrollierte er 70 Prozent des Weltölmarktes.

Die Anti-Trust-Gesetze, die 1890 vom Kongress erlassen wurden, waren in erster Linie gegen die Rockefellers gerichtet. Aber wieder entkam der Ölmagnat: In einem mehr als 20 Jahre dauernden juristischen Schlagabtausch gelang es Standard Oil, die Zerschlagung zu verhindern. Erst am 18. November 1906 wurde das Ölkartell durch die Regierung der Vereinigten Staaten unter Präsident Theodore Roosevelt angeklagt. Wieder folgte ein über mehrere Jahre sich hinziehender Prozess, der am 5. Mai 1911 schließlich mit der Zerschlagung der Standard Oil Company endete. Endlich!

Eines ist auffällig in jener Frühgeschichte unseres Wirtschaftssystems: Nirgendwo im Westen befand sich ein Bankhaus unter den größten und mächtigsten Firmen. Die Industriebarone hätten es nie und nimmer zugelassen, dass ihre Dienstleister und Geldkofferträger sich über sie erheben. Auch wenn die Transformation von Waren in Geld und wieder zurück in Waren schon in den Handelsgesellschaften der vorherigen Jahrhunderte eine wichtige Rolle spielte. Auch wenn nicht bestritten werden soll, dass das zentrale Produkt der Banken, der Vertrieb von Krediten, seit jeher eine Schlüsselfunktion im Wirtschaftsprozess einnimmt und auch für die Kriegsführung und die Repräsentationswut der Monarchen unerlässlich war. Aber die Sonderstellung der heutigen Banken gegenüber allen anderen Mitgliedern des Wirtschaftslebens ist in der Weltwirtschaftsgeschichte ohne Vorbild.

Im Kapitalismus folgen die Banken historisch dem Aufstieg der Industriedynastien, nicht umgekehrt. Die Kreditwirtschaft kam nach den Industriefürsten zu Macht und Ansehen, nicht vor ihnen. Der Erfolg der Realwirtschaft war die Grundvoraussetzung für die Karriere der Anleiheverkäufer, Kreditgewährer und Wechselschreiber. Erst der wachsende Kapitalbedarf von Stahlhütten, Kohlebergwerken und Eisenbahngesellschaften schuf den Humus, auf dem echte Kapitalsammelstellen und weltweit vernetzte Kreditinstitute gedeihen konnten.

So nahm die Deutsche Bank erst im April 1870 ihren Geschäftsbetrieb auf. Das war mehr als 100 Jahre nach Erfindung der Dampfmaschine, 59 Jahre nach Gründung der Firma Krupp in Essen und 23 Jahre, nachdem in Berlin die Familie Siemens mit ihrer Telegraphen Bau-Anstalt die Geschäfte aufnahm. Die Bank stieg, auch dank der liebevollen Förderung durch Ministerpräsident und Reichskanzler Otto von Bismarck, zum größten Geldhaus des Kaiserreichs auf. Aufgrund der beeindruckend hohen Bestände an Spareinlagen besaß die Bank ausreichend Finanzkraft, um die expandierende deutsche Wirtschaft mit Investitionsgeldern zu versorgen. Hermann Wallich, einer der drei Bankdirektoren der ersten Stunde, sah seine Bank in einer der Realwirtschaft dienenden Funktion und warnte vor »verkappten Spekulationen«. Wallich lehnte es ab, »den Schwerpunkt unseres Wirkungskreises in der Börse zu suchen«.

Die Banken waren auch damals wichtig, aber sie waren nicht dominant. In der Rangordnung der Branchen kamen sie erst auf Position drei – nach Bergwerksbetrieben und Minengesellschaften, die wie alle Rohstoffproduzenten zum primären Sektor gerechnet werden, und hinter dem sekundären Sektor, der alle Stahlfirmen, Autohersteller und Chemiefabriken, also die Verwender und Veredler von Rohstoffen, umfasste. In der Klassifizierung der Bankenwelt als »tertiärer Sektor« findet der Gedanke der Unterordnung, des Dienlich-Seins und des Nachrangigen seinen unübersehbaren Ausdruck. Die heutigen Bankvorstände wollen daran nicht gern erinnert werden. In der Absicht, sich über ihre quasi natürliche Funktion zu erheben, nennen sie sich selbst »Finanzindustrie«.

Die Geschichte von Industrie und Banken ist eine gemeinsame, aber keine harmonische. Von Anfang an nicht, was vor allem an den von Familien dominierten Fabrikbetrieben lag. Die fürchteten um ihre Unabhängigkeit, sie betrachteten den Kredit als ein Instrument, das sie in Abhängigkeit bringen würde. Sie wussten: Besser war es, man kam ohne die Herren in Nadelstreifen aus. Ferdinand de Lesseps, Gründer der »Compagnie universelle du canal maritime de Suez«, sprach aus, was wohl die meisten Unternehmer der damaligen Zeit dachten: »Man kann mit solchen Leuten nicht auskommen. Die Bankiers wollen, dass ich mich ihnen füge. Das werde ich nicht tun. Ich werde es allein schaffen.«

Das Verhältnis war europaweit geprägt von Abneigung. Die Industriellen sprachen, wenn sie unter sich waren, von den »Geldsäcken«, und bezichtigten die Banker des Schmarotzertums. Wo sie konnten, zogen die deutschen Industriefamilien in die Aufsichtsräte der neu entstehenden Großbanken, um die Zeremonienmeister der Geldströme kontrollieren zu können. Carl Friedrich von Siemens saß bei der Deutschen Bank. Umgekehrt verweigerte man den Finanziers, solange es ging, in die Aufsichtsräte der Industriekonglomerate einzuziehen. Der Schwanz sollte nicht mit dem Hund wedeln.

Wer es sich leisten konnte, verzichtete anfangs auf die Hilfe einer Bank. »Man kann mit Sicherheit sagen, dass die Industriellen in der ersten Hälfte des 19. Jahrhunderts die Banken nur unter Zwang riefen«, schreibt der französische Wirtschaftshistoriker Bertrand Gille. Selbst als Industriekonzerne wie Krupp in Folge ihrer aggressiven Expansionspolitik früh schon in Finanzierungsschwierigkeiten gerieten, blieben sie den Bankschaltern fern. 1855 fehlten in der Krupp'schen Kasse Millionen, aber Firmenpatriarch Alfred Krupp lehnte die Hilfe eines eigens für ihn gebildeten Bankenkonsortiums ab. 20 Millionen und keine Einmischung, verlangte er. Daraufhin kam die Hilfe nicht zustande.

In Frankreich herrschten in Kreisen des Industrieadels die gleichen Vorbehalte. Mit den Privatbankiers, die sich schon in ihrer parfümierten Lebensweise von den erdigen Industriemagnaten unterschieden, wollte man nur das Nötigste zu tun haben. Der Biograf des französischen Autobauers André Citroën notierte: »Was wäre von ihm geblieben, wenn er die Unterstützung der Banken angenommen hätte? Er will nichts mit Buchhaltern, Zahlenjongleuren, Dezimalstellen-Umstandskrämern zu tun haben.« Citroën selbst verewigte sich mit dem klaren Satz: »Ich will mich nicht mit den Bankiers einlassen, das Bankwesen tötet den Geist.«

Kein namhafter Wirtschaftstheoretiker hat den Banken jemals die Rolle zugewiesen, die ihnen heute zukommt. Für das schnöselhafte Auftreten schon der unerfahrensten Investmentbanker, eine alle anderen Sektoren übertreffende Bezahlung ihrer Führungskräfte und das Hofieren derselben durch die politischen Würdenträger findet man zumindest in den Lehrbüchern der Klassiker keine Rechtfertigung. Schumpeter, der große Freund der Marktwirtschaft und des freien Unternehmertums, betrachtete die Banken als notwendiges Übel, denn einer müsse ja Risiken taxieren und den Geldfluss organisieren. Aber die Tätigkeit dieser Herren war für ihn nicht eine eigenständig sprudelnde Quelle von Wohlstand.

Der Zins, den sie verlangten und nach Schumpeters Vorstellung aus Gründen der Ressourcensteuerung auch verlangen mussten, war dem Unternehmergewinn abgezwackt. »Der Zins fließt aus dem Unternehmergewinn«, schrieb er. Er sei »keine selbständige Frucht«. Ein wenig unanständig kam ihm der Zins zeitlebens vor. Er habe den Zins erklären, aber nicht rechtfertigen wollen, heißt es in seinen Schriften.

Der Banker war also von Anfang an der Paria der kapitalistischen Wirtschaftsordnung, andersartig, gleichermaßen nützlich wie gemeingefährlich, je nachdem, in welchem Verhältnis man zu ihm stand. Vertrauen ist gut, Kontrolle ist besser: Der alte Lenin-Spruch fand seine frühe Anwendung im Verhältnis der Unternehmer zu ihren Bankiers. Und auch die Politik war gefragt. In England, Deutschland und Japan kam es im Ausgang des 19. Jahrhunderts, in den USA und der Schweiz erst am Beginn des 20. Jahrhunderts zur Gründung von Zentralbanken, auch um die Abhängigkeit vom Finanzsektor zu reduzieren.

Der Kapitalismus als Wohlstandsvermehrer und Menschenschinder

Sieben Generationen durchlebten jene wölfische Phase des Kapitalismus, die wir heute die »Industrielle Revolution« nennen. Auf dem sozialen Ohr blieb das neue Wirtschaftssystem während all dieser Jahrzehnte taub. Für die Folgen ihres Tuns mochten die Unternehmer damals keine Verantwortung übernehmen. Krankheit und Invalidität ihrer Belegschaften interessierten sie zunächst so wenig wie die Folgen von Arbeitslosigkeit oder das Leben im Alter. Die Arbeiterheere, die sich als »Proletarier« bezeichneten, fühlten sich wie Fremde im eigenen Land, auch wenn der gesellschaftliche Wohlstand generell gewachsen war und mehr Menschen davon profitierten als im Feudalismus.

Wirklich schlecht erging es den Frauen und Kindern, die zu jener Zeit weniger Rechte besaßen als ein Hofhund. Die Frauen befanden sich in der Leibeigenschaft ihrer Männer. Nicht gewollte Schwangerschaften – und davon gab es reichlich – wurden durch »Engelmacher« beendet, schon um die Zahl der zu stopfenden Mäuler nicht weiter zu erhöhen. Wer sich die Abtreibung durch einen Arzt nicht leisten konnte, trank einen

Liter Gin oder stürzte sich so oft die Treppe hinab, bis die Gebärmutter das werdende Leben nicht länger halten konnte.

Die soziale Lage blieb auch 100 Jahre nach Einführung der Dampfmaschine prekär, weshalb in diesen wilden kapitalistischen Jahren Aufruhr und Rebellion in der Luft lagen. Zwei Attentate gab es auf den deutschen Kaiser Wilhelm I. im Jahr 1883, die zum Verbot der noch jungen sozialdemokratischen und kommunistischen Parteien führten. Im Londoner Hyde Park marschierten am 1. Mai 1890 mehr als eine halbe Million Arbeiter auf, um für die Einführung des Acht-Stunden-Tages zu demonstrieren. Überall kam es zu illegalen Gewerkschaftsgründungen. Im England des Jahres 1900 entstand die Labour Party. In Deutschland ging aus dem bereits 1863 gegründeten Arbeiterverein des Ferdinand Lassalle die SPD hervor. Auch in den USA kam es zur Gründung von Arbeiterparteien.

Die Mächtigen sahen die Zeichen der Zeit, aber sie interpretierten sie falsch. Sie unterschätzten die emanzipatorische Kraft der Arbeiterbewegung. Zunächst versuchten sie, sich den sozialen Begehrlichkeiten dadurch zu entledigen, dass sie den aufmüpfigen Arbeitern scheinbar entgegenkamen. Die Motive der Wohltäter, die nun in vielen Familienunternehmen auf den Plan traten, waren nicht frei von Eigennutz. Durch die Förderung des Vereinslebens, die Errichtung von Unterstützungskassen und den Betrieb eigener Hospitäler wollte man das Entstehen eines Klassenbewusstseins verhindern. Die Arbeiter sollten den großen historischen Kontext, in den sie hineingeboren waren, nicht erkennen. Man wollte sie an die Idee gewöhnen, dass der erarbeitete Wohlstand nur für wenige reserviert ist und das Leben aus einer Abfolge von monotoner Arbeit und Willkürlichkeiten aller Art besteht.

Der heute vielfach für sein soziales Engagement gelobte Alfred Krupp gab 1877 in einer Ansprache an die Belegschaft einen Blick auf seine wahren Motive frei: »Genießt, was euch beschieden ist. Nach getaner Arbeit verbleibt im Kreise der Eurigen. Das sei eure Politik, dabei werdet ihr frohe Stunden erleben. Aber für die große Landespolitik erspart euch die Aufregung. Höhere Politik erfordert mehr Zeit und Einblick in die Verhältnisse, als dem Arbeiter verliehen ist.«

Die Politiker verfuhren mit dem entstehenden Industrieproletariat in gleicher Weise. Man errichtete allerlei Blendwerk. In Deutschland und in England wurden 1883 beziehungsweise 1911 Sozialversicherungssysteme eingeführt, die bis heute als vorbildlich gelten.

Aber die Erinnerung malt mit goldenem Pinsel. Die Sozialreformer der kapitalistischen Gründerjahre waren keine Wohltäter, sondern Schlitzohren. Das Bismarck'sche Rentensystem zahlte eine Altersrente erst ab dem 70. Lebensjahr aus. Der durchschnittliche Deutsche aber war zu diesem Zeitpunkt bereits 30 Jahre tot. In England dasselbe Spiel: Die Rente für Arbeiter betrug fünf Schilling pro Woche, auszahlbar ab dem 70. Lebensjahr. Die durchschnittliche Lebenserwartung lag damals in Großbritannien bei 50 Jahren. Im Gegenzug aber wurden – da die Kriegsführung kostspielig war – immer wieder die Steuern erhöht.

Rechnet man den Blutzoll dazu – im Zeitalter der Kolonialkriege starben rund 25 000 Menschen auf Seiten der Angreifer und mehr als eine Million Menschen auf Seiten der Verteidiger –, war diese verrohte Phase des Kapitalismus für die einfachen Menschen eine Zumutung sondergleichen. Selbst bürgerliche Ökonomen wie Friedrich List sprachen von der »Bestialisierung« der Gesellschaft. So schaufelten sich die Kapitalisten mit ihrer Rücksichtslosigkeit selbst das Grab, in das sie wenig später hineinplumpsten. Ihr aggressiver Aufstiegswille trug den Keim ihres Abstiegs bereits in sich.

Auch die Marktwirtschaft lässt Verlierer und deren Marginalisierung zu, wie jedermann bestätigen wird, der die Wohn- und Schlafstätten des Prekariats besucht hat. Aber sie tut es in der festen Absicht, die Marginalisierten und Verlorenen in der nächsten Runde wieder am Spiel zu beteiligen. Schon aus Gründen der ökonomischen Effizienz will sie aus jedem Almosenempfänger einen Steuerzahler machen, aus jedem Gestrauchelten einen, der wieder Tritt fasst. Der überzeugte Marktwirtschaftler will Wettbewerb organisieren, damit Fortschritt und Wohlstand sich weiter ausbreiten können.

Der Kapitalist verfolgt auch das Ziel der Wohlstandsmehrung, aber er glaubt, eine Abkürzung gefunden zu haben. Marktwirtschaft und Kapitalismus verhalten sich zueinander wie ein freiwilliges Tauschgeschäft zum bewaffneten Raubüberfall. Es ist daher kein Zufall, dass am Ende der Sturm-und-Drang-Zeit der Industrialisierung tatsächlich ein Krieg aller gegen alle stand.

Die Mächtigen der damaligen Zeit legten nun das, was sie zuvor erschaffen hatten, in Schutt und Asche. 70 Millionen Soldaten aus 40 verschiedenen Ländern zogen im Ersten Weltkrieg gegeneinander ins Feld. Die Kosten dieses Weltenschlamassels, Zerstörung und Wiederaufbau, überstiegen die Summe der weltweit zwischen 1800 und 1914 aufgelaufenen Staatsschulden um das Sechseinhalbfache. Die Wirtschaftsleistung Europas brauchte anschließend acht Jahre, um das Vorkriegsniveau wieder zu erreichen.

Die soziale Inkompetenz des Kapitalismus war damit erwiesen, die ökonomische und politische auch. Das System hielt es mit sich selbst nicht aus. Eine Wirtschaft, die das Recht des momentan Stärkeren gegen den momentan Schwächeren durchsetzt, vermag nicht die Produktivkräfte, die in der gesamten Gesellschaft stecken, zu entfalten. Dieser Kapitalismus besaß etwas Fratzenhaftes, vor dem sich das Publikum zu Recht fürchtete. John Maynard Keynes schrieb 1933: »Der dekadente internationale und individualistische Kapitalismus, in dessen Händen wir uns nach dem Ersten Weltkrieg befanden, ist ein Misserfolg. Er ist weder intelligent, noch schön, noch gerecht, noch tugendhaft, und vor allem hält er nicht, was er verspricht. Er gefällt uns nicht, und wir fangen allmählich an, ihn zu hassen.«

Lässt sich denn gar nichts Erbauliches über die Unternehmer der ersten Stunde sagen? Ist der wölfische Kapitalismus wirklich der Dämon, den wir heute und auch hier aus ihm machen? Oder gibt es einen historischen Verdienst, den wir ihm trotz all seiner Schwächen zuschreiben sollten?

Den gibt es. Und er muss der Fairness halber erwähnt werden. Es ist und bleibt die historische Leistung des Kapitalismus und der ungehobelten Unternehmerspezies der frühen Stunde, dass beide die Weltwirtschaft in Schwung versetzt haben wie kein anderes System zuvor. Unsere Wohlstandsgesellschaften stehen auf den Fundamenten, die damals gelegt wurden.

Der Geist des Kapitalismus war zuallererst der Geist der Unternehmer. Sie erhöhten das Tempo der Produktion und damit des Warenausstoßes. Auch wenn die Arbeiter zunächst nicht von den Früchten ihrer Plackerei profitierten, war der materielle Wohlstandsgewinn der Nationen dennoch eindrucksvoll. Die Unternehmer und ihre Belegschaften steigerten das Sozialprodukt Europas zwischen 1830 und 1910 real, das heißt preisbereinigt, um märchenhafte 285 Prozent. Es kam – dank der Erfindungen und dem, was Kapitalisten daraus machten – in Europa zu einem einzigartigen Tempo- und Gangartwechsel. Großbritannien, Deutschland und Nordamerika bildeten noch keine Wohlstandsgesellschaften, aber die Saat war gelegt.

Vorher war Geld immer nur Geld, ein totes Tauschobjekt

unter vielen. In den neuen Fabriken aber wurde es zu Kapital. Es begann zu arbeiten und sich zu vermehren. Ein schier unendlicher Strom von Waren und Ideen setzte sich in Bewegung. Zum ersten Mal in der Geschichte der Menschheit wurde Wachstum nicht allein durch territoriale Expansion und die gesteigerte Ausbeutung von Rohstoffen erzielt, sondern durch Effizienzgewinne. Man bekam mehr für weniger.

Die Basiserfindung jener Jahre war das Erfinden selbst. Die Unternehmer verbündeten sich mit Wissenschaftlern und Tüftlern, um, jeder in seiner Disziplin, das Bestehende in Frage zu stellen. Es setzte sich die Erkenntnis durch, dass die Wirtschaft durch Innovationen angetrieben wird, dass Erfindungen die Unternehmen aufsteigen oder fallen lassen, dass der Fortschritt darin besteht, die Gegenwart in Frage zu stellen. Dieser Kapitalismus, das schlug sich 1912 in den Schriften Schumpeters nieder, war eben nicht ein System, das nach Gleichgewicht strebte, sondern nach Zerstörung und Überwindung von Gegenwart: »Man vermehre die Postkutschen, so viel man will, nie erwächst eine Eisenbahn daraus.«

Die Bevölkerung konnte nun wachsen, ohne damit, wie in den Jahrhunderten zuvor, Hungersnöte zu riskieren. Auch das muss dem neuen Regime gutgeschrieben werden. Vor 1750 führte das Wachstum der Bevölkerung zu einem Sinken des Lebensstandards, weshalb der führende Ökonom der damaligen Zeit, Thomas Robert Malthus, eine jedermann einleuchtende Verelendungstheorie entwarf. Das »Gastmahl der Natur«, so meinte er, werde nicht ausreichend gedeckt sein, um eine wachsende Weltbevölkerung zu ernähren. Er sagte ein Massensterben voraus.

1798, also zu jener Zeit, als Malthus seine Gedanken verfasste, lebten in Europa rund 190 Millionen Menschen, rund 25 Prozent der heutigen Population. 80 Prozent aller Erwachsenen waren mit der Produktion der zum Überleben nötigen Lebensmittel beschäftigt. Der Rest waren Händler, Handwerker und der Arbeit entrückte Mitglieder der weltlichen oder geistlichen Oberschicht.

Die frühen Kapitalisten machten einen Strich durch die Malthus'sche Rechnung. Während der Industriellen Revolution beschleunigte sich das Bevölkerungswachstum von zuvor 0,5 Prozent pro Jahr auf schließlich 1,5 Prozent pro Jahr – und dennoch stieg der Lebensstandard. Nach zehn Jahrhunderten ohne große Veränderung im Wohlstandsniveau des durchschnittlichen Menschen brachte das Unternehmertum in Zeiten der Industriellen Revolution den zwölffachen Anstieg der Wirtschaftsleistung in nur zwei Jahrhunderten. Es war, wie der Wirtschaftstheoretiker Alfred Marshall feststellte, nicht allein der Erfindergeist, der dieser Zeit ihren Stempel aufdrückte, sondern auch »das System großer Geschäftsbetriebe, die von den besonderen Fähigkeiten kapitalistischer Unternehmer gelenkt wurden«.

Gewerbetreibende und Händler gab es vorher, aber der Fabrikant betrat erst jetzt die Bühne. Die erste Generation des Unternehmertums in Deutschland verbindet sich mit Namen wie Carl Zeiss, Robert Bosch, Werner von Siemens, Emil Rathenau, Alfred Krupp, August Thyssen, den Gebrüdern Mannesmann, Gottlieb Daimler, Melitta Bentz, Margarete Steiff und der Familie der Haniels. Ihre Leistung überdauerte die Jahrhunderte: Sie entdeckten und entwickelten nicht nur ihre jeweiligen Produkte – das Automobil, die Stahlröhre ohne Schweißnaht oder den Stoffteddy –, sie begründeten überhaupt erst das moderne Unternehmertum. Das Managen komplexer Prozesse rückte in den Mittelpunkt der Firmenkultur, die Arbeitsteilung wurde verfeinert, die Globalisierung des Absatzes erprobt, und auch die Sozialpartnerschaft begann sich nach dem Ersten Weltkrieg zu entwickeln. Siemens führte 1908, Robert Bosch 1915 ein firmeneigenes Gesundheitswesen ein.

Viele der Methoden, die heute beim Führen eines globalen Konzerns zur Anwendung kommen, wurden damals zum ersten Mal praktiziert. Der Unternehmer betrachtete sich nicht mehr als einen Nomaden, der vorhandene Weideplätze abgrast und dann weiterzieht, sondern verstand sich als Plantagenbesitzer, der seinen Markt beackert, bebaut und zu immer neuen Fruchtfolgen bringt. Heute würde man das »Nachhaltigkeit« nennen.

Die gewöhnlichen Menschen folgten dem Vorbild des Unternehmers. Sie verließen das Reich der Grundbedürfnisse und betraten den Garten der Begehrlichkeiten. Auch sie wollten nun von allem mehr, mehr Lohn, mehr Lebenszeit und mehr Wohlstand.

Und tatsächlich: Die Arbeiter in ihren windschiefen Baracken hausten zwar elendig, aber sie lebten auf einmal länger. Denn es wurden Penicillin und andere Medikamente erfunden. Eine Pharmaindustrie entstand, für die jeder halbwegs zahlungskräftige Kranke ein Kunde war. Ein Brite lebte am Ende des 19. Jahrhunderts zwölf Jahre länger als zu seinem Beginn. Der westliche Mensch hatte seine alten Todfeinde, die Hungersnot und die Pest, besiegt.

Der Staat wirkte segensreich, weil er die Eigentumsrechte nun garantierte. Der willkürliche Umgang mit dem Eigentum in den Jahrhunderten davor, als nach Gusto erobert, gebrandschatzt, demontiert und enteignet wurde, kam zu einem allmählichen Ende. Der moderne Staat sah sich nicht mehr als Mitspieler, sondern als gesellschaftliche Garantiemacht, wobei von den garantierten Rechten zunächst vor allem die Fabrikanten profitierten. Die staatlichen Heere schützen die Fabriken, die Kriegsschiffe seine Handelsrouten, und in den inneren Beziehungen sorgte der Staat für die Abschaffung von Wegezoll und anderen Hemmnissen des Handels. Auch die im Deutschen Reich bis zum Jahr 1893 gültigen sechs Zeitzonen wurden im Zuge des Eisenbahnbaus abgeschafft. Das ewige Rechnen und Verrechnen war nicht mehr zeitgemäß.

Seine Errungenschaften nutzten dem Kapitalismus nicht viel. Seine Geburtsfehler waren zu stark ausgeprägt. Mit seinen wölfischen Instinkten war keine Zivilgesellschaft zu machen. Das Wirtschaftssystem war in den Augen einer Mehrheit zu primitiv, zu roh und zu schwankend, um mit den Gegenwartsfragen verantwortungsbewusst umzugehen. Es war in der komplexen Welt, die es selbst hervorgebracht hatte, nicht überlebensfähig.

Der rastlose Unternehmer entpuppte sich als gefährlicher Geselle, solange niemand da war, ihm Einhalt zu gebieten. Seine Rastlosigkeit wurde zur Quelle der Rastlosigkeit des gesamten Wirtschaftssystems. Seine »schöpferische Zerstörung« war in der Lage, nicht nur die Geschäfte seines Rivalen, sondern die Gewohnheiten und Notwendigkeiten der gesamten Gesellschaft zu zerstören. Die Aggressivität des Einzelnen schlug um in die Autoaggressivität des Systems. So taumelte der durch sich selbst verwundete Kapitalismus zu Beginn der 30er Jahre des vorigen Jahrhunderts, also keine 160 Jahre nach Inbetriebnahme der ersten Dampfmaschine, in der westlichen Welt bereits seinem Ende entgegen. Es war ein furioses Finale, das bis heute in den Köpfen nachwirkt. Der Kapitalismus hat sich in ihm auf ewig schuldig gemacht.

Kapitel 2
Monopoly. Die Todsünden des Kapitalismus

Die Reichen werden reicher, die Armen arbeitslos. +++ Warum die »Große Depression« das Schicksal der ersten deutschen Demokratie besiegelt und den Wolfskapitalismus gleich mit erledigt. +++ Das Primat der Politik setzt sich überall im Westen durch: Wie Hitler und Roosevelt den Staat für sich entdecken und was Diktator und Demokrat sonst noch verbindet.

Die »Große Depression« – Fundamentalkrise des westlichen Wirtschaftssystem

Das Menschheitsexperiment einer ungezügelten Herrschaftsausübung durch die industrielle Klasse muss spätestens seit Anfang der 30er Jahre als gescheitert gelten. Dabei waren es nicht in erster Linie die notorische Ungerechtigkeit und der in den Fabriken herrschende Kasernenhofton, die man dem System übel nahm. Daran hatten sich die Arbeiter fast schon gewöhnt.

Der große moralische Skandal des Kapitalismus war das Überfallartige und Unstete seines Charakters. Er konnte Wohlstand erzeugen, aber ihn nicht garantieren. Die »unsichtbaren Hände«, von denen Smith in romantischer Verklärung gesprochen hatte, erwiesen sich Ende der 20er Jahre des vorigen Jahrhunderts als gemeingefährlich. Sie gingen den Menschen an die Gurgel.

Vor allem für die einfachen Arbeiter, den kleinen Mittelstand und die mit schwacher Gewinnmarge arbeitende Landwirtschaft erwies sich das System als existenzbedrohend. Auf das kleine Glück war kein Verlass, so wenig wie auf das Wohlergehen der Nation. Kaum hatten sich die europäischen Volkswirtschaften wieder auf das Niveau vor dem Ersten Weltkrieg hochgearbeitet, war es mit dem Wohlstand auch schon wieder vorbei.

In der zweiten Hälfte der 20er Jahre steigerte sich die Wirtschaftsleistung im Westen noch um 20 Prozent, dann kam der große Druckabfall. Spekulation an den Aktienmärkten und riskante Kreditgeschäfte, beides schon damals begünstigt durch das Fehlen einer staatlichen Bankenaufsicht, waren die Auslöser einer weltweiten Bankenkrise. Der Dow Jones, eben noch bei 381 Punkten, sackte Ende des Jahres 1929 innerhalb von zehn Wochen auf 199 Punkte ab. Zwei Jahre später stand er bei 79 Punkten.

Die Realwirtschaft, also jener Ort, wo echte Menschen in echten Fabriken echte Produkte herstellen, war unmittelbar von den krisenhaften Erscheinungen des Finanzsektors betroffen. Denn mit dem Zusammenbruch der Aktienmärkte setzte ein Wettlauf um Liquidität ein. Die Immobilienfinanzierung geriet ins Stocken, weil die Banken nun lieber Bargeld horteten. Damit kamen die Bauaktivitäten zum Erliegen, was nicht ohne Auswirkungen auf die Bestellungen in den Industriebetrieben bleiben konnte.

Auch viele Privatleute steckten das Geld lieber unter die Matratze, als es in die Kaufhäuser oder zum Autohändler zu tragen. Überall wurden nun Ausgaben gekürzt, Lagerbestände abgebaut, Investitionsplanungen verschoben. So nährte die Krise die Krise. Wenn es denn eine Zutat gibt, die der Wohlstandserzeugung abträglich ist, dann ist es Angst in all ihren Erscheinungsformen: die Inflationsangst, die Angst vor Arbeitsplatzverlust, vor Bankenzusammenbrüchen, vor Lieferantenausfällen bis hin zur allgemeinen und durch kein Politikerwort aufhaltbaren Abstiegsangst des Bürgertums.

Die Volkswirtschaften in Europa und Amerika verkrampften sich. Die Preise fielen. Die Produkte in den Regalen der Einzelhändler verstaubten. Die Wirtschaft schaltete den Leerlauf ein. Die Welt zu Beginn der 30er Jahre war gekennzeichnet von Wohlstandsverlusten auf breiter Front, wie sie bis dahin nur durch Krieg erzielt worden sind.

Diese schwankende Natur des Kapitalismus machte die Menschen nicht nur arm und arbeitslos, sondern auch politisch wirr. Die Weimarer Republik mit ihrem undemokratischen Nebeneinander von Parteien, außerparlamentarischen Milizen und einflussreichen Großindustriellen bot ihnen keinen Halt. Im selben Umfang, wie Löhne, Gewinnmargen und Beschäftigtenzahlen ins Rutschen gerieten, fanden die fiebrigen Parolen von Nazis und Kommunisten Anklang.

Sie waren das politische Ventil von Millionen. Aber der Druck hatte sich zuvor im Innern des Wirtschaftssystems aufgebaut. Ein System, das praktisch ohne Vorwarnung kollabierte, das im Eiltempo von den »Goldenen 20er Jahren« zum Schwarzen Freitag führte, das die Menschen abends mit Marlene Dietrich einschlafen ließ, um sie am Morgen in der Suppenküche zu wecken, durfte nicht auf den Zuspruch der Massen hoffen.

Die Fundamentalkrise des Wirtschaftssystems bestand darin, dass eine der wichtigsten Annahmen über seinen Charakter, die nämlich, dass es von selbst einem Gleichgewicht zustrebe, sich als unhaltbar erwies. Dieses System neigte im Gegenteil zur Instabilität, zu raschen Veränderungen der Preise, der Märkte, der Arbeitsplätze und damit der Lebensperspektiven. Was in den Schriften der Konjunkturforscher technokratisch als »Dysfunktionalität« und »Kontraktion« beschrieben war, schmeckte im wahren Leben nach Tränen, roch nach Alkohol, klang wie eine Schallplatte mit Sprung. Die Kluft zwischen Ideal und Wirklichkeit war so groß, dass die Gesellschaften im wahrsten Sinne des Wortes daran zerbrachen.

Einen Theoretiker müssen wir vom Vorwurf der Schwärmerei allerdings freisprechen. Der österreichische Ökonom Joseph Schumpeter, der die »schöpferische Zerstörung« durch den ideenreichen Unternehmer als Zentralvorgang des Kapitalismus beschrieb, war sich bewusst, dass diese Endlosschleife aus Vernichtung und Wiederaufstieg für die Zeitgenossen an Härte kaum zu überbieten sein würde. Bewusst sprach er von einer dem kapitalistischen System eigenen »Entwicklung«, nicht von »Fortschritt«. Denn ob das permanente Absterben und Aufblühen von Geschäftsideen und Firmen »zu sozialem Wohlbefinden oder zu sozialem Elend, zur Entfaltung oder zur Verkümmerung des sozialen Lebens führt«, hänge von den konkreten Bedingungen und wohl auch davon ab, ob man zu den Zerstörern oder zu den Zerstörten gehöre. Schumpeter machte sich keine Illusionen: »Weiten Kreisen wird durch diese Entwicklung der Boden weggezogen, auf dem sie stehen.« Der Ökonom sprach vom »Geschrei der Zermalmten, über die die Räder des Neuen gehen«.

Genau so war es zu Beginn der 30er Jahre. Ganze Länder schrien auf. Die Räder des Neuen waren für Millionen Menschen Räder der Zerstörung. Banken, Industriebetriebe und Regierungen, aber auch Familien und Freundschaften zerbrachen, schließlich in Deutschland, Italien und einigen anderen Staaten auch die Demokratie.

Der Welthandel verlor zu Beginn der 30er Jahre 60 Prozent seines Wertes. Die Selbstmordrate schnellte überall im Westen nach oben. Es kam zur massenhaften Vernichtung von Arbeitsplätzen, zum Abschmelzen von Notenbank-Reserven und der Auslöschung von Sparguthaben. Allein in den USA, deren Wirtschaftsleistung das gemeinsame Sozialprodukt von Deutschen und Briten damals um das Doppelte übertraf, mussten zwischen 1930 und 1933 knapp 9000 der rund 25 000 Banken schließen, das Bruttoinlandsprodukt ging zwischen 1929 und 1931 um 28 Prozent zurück. US-Ökonom Hyman P. Minsky sprach von einer »Ökonomie der Katastrophe«.

In der Autoindustrie, damals das Herz der US-Industrie, ereignete sich ein Beinahe-Infarkt. Die Firmen senkten ihren Auto-Ausstoß von 440 000 Einheiten im August des Jahres

1929 auf 319 000 im Oktober desselben Jahres, im November rollten noch 170 000 Autos von den Bändern, im Dezember nur noch 92 000. Die Arbeitslosigkeit erreichte 25 Prozent, aber auch von denen, die zur Arbeit gingen, besaß kaum noch jemand einen vollwertigen Arbeitsplatz. Experten gehen davon aus, dass auf dem Höhepunkt der Großen Depression rund die Hälfte des Arbeitskräftepotentials in den USA stillgelegt war.

Eine staatliche Arbeitslosenversicherung gab es damals nicht, sodass mit dem Gespenst der Nutzlosigkeit auch Hunger, Krankheit und nicht selten Gewalt Einzug in den Familien hielten. Es gab in den USA Hungertote. Nie war Amerika weiter vom »American Dream« entfernt als in jenen dunklen Jahren. Es entstanden Elendsviertel, die nach dem amtierenden Präsidenten, Herbert Hoover, »Hooverville« genannt wurden.

Um der Deflation, die im Jahr 1932 knapp zehn Prozent betrug, zu entgehen, gaben einige Städte, darunter Salt Lake City und Minneapolis in Ohio, eine frei erfundene Währung heraus. Der »Vallar« sollte den Bürgern die alte, verloren gegangene Stabilität zurückgeben. Der »Progressive Independent«, eine Zeitung jener Jahre, forderte, was seine Leser auch forderten: »Ein neues Wirtschaftssystem: für das Wohl der Menschen. Menschen zählen mehr als Geld.«

Man musste kein Linker sein, um so zu denken. Dem kapitalistischen System, das war offensichtlich geworden, fehlte ein Mechanismus, um die von Hause aus schwankenden Arbeits-, Finanz- und Warenmärkte zu stabilisieren. Man kann auch sagen, dem System fehlten Anstand und Manieren. Es war herrisch, launisch und gemeingefährlich.

Die Gleichgewichtstheorien, die damals das Denken nahezu aller Klassiker beherrschten, hatten sich als falsch erwiesen. Das System funktionierte, aber es funktionierte wie eine Starkstromleitung ohne Sicherung. Das System besaß nicht hier und da seine Risiken. Es selber war ein systemisches Risiko.

Damit stellte es das bürgerliche Lebenskonzept in Frage, das auf Normalität und Stetigkeit gründet. Diese Normalität will der Mensch nicht nur, er braucht sie auch. Sie ist die Schwerkraft seines Lebens, die Grundgewissheit, auf der seine individuelle Biografie sich erst entfalten kann. Nur das möglichst schicksalsneutrale Verhalten der ihn umgebenden Gesellschaft erlaubt es ihm, sein eigenes Schicksal zu gestalten. Wenn um ihn herum alles schwankt, die Welt von morgen auf abrupte Weise nicht mehr die Welt von gestern ist, die vielen kleinen Normalitäten sich auflösen, ist er selbst zum Spielball eines großen Schicksalsdramas geworden.

Er muss nun das Leben der anderen leben. Er schwankt, wie die Welt auch schwankt. Die Gesellschaft, die der französische Soziologe Pierre Bourdieu als Zusammenschluss von Menschen charakterisiert, deren Leben sich nach Regelmäßigkeiten abspielt, die ihnen in Fleisch und Blut übergegangen sind, verliert ihre Konsistenz. Wer seinen Arbeitsplatz, seine Ersparnisse, seinen bisherigen Platz in der Gesellschaft einbüßt, wird dazu verdammt, eine Biografie des Prekären zu leben. An die Stelle der Gewissheiten und Regelmäßigkeiten treten die explosiven Gase des Flüchtigen. Sie sind durch politische Hassprediger, wie sich bald zeigen sollte, schnell entflammbar.

In Europa ergab sich eine sehr ähnliche Dramatik wie in Amerika. Binnen weniger Jahre verdreifachte sich die Arbeitslosigkeit. Waren 1929 erst 4,5 Millionen ohne Arbeit, galten 1932 bereits 11,5 Millionen Menschen als arbeitslos. Dem wirtschaftlichen Niedergang konnte sich kaum ein Unternehmen entziehen. Es beschleunigte sich der Konzentrationsprozess, denn vor allem die kleinen und mittleren Betriebe waren nicht in der Lage, den plötzlichen Nachfrageausfall zu verkraften. Sie brachen zusammen oder schlüpften ermattet unter das Dach eines Großunternehmens.

Bereits im März 1929, also kurz vor Ausbruch der Weltwirtschaftskrise, erwarb beispielsweise General Motors Anteile an der von Adam Opel in Rüsselsheim gegründeten Autofirma. Im Krisenjahr 1931 war es mit der Selbständigkeit vorbei. Opel befand sich nun zu 100 Prozent in amerikanischer Hand.

In die Bankenwelt griff der Staat, so wie heute auch, stützend ein. In den USA führte die Notenbank, als sich im Dezember 1930 die Bankzusammenbrüche häuften, durch Aufkäufe notleidender Anleihen und eine Senkung des Zinssatzes dem Markt Liquidität zu. Im Herbst 1931 gründete die Regierung Hoover die National Credit Corporation, die sich 1932 in Reconstruction Finance Corporation umbenannte, um angeschlagenen Banken Liquidität zur Verfügung zu stellen. Kritiker sprachen vom »financial socialism«. Eine Begrifflichkeit, die uns bei der Rettung der Commerzbank, der Hypo Real Estate und anderer Banken durch den Staat wiederbegegnete.

Zum Äußersten, der Verstaatlichung von Banken, konnten sich Regierung und Notenbank in der Ära Hoover nicht durchringen. »Bank panics« gehörten im Lande der spekulativen Übertreibungen zur Normalität, so dachte man. Es würde wohl auch diesmal nicht zum Äußersten kommen.

Doch diese Weltwirtschaftskrise war kein Sturm, sondern ein Hurrikan. Der Zusammenbruch von vielen kleineren Banken löste die Zahlungsunfähigkeit der mittleren Banken aus, woraufhin schließlich mit der »Bank of United States« eine der großen Privatbanken in New York zusammenkrachte. Aus den durchschnittlich 600 Bankzusammenbrüchen während der 20er Jahre waren im Jahr 1931 rund 2300 Zusammenbrüche geworden, 1933 meldeten wiederum 4000 Banken ihre Zahlungsunfähigkeit an. Damit schlossen binnen eines Jahres rund 20 Prozent der amerikanischen Geschäftsbanken ihre Schalterhalle und machten, da es keine Ausfallfonds für die Geldanleger gab, aus redlichen Sparern über Nacht Bettler und Almosenempfänger.

In Deutschland griff der Staat beherzter ein als in Amerika. Die ins Straucheln geratene Danatbank blieb formal in privater Hand, konnte aber dank einer »Reichsgarantie« wieder ihre Schalterhallen öffnen. Die Commerzbank wurde von einer Reichsbanktochter aufgekauft, die Dresdner Bank direkt verstaatlicht.

Der ins Stocken geratene Geldkreislauf kam so zwar wieder in Gang. In den Beziehungen zwischen Volk und Volksvertretern aber herrschte fortan Eiszeit. Denn während der Finanzsektor schon damals wie ein Nationalheiligtum behandelt wurde, ließen die Reichskanzler Heinrich Brüning und Franz von Papen die Leistungen der Arbeitslosenversicherung um bis zu 20 Prozent senken, sie kürzten die Renten in gleicher Höhe und setzten die Löhne im öffentlichen Dienst um 23 Prozent herunter. Noch bevor der Republik die Republikaner ausgingen, ging sie ihrer Wirtschaftspolitiker verlustig. Wohin das Auge auch blickte: Überall waren nur Haushaltsdirektoren zu sehen, die mit Kürzungen ihre Etats retten wollten, aber keine Wirtschaftspolitiker, die sich als Wohlstandsverteidiger verstanden.

Wer sich an das Griechenland dieser Tage erinnert fühlt, hat den richtigen Reflex. Die Rettungspolitik von Weltwährungsfonds, EU-Kommission und Merkel-Regierung trägt unverkennbar Brüning'sche Züge. Es wird gespart und gekürzt, bis die Wirtschaft von der Rezession in die Depression gleitet. Die Demokratie wird so nicht gestärkt, wie der Aufstieg der faschistischen Oppositionsgruppe »Goldener Morgen« zur Parlamentspartei belegt.

Wer heute den Aufstieg Hitlers zum Mysterium verklärt, zum schicksalhaften Aufeinandertreffen von Antisemitismus, großkapitalistischen Machtfantasien und dem Abenteurertum einer braunen Jugendbewegung, springt zu kurz. Er landet im Graben der Mythen und Halbwahrheiten. Die Zentralkraft, die Hitlers Aufstieg befeuerte, war ein dysfunktionales Wirtschaftssystem. Man beachte die Reihenfolge: Erst schrumpfte der Wohlstand, dann verschwand die Demokratie. Erst versagte der Kapitalismus, dann der bürgerliche Parteienstaat.

Der Wohlstand ist und bleibt nun einmal ein Kernanliegen des modernen Bürgers. Der Bürger wählt links oder er wählt rechts, er ist Christ, Jude, Moslem oder Atheist, Mann oder Frau, homo- oder heterosexuell, aber das einigende Band der in den westlichen Gesellschaften verbundenen Bürger ist ihr Streben nach Wohlstand – nach materiellem Wohlergehen, nach Freiheit der beruflichen Betätigung, nach Stabilität der Lebensverhältnisse insgesamt. Die Menschen wollen nicht links oder rechts leben, sie wollen gut leben.

Ein System, aber auch eine Partei oder ein Politiker, der auf dem zentralen Gebiet der Wohlstandserzeugung versagt, kämpft auf verlorenem Posten. Auf den Rückhalt der Millionen können sich die Feinde des Wohlstandes, auch wenn es Feinde aus Unfähigkeit oder Gleichgültigkeit sind, nicht verlassen.

Für die Wohlstandsvernichter hat das Volk, wenn es sich erst ein Urteil in diese Richtung gebildet hat, nichts als Verachtung übrig, auch wenn das Volk es so deutlich nicht formulieren würde. Aber es handelt genau so. Nur unter Androhung von Folter und Arbeitslager – wie in Nord-Korea und auf Kuba – gelingt es den Wohlstandsvernichtern, sich im Sattel zu halten, aber wo immer sich dem Volk die Chance bietet, diesen Versagertypus loszuwerden, in Russland, der DDR und neuerdings auch in der arabischen Welt, hat man sich ihm entledigt.

Die Tatsache, dass im Deutschland der 30er Jahre die Wohlstandsfeinde zugleich auch Demokraten waren, wurde ihnen nicht als mildernder Umstand angerechnet. Das war ihr Pech und erwies sich für die Gesellschaft am Ende als eine große Tragik. Aber es änderte nichts am Sachverhalt: Parteien, die das Wohlstandsversprechen nicht mehr glaubwürdig in sich trugen, wurden abgewählt.

Später schaute man sogar tatenlos zu, wie sie vertrieben, verfolgt und vernichtet wurden. Sozialdemokraten, Liberale und konservative Politiker standen in den Augen vieler Bürger als Versager da. Das rechtfertigte nicht das Vorgehen von SA und SS, aber es erleichterte den Schlägertruppen das Geschäft. Die Bürger krümmten für diesen Politikertypus keinen Finger. Die Mehrzahl der Deutschen war in dieser frühen Morgenstunde des Dritten Reiches keine Schar von Mitläufern, wohl aber ein Heer von Beiseitestehern und Wegguckern.

Die alles entscheidende Frage war nicht: Wer rettet die Demokratie oder wer rettet Deutschland? Die alles entscheidende Frage war: Wer rettet den Wohlstand? Wer würde in der Lage sein, die Bürger vor dem Wölfischen des Kapitalismus zu beschützen? Man muss heute nur auf die Protestplakate schauen, die von den Arbeitslosen der Depressionsjahre in die Kameras der Fotografen gehalten wurden, um ihre Gemütslage zu verstehen: »Wir wollen Bürger sein, nicht Durchreisende«, stand da zu lesen. Oder: »Befreit uns vom Hunger.« Oder: »Warum könnt ihr uns keine Arbeit geben?«

Die SPD jedenfalls besaß in den Augen ihrer einstigen Unterstützer auf diese Fragen keine erfolgversprechenden Antworten. Obwohl die Sozialdemokratie am ehesten berufen war, die Führung zu übernehmen und wie ihre Brüder und Schwestern in den USA, dem kapitalistischen System das Brutale auszutreiben, hat sie dramatisch versagt. Der SPD-Kanzler

Hermann Müller, der drei Jahre vor Hitlers Machtergreifung seinen Auftritt hatte, war keiner, der den Kapitalismus zu bändigen vermochte. Ja, er hat es nicht einmal versucht. Er trug sich – anders, als man das von ihm hätte erwarten müssen – ins Geschichtsbuch mit der famosen Idee ein, die Beiträge zur Arbeitslosenunterstützung zu erhöhen und damit den Lohn der Arbeiter zu schmälern. Diese Gürtel-enger-Politik konnten andere besser, weshalb Müller schließlich die parlamentarische Mehrheit verlor. Seine Hoffnung, der Reichspräsident werde ihn per Notverordnungsrecht im Amt halten, erfüllte sich nicht. Müller stürzte, und die demokratische Linke hatte mit ihm mehr als nur einen Kanzler verloren. Das Vertrauen in ihre Fähigkeit, der Krise Herr zu werden, hatte sich im Nichts aufgelöst. Wenn das Scheitern der SPD einen Namen besitzt, dann heißt er nicht Adolf Hitler, sondern Hermann Müller.

Zu Recht schämt sich die SPD noch immer, dass dieser Sohn eines Spirituosenfabrikanten aus Mannheim, der der letzte Reichskanzler war, der ohne Notverordnungen und mit demokratischer Legitimation hätte regieren können, seine Chance nicht nutzte. Bis heute wird der Name Müller auf Parteitagen und Gedenkfeierlichkeiten der SPD schamhaft verschwiegen. Er war der letzte Mann des demokratischen Deutschlands, ein »Last Man Standing«. Aber er stand nicht, als er hätte stehen müssen.

Die Bürger, auch die deutschen Bürger, wollten in ihrer übergroßen Mehrheit nicht Terror, Konzentrationslager und Weltkrieg, sie wollten Stabilität, Normalität, Ordnung und, ja, auch das: Arbeit und Gerechtigkeit. Der Kapitalismus konnte nichts von all dem gewähren. Und die demokratischen Politiker in Deutschland waren nicht willens oder nicht in der Lage, dieses System zu domestizieren.

Das Wort »systemrelevant« war noch nicht erfunden, aber

natürlich versuchten auch die Gelehrten der damaligen Zeit, die Ungleichbehandlung von Bürgern und Banken mit der herausragenden Bedeutung der Finanzwelt für die Gesamtwelt zu erklären. Diese Erklärungen aber leuchteten schon damals niemandem ein. Der Bürger war mindestens so systemrelevant wie die Bank an der Straßenecke. Kurt Tucholsky brachte zum Ausdruck, was die Mehrheit der Deutschen dachte: »Es ist wie in Monte Carlo, die Bank verliert nicht. Und wenn sie wirklich einmal verliert, springt der Steuerzahler ein.«

Die konservativen Regierungspolitiker der 30er Jahre versuchten gar nicht erst, dem eigenen Treiben eine tiefere Bedeutung anzudichten, und zogen sich in das Schneckenhaus ihrer selbst erzeugten Wirklichkeit zurück. Im Oktober 1929 begann in New York die Weltwirtschaftskrise ihren Sturmlauf. Fünf Monate später schon regierten die deutschen Kanzler, erst Brüning, dann von Papen und Schleicher, allesamt ohne Reichstagsmehrheit. Bankenrettung und Sozialkürzungen wurden in Deutschland ohne demokratische Legitimation ins Werk gesetzt.

Im Volk kochte es. Die Nazis, in den frühen 20er Jahren eine Splitterpartei mit einem hysterischen Derwisch als Anführer, in den späten 20er Jahren eine bereits in Vergessenheit geratene Rowdietruppe, konnten ihre Stimmenzahl bei den Reichstagswahlen des Jahres 1930 auf einmal verdoppeln. 1932 wurde erneut gewählt – und erneut verdoppelten die Nazis ihre Stimmenanzahl. Zwischen 1928 und 1932 steigerte die Hitler-Partei ihren Stimmenanteil von lächerlichen zwei auf imposante 38 Prozent. Die Nationalsozialisten marschierten vor aller Augen mit Siebenmeilenstiefeln auf das Machtzentrum zu. Ihre Marschmusik war aus jenen Misstönen komponiert, die der Kapitalismus ständig hervorbrachte.

Dieses Wirtschaftssystem hatte sich in einem furiosen Finale selbst zugrunde gerichtet, nicht nur in Deutschland. Das Todesurteil lautete auf »unbarmherzig und uneffektiv«. Die Krise hatte alle Schwächen offengelegt. Bilanzbetrug und Insidergeschäfte bildeten die Regel, nicht die Ausnahme jener Zeit. Der Geschäftsführer der Danatbank, ein gewisser Jakob Goldschmidt, saß in 123 Aufsichtsräten. In den USA dominierten, wie eine Studie von Adolf A. Berle zeigte, 600 Unternehmen zwei Drittel der Industrie, derweil zehn Millionen Kleinunternehmer immer stärker zum Spielball der Mächtigen wurden. »Wohlstand für alle«, das spätere Motto von Wirtschaftswundermann Ludwig Erhard, war damals ein Traum, den keiner zu träumen wagte. Die Feinde des Massenwohlstandes, so musste es scheinen, hatten überall im Westen die Feldherrenhügel erklommen.

Es war zu jener trostlosen Zeit, als einem arbeitslos gewordenen Heizgeräteverkäufer aus Philadelphia, Charles Darrow sein Name, ein Brettspiel in die Hände fiel. Es hieß in früheren Versionen »Finanzen« und »Inflation«. Es ging darum, möglichst alle Straßenzüge zu besitzen und mit eigenen Immobilien zu besetzen. Dann sollte man die anderen Mitspieler in den Ruin treiben. Man konnte binnen weniger Stunden bettelarm oder steinreich werden.

In Ermangelung eines Jobs machte sich Darrow daran, das nur unter der Hand erhältliche Spiel zu vermarkten. Er kratzte seine letzten Ersparnisse zusammen und ließ 5000 Spiele herstellen, die im Handumdrehen verkauft waren. Den Namen des Spieles hatte er dem Zeitgeist abgelauscht: »Monopoly«.

Um es kurz zu machen: Der Mann wurde zum ersten Millionär der sich entwickelnden Spieleindustrie. Sein »Monopoly«, die spielerische Beherrschung des in Wahrheit unbezwingbaren Monopolkapitalismus, entwickelte sich in der Mitte der 30er Jahre zum beliebtesten Gesellschaftsspiel der USA – und schließlich der Welt. »Monopoly« wurde bis heute 250 Millionen Mal verkauft, so viel wie kein anderes Spiel. Es gibt mittlerweile mehr aus Plastik oder Holz gefertigte Monopolyhäuser als echte Häuser auf der Welt. In diesem Spiel lebt die Erinnerung an das Schlusskapitel des Kapitalismus bis heute fort.

Hitler, Roosevelt und der »vergessene Mann«

Heute feiern wir Ludwig Erhard und seinen Ideengeber Alfred Müller-Armack als die Väter der Sozialen Marktwirtschaft. Wir tun das nicht, weil das die ganze Wahrheit ist, sondern weil es der Teil der Wahrheit ist, mit dem ein Deutscher am besten leben kann.

Zum anderen Teil der Wahrheit gehört die Erkenntnis, dass es Hitler und Roosevelt waren, die dem Kapitalismus das Wölfische austrieben. Es war nicht ihr Ziel, als sie antraten, aber es war ihre historische Mission. Als sie ins Amt kamen, war das bisherige System an sein Ende gekommen und riss alle, die sich nicht schnell genug von ihm lossagten – Parteien und Politiker –, in den Abgrund. Roosevelt und Hitler hatten keine andere Chance, als einen ökonomischen Neustart zu wagen – mit mehr Staat, auch mehr Sozialstaat, mit mehr Schulden und einem Durchgriff auf die Privatwirtschaft, wie es ihn bis dahin nirgendwo im Westen gegeben hatte.

Es kam in den folgenden Jahren zur Umkehr der Machtverhältnisse. Die Politik in Deutschland und den Vereinigten Staaten feierte in der ersten Hälfte der 30er Jahre des vorigen Jahrhunderts ihren Triumph über die Wirtschaft. Der Primat der Politik wurde nun – erstmals seit Beginn der Industrialisierung – Wirklichkeit. Der Kapitalismus hatte mehr als nur eine

Schlacht verloren. Und die Männer, die ihm die Kapitulationsurkunde in die Hand drückten, hießen Hitler und Roosevelt.

Beide wiesen biografische Unterschiede auf, die größer kaum sein können: Hitler war ungebildet und mittellos, er verließ die Realschule ohne Abschluss, besaß keinen Beruf und suchte auch keinen. Mit Gelegenheitsarbeiten und langen Phasen des Nichtstuns schlug er sich durchs Leben. Eine Familie hat er nie gegründet. Geregeltes Arbeiten fiel ihm schwer, auch nachdem er als Reichskanzler und oberster Befehlshaber der Wehrmacht in der Verantwortung stand. Kabinettssitzungen ließ er oft ausfallen, zunächst unregelmäßig, später jahrelang.

Roosevelt dagegen stammte aus einer wohlhabenden New Yorker Familie. Er absolvierte erst in Harvard und dann an der Columbia University in New York ein Jurastudium, heirate mit 23 Jahren und zeugte mit Frau Eleanor sechs Kinder, fünf Söhne und ein Mädchen. Mit 46 übernahm er Verantwortung als Gouverneur von New York, wo er das Administrieren, Regieren und Finassieren von der Pike auf lernte. Das Vermögen, das er seinen Kindern hinterließ, betrug zu heutigen Preisen rund 60 Millionen Dollar. Seine Gesinnung war liberal, humanistisch und demokratisch. Er war den Menschen zugetan.

Auch im persönlichen Auftritt unterschieden sich die beiden sehr. Hitler redete laut, schnell und erregt, am liebsten benutzte er grobes Vokabular. »Vernichten«, »ausrotten«, »ausmerzen«, das waren seine Worte. Er war zudem ein großer Schwafler. Seine Reden konnten gut und gerne bis zu zweieinhalb Stunden dauern.

Roosevelt sprach sanft, prägnant und einfühlsam. Derweil Hitler Angst verbreitete, verströmte er Vertrauen.

Höchst unterschiedlich war auch ihr Umgang mit politischen Gegnern. Hitler hetzte, wo er ging und stand. Auch innerhalb der Partei ließ er morden. Flügelkämpfe unter dem Dach der NSDAP wurden mit Hilfe von Killerkommandos beendet.

Roosevelt hingegen umarmte den politischen Gegner. Am liebsten präsentierte er sich als der große Unparteiische. Seine wiederkehrende Redewendung lautete schon vor der ersten von insgesamt vier gewonnenen Präsidentenwahlen: Die momentane Lage der Nation sei zu ernst, um sie durch die Brille der Parteipolitik zu betrachten. Der Deutsche hingegen war der exakt entgegengesetzten Meinung: Die Lage sei zu ernst, um noch Rücksicht auf andere zu nehmen.

Für die Evolutionsgeschichte der westlichen Wirtschaftssysteme aber sind die Unterschiede weniger bedeutsam als die Gemeinsamkeiten. Und davon gab es reichlich, auch wenn es heute als unschicklich gilt, diese herauszustellen. Aber über das Verbindende zwischen Hitler und Roosevelt zu reden, hilft, die Epochenwende zu verstehen. Denn der Kapitalismus traditioneller Prägung verstarb in Deutschland und Amerika zur selben Stunde, und in derselben historischen Minute erhob eine Marktwirtschaft neuen Typs das Haupt, in der die Staatlichkeit eine neue, eine größere Aufgabe übertragen bekam.

Die Ähnlichkeit der Regierungschefs Hitler und Roosevelt beginnt schon mit der Dauer ihrer Regierungszeiten. Sie kamen beide in den ersten Monaten des Jahres 1933 ins Amt, beide hielten es dort trotz ihrer körperlichen Gebrechen bis zum Jahr 1945 aus. Hitler war zunehmend von der Erfolglosigkeit seiner Kriegsführung gezeichnet, nervenkrank, depressiv, wahrscheinlich tablettensüchtig. Roosevelt kämpfte mit den Folgen einer Polioerkrankung, blieb zuletzt immer häufiger an den Rollstuhl gefesselt.

Roosevelt starb am 12. April durch eine Gehirnblutung, Hitler jagte sich 18 Tage später eine Kugel in den Kopf. Der eine konnte seinen Triumph über Hitler-Deutschland nicht mehr erleben, so wie der andere an der bedingungslosen Kapitulation der Deutschen Wehrmacht nicht mehr teilnahm.

In zentralen Fragen der Wirtschafts-, Finanz- und Sozialpolitik – und das waren für beide die zunächst entscheidenden Felder der Bewährung – waren sie Brüder im Geiste. Beide verkörperten, der eine auf demokratische, der andere auf diktatorische Weise, den Bruch mit dem Kapitalismus, auch wenn Hitler oft fälschlicherweise als »Handlanger der Großindustrie« dargestellt wird. Aber das war er so wenig wie Roosevelt. Zuweilen kooperierten und kollaborierten beide mit den Mächtigen der Wirtschaft, aber das vor allem aus taktischen Gründen. Roosevelt verspottete die Kaste der Händler als »Geldwechsler«, und die Superreichen nannte er die »Prinzen des Vermögens«. Hitler wetterte gegen die »Verwirtschaftlichung der Nation«. Schon in den 20er Jahren vertrat er die Auffassung: »Das Kapital muss Dienerin des Staates werden und nicht die Beherrscherin.« Im Kapitalismus versuche sich das Mittel zum Zweck zu erheben, kritisierte er. In Wahrheit sei aber Wirtschaft »immer eine Zweiterscheinung und keine erste«. Auf dem Reichsparteitag des Jahres 1936 erläuterte er seine These von der »sekundären Rolle der Wirtschaft«, die es nun durchzusetzen gelte: »Wer Jahrhunderte Knecht war, wird nun Herr.«

Im Vordergrund der beiden Wirtschaftspolitiken stand nicht der Wachstumsgedanke, sondern die Überwindung der Schwankungen, die mit dem bisherigen Wachstum der Volkswirtschaften verbunden waren. Auch Keynes, der 1936 mit seiner »General Theory of Employment, Interest and Money« für Aufsehen sorgte, interessierte sich nicht in erster Linie für die Stimulierung von Wachstumsprozessen, wie heute behauptet wird, sondern für die Beseitigung von Schwankungen. Man sehnte sich damals nicht nach mehr, sondern nach weniger: weniger Ungewissheit, weniger Risiko und weniger Armut. Der

Wirtschaftsmaschinerie sollte das Willkürliche ausgetrieben werden. Das wiederum setzte voraus, die quasi religiöse Verehrung des Kapitalismus zu beenden, was Roosevelt und Hitler, aber auch Keynes taten. »Der Kapitalismus basiert auf der merkwürdigen Überzeugung, dass widerwärtige Menschen aus widerwärtigen Motiven irgendwie für das allgemeine Wohl sorgen werden«, so stichelte der britische Wirtschaftstheoretiker gegen ein System, das Adam Smith noch angebetet hatte.

Es war dieser Zeitgeist, der in die Regierungschefs in Berlin und Washington gefahren war und aus ihnen sprach. Das gibt es häufiger im Leben der Staaten, dass der Zeitgeist die Politik mehr verändert als alle Theoretiker und Parteitaktiker, und dass ein Politiker, der den Erfolg sucht, sich dem nur bei Strafe des eigenen Untergangs entziehen kann. So wurde der Marktwirtschaftler George W. Bush im Zuge der Finanzkrise zum großen Bankenverstaatlicher. So wurde Friedensnobelpreisträger Barack Obama – wider seine ursprünglichen Absichten – zum Betreiber des Strafgefangenenlagers Guantanamo und ließ – als sich die Gelegenheit bot – Terroristenführer Osama bin Laden durch einen gezielten Todesschuss und ohne Gerichtsverfahren niederstrecken. Die konservative Angela Merkel, die mit dem Versprechen von weniger Staat in den Wahlkampf gezogen war, setzte das Ende der Atomwirtschaft durch und startete die teuersten Konjunkturprogramme aller Zeiten. Von den 2,05 Billionen Euro deutscher Staatsschuld im Jahr 2012 wurden rund 27 Prozent allein zu ihrer Zeit angehäuft.

Roosevelt und Hitler war es nicht vorherbestimmt, mit dem Kapitalismus zu brechen. Hitler hatte von Wirtschaft keine Ahnung. Dass er ausgerechnet auf diesem Feld sein Gesellenstück abliefern würde, das ihm später erlaubte, seine teuflischen Pläne umzusetzen, konnte er zunächst nicht ahnen.

Auch Roosevelt war, als er in New York State als Gouverneur arbeitete, nicht der Roosevelt, der später Weltgeschichte schrieb. Noch in seinem 1932er Wahlkampf propagierte er den schlanken Staat: »Die Reduzierung der Staatsschulden betrachte ich als eines der wichtigsten Themen meines Wahlkampfes.« Seiner Überzeugung nach sei dies der direkteste und wichtigste Beitrag, den eine Regierung gegenüber der Wirtschaft leisten könne.

Doch das gestern Gesagte zählte in der Stunde der Bewährung nicht mehr viel. Ohne die bedingungslose Adaption an den Zeitgeist wäre keiner von beiden in das jeweils höchste Staatsamt aufgestiegen. Hitler passte seine Rhetorik flugs den neuen Verhältnissen an. Nun giftete der Mann, der sonst lieber vom verlorenen Ersten Weltkrieg, den zu hohen Reparationen des Versailler Vertrages und dem Stolz der gedemütigten Nation sprach, mit gleicher Galligkeit gegen das Wirtschaftssystem. Der Nationalist wurde spätestens jetzt zum Anti-Kapitalisten.

»Die Erinnerung an die letzten 13 Jahre ist nicht auszulöschen, weil sie das heutige System anklagt, das Millionen um Hab und Gut gebracht hat«, so rief Hitler auf einer Wahlkundgebung vom 20. Juli des Jahres 1932 in Stralsund. Am selben Tag warf er in Kiel den demokratischen Parteien vor: »13 Jahre haben sie gesündigt gegen unser Volk, 13 Jahre nicht den Wert der Arbeit gekannt, 13 Jahre sich vor der internationalen Hochfinanz gebeugt.« Und drei Tage später in Dresden: Die bis dahin regierenden Parteien hätten dem Land »wirtschaftliches Elend, die Vernichtung aller Finanzen, den Ruin des Bauernstandes, die Auslöschung unseres Mittelstandes, die Überschuldung und Verpfändung und die Millionen Arbeitsloser« gebracht.

Auch wenn die parteipolitische Zuordnung dieser Missstände als Propaganda bezeichnet werden muss. Die ökonomischen Missstände hatte Hitler richtig beschrieben. Für seinen Antisemitismus allein wäre er von den meisten Deutschen nicht gewählt worden. Für seinen Anti-Kapitalismus aber sehr wohl. Auf dieser Grundlage gründete Hitler dann später das, was Götz Aly als »Gefälligkeitsdiktatur« bezeichnete. Ein nationalsozialistischer Geberstaat entstand, der die Deutschen mit dem Diebesgut aus ehemals jüdischem Besitz, mit kriegerischer Plünderware aus den eroberten Ländereien, mit staatlicher Preisgarantie, staatlichen Freizeitprogrammen und kreditfinanzierten Arbeitsplätzen in der Rüstungsindustrie bei Laune hielt.

Hitler war der Nutznießer der Verhältnisse. Mit der Weltwirtschaftskrise schlug seine Stunde, aus der er dann zwöf lange Jahre machte. Oder andersherum gedacht: Hätten im Deutschland der frühen 30er Jahre Vollbeschäftigung und Geldwertstabilität geherrscht, wäre dieser eigenartige Mann ohne Beruf, ohne Familie, ohne die Fähigkeit, einen versöhnlichen Satz auszusprechen, weiter Postkartenverkäufer und Wirtshausschwadroneur geblieben, und die NS-Uniformen hätten im Kölner Karneval, aber nicht bei Staatsempfängen in Berlin ihre Verwendung gefunden. So aber stieg aus den Trümmern des Bisherigen ein Mann nach oben, der selbst zum Strandgut seiner Zeit gehörte.

In Amerika arbeitete Roosevelt mit einer anderen Sprache, einer anderen inneren Haltung, aber die Inhalte seiner Krisenbekämpfungspolitik ähnelten denen Hitlers. Auch Roosevelt distanzierte sich von den bestehenden Verhältnissen, erklärte den Kapitalismus für gescheitert. Seine sprachliche Leitfigur war der »vergessene Mann«. Darunter verstand Roosevelt alle, denen die Wirtschaftskrise übel mitgespielt hatte, die Farmer, deren Kaufkraft durch die Deflation vernichtet worden war, die Arbeitslosen der Vorstädte, die nun nicht wussten, wie sie Frau und Kinder durchfüttern sollten, die Mittelständler, die von den Großkonzernen an die Wand gedrückt wurden, die Armen und Kranken, denen damals noch kein Sozialstaat zur Seite stand und die daher froren und hungerten. Roosevelt verglich das Jahr 1932 mit dem Jahr 1917, als die USA in den Ersten Weltkrieg eintraten:

»Diese unerfreulichen Zeiten rufen danach, die bisher ungenutzten, unorganisierten, aber unerlässlichen Einheiten von wirtschaftlicher Kraft zu aktivieren. Wir brauchen Pläne, wie wir sie zuletzt 1917 geschmiedet haben, die von unten nach oben funktionieren, Pläne, die auf den vergessenen Mann am Ende der ökonomischen Pyramide setzen.«

Die Wirtschaft wird sekundär – wie sich das Primat der Politik durchsetzt

Hitler und Roosevelt setzten, kaum im Amt, das Geld des Staates ein, um den erlahmten Wirtschaftskreislauf wieder in Schwung zu bringen. Der eine ließ 3900 Kilometer Autobahnen bauen, der andere 22 Staudämme, 32 See- und Flughäfen errichten. Für Beschäftigungsprogramme setzte Hitler in den Jahren 1933 bis 1936 mehr als fünf Milliarden Reichsmark ein, was rund 80 Prozent des Staatshaushaltes von 1935 entsprach. Roosevelt stellte für seine Infrastrukturmaßnahmen rund 8,6 Milliarden Dollar zur Verfügung, was rund 117 Prozent des Budgets von 1935 entsprach. Die beiden waren Keynesianer, noch bevor Keynes seine große Theorie überhaupt vollendet hatte. Womöglich haben Hitler und Roosevelt den großen britischen Ökonomen mehr beeinflusst als er sie.

Der Bruch mit der klassischen Theorie war bereits praktische Politik, bevor die Theorie folgte. Womöglich wäre es richtiger, würde man die Nachfragesteuerung durch den Staat eher als »ökonomischen Hitlerismus« bezeichnen denn als »Keynesianismus«. Über den Spätzünder aus London kursieren deshalb seit jeher despektierliche Bemerkungen seiner Kollegen. Joan Violet Robinson, eine Keynes-Anhängerin aus Cambridge, sagte 1971: »Hitler hatte bereits herausgefunden, wie man Arbeitslosigkeit beseitigt, als Keynes noch dabei war zu erklären, warum sie entsteht.«

Im Vorwort zu seiner »Allgemeinen Theorie der Beschäftigung, des Zinses und des Geldes« schrieb Keynes denn auch, er erwarte »weniger Widerstand aus Deutschland als aus England«, seine Ideen für die stärkere Rolle des Staates seien »viel leichter unter den Bedingungen eines totalitären Staates umsetzbar«. Einige seiner heutigen Interpreten gehen sogar davon aus, das Keynes seine »Allgemeine Theorie« deshalb »Allgemein« nannte, weil sie in demokratischen wie totalitären Staaten einsetzbar sei.

Der Staat erwachte in Folge der Großen Depression aus seinem wirtschaftlichen Dornröschenschlaf und nahm mit einer Vielzahl neuer Institutionen die Koordinierung und Stimulierung des erlahmten Wirtschaftsgeschehens in die Hand. Roosevelt gründete rund 50 neue Ämter und Koordinierungsbehörden, darunter die National Recovery Administration. Hitler ließ neue Reichsämter wie das Reichsamt für Agrarpolitik, das Devisenfahndungsamt und das Reichsamt für Wirtschaftsaufbau entstehen, in denen immer neue Staatskommissare, Sonderbeauftragte und Generalbevollmächtigte ihren Dienst verrichteten. Ein Vier-Jahres-Plan zur Koordinierung der Volkswirtschaft wurde aufgestellt. Die Privatwirtschaft hatte man nicht beseitigt, aber ihre Vorrangstellung gebrochen. Sie war nun der Hund, der auf das Herrchen Hitler zu hören hatte.

Hitler und Roosevelt waren in vielen ihrer Maßnahmen nicht so originell, wie ihnen die Geschichtsschreibung zunächst unterstellte. Auch das einte sie. Die Konjunkturprogramme für den Autobahnbau in Deutschland und die Staudammprojekte in den USA waren bereits von den Vorgängerregierungen – Hoover und Brüning – ausgearbeitet worden. Die allerdings ließen sie in den Schubladen der Bürokraten liegen. Hitler und Roosevelt brauchten sie nur herauszuziehen und ihre Umsetzung anzuordnen.

Das taten beide mit großer Verve. Auf allen Feldern schwang nun Vater Staat das große Wort. Er war in den Augen der Bevölkerung durch das Versagen der kapitalistischen Produktionsweise legitimiert. Erstmals rückte nun auch die Verteilungsgerechtigkeit ins Zentrum des politischen Geschehens. Die Nationalsozialisten waren in dieser Hinsicht vor allem Sozialisten. Sie setzten Löhne und Preise fest, machten die erst seit 1924 unabhängige Reichsbank wieder zu einer weisungsgebundenen Behörde. Sie wollten die für den Einzelnen wichtigsten Preise, den Preis für die Arbeitskraft, den Warenpreis im Laden und die Kosten der Kredite, unter politische Kontrolle bringen.

In Amerika zur selben Zeit das gleiche Bild. Das Gesetz des Stärkeren als Grundgesetz der dortigen Wirtschaftsverfassung wurde nicht länger akzeptiert. Roosevelt ordnete ebenfalls ein Preisdiktat an, verordnete der Wirtschaft Mindestlöhne und unterwarf die Federal Reserve Bank (Fed), die 1913 als Zusammenschluss privater Banken gegründet worden war, der Zentralregierung. Seither und bis heute ist die Fed dazu da, die Politik des jeweiligen Präsidenten zu unterstützen. Preisstabilität ist nur eine ihrer Zielgrößen, die Bekämpfung der Arbeitslosigkeit gehört seit jenen Roosevelt-Jahren auch dazu.

Doch erst einer heiß laufenden Rüstungsproduktion verdankten beide die Wiederherstellung der Vollbeschäftigung. Auch hier trat Hitler in Vorlage. Er startete sein Aufrüstungsprogramm unverzüglich, kaum hatte er am 30. Januar 1933 in der Berliner Reichskanzlei, Wilhelmstraße 77, Platz genommen. Roosevelt dachte zunächst nicht an Krieg. Mit der Aufrüstung begann er erst im Juni 1940, nachdem Hitler-Deutschland die Nachbarländer Polen und Frankreich überfallen hatte. Die USA der Roosevelt-Jahre waren viel zu sehr mit sich beschäftigt, um an Welteroberung oder auch nur Weltverteidigung zu denken. Hitler war aus Sicht des Weißen Hauses ein politischer Rabauke, aber keine echte Gefahr. Als er eine echte Gefahr geworden war, sah man ihn vor allem als europäische Gefahr, mit der Briten und Russen allein fertig werden sollten.

Hitler erzielte dank des hemmungslosen Geldeinsatzes bei der Aufrüstung die schnelleren Erfolge als Roosevelt. Der Anteil der Rüstungsinvestitionen an den staatlichen Gesamtausgaben von vier Prozent in 1933 stieg auf 50 Prozent in 1938. Man ließ den Staatshaushalt um das Vierfache ansteigen, nahm Schulden auf wie keine Regierung davor und keine danach.

Auf dem Feld der Wirtschaftspolitik – die im NS-Staat immer auch Rüstungspolitik war – errang Hitler seine größten und bedeutsamsten Siege. Die Wachstumsraten der Jahre 1933 bis 1938 lagen mit über zehn Prozent auf dem gleichen Niveau wie später die der Tigerstaaten Asiens.

Bereits 1936, also vier Jahre nach der Machtergreifung, herrschte in Deutschland Vollbeschäftigung, derweil in Frankreich und in Großbritannien die Arbeitslosigkeit in der zweiten Hälfte der 30er Jahre noch immer bei über zehn Prozent und in den USA sogar bei über 20 Prozent lag. Es war die enorme Aufrüstung – aus der 100 000-Mann-Armee des Jahres 1933 wurde binnen sechs Jahren Europas größte Streitmacht mit 3,2 Millionen Soldaten, wobei das Heer 2,75 Millionen, die Luftwaffe 400 000 und die Marine 50 000 Köpfe zählte –, die den Wirtschaftskreislauf nun stimulierte.

Aber das war es nicht allein, was den Aufschwung brachte. Auch die zivile Produktion sprang an. Der nach London geflüchtete Publizist Sebastian Haffner sprach rückblickend vom »Hitler'schen Wirtschaftswunder«.

Dieses Wunder hatte einen Preis, auch wenn das In-Rechnung-Stellen dieses Preises zeitversetzt erfolgte. Die Zeitgenossen konnten ihn zunächst nicht sehen und nicht spüren. Aber die Gesamtstaatsverschuldung am Ende des Zweiten Weltkrieges lag bei 400 Prozent des Sozialprodukts, dem 2,5-Fachen der heutigen Staatsverschuldung von Griechenland. Die Inflation wurde mit Preisdiktaten zurückgestaut. Die Vorarbeiten für einen Währungskollaps waren unter Hitler also weit vorangekommen.

Die Expansion der Geldmenge überschritt jedes verantwortbare Ausmaß, wie wir heute wissen. Entfielen 1932 auf jeden Bürger des Deutschen Reiches 92 Reichsmark, waren es im April 1945 bereits 811 Reichsmark. Eine derart hemmungslose Ausweitung der Geldmenge hatte es in der entwickelten Welt davor und danach nicht gegeben.

Der kreditfinanzierte Aufschwung und eine bis zur Unkenntlichkeit verwässerte Währung: Hitler kalkulierte mit den Gewinnen der Eroberungskriege, die ja auch tatsächlich flossen. Das Ausplündern der Inhaftierten, die nach Hause geschleppten Ressourcen der eroberten Länder, die Überschreibung ausländischer Notenbank-Reserven, die Versklavung anderer Völker, all das geschah. Aber es reichte nicht, um die Hitler'schen Ausgaben zu decken. Die Kosten der Kriegsführung – 150 Millionen Reichsmark pro Tag – überstiegen die Einnahmen des Staates bei Weitem. Die Summe aller Staatseinnahmen des letzten Friedensjahres hätte nur für einen viermonatigen Krieg gereicht.

Schon die Briten hatten mit ihrer weltweiten Expansion keine guten Erfahrungen gemacht, wie wir vorhin gesehen haben. Die Einheimischen in Indien wollten sich keineswegs mit ihrem Status als Arbeitsvieh und Lakaien der Kolonialisten zufriedengeben. Derweil die Kosten der Landnahme stiegen, sanken die Erträge. Indien war für die Briten eine miserable Investition, die Geld, Menschenleben und politische Aufmerksamkeit verschlang, weshalb Indien später gar nicht so ungern in die Unabhängigkeit verabschiedet wurde. »Was für England Indien war, wird für uns der Ostraum sein«, äußerte Hitler einmal vor Vertrauten im Rahmen seiner sogenannten Tischgespräche. Hätte er den tieferen Sinn dieser Parallele verstanden, hätte er seine Pläne zur Eroberung des »Ostraumes« unverzüglich aufgeben müssen.

Die ökonomische Rechnung traf für Hitler nicht mehr rechtzeitig ein, weil die militärische Quittung eher zugestellt wurde. Hitler-Deutschland war am Ende von zwei konkurrierenden Todesursachen bedroht: Die militärische Niederlage von außen und der ökonomische Kollaps von innen wetteiferten miteinander. Die Panzerdivisionen und Fliegerstaffeln von Russen, Briten, Franzosen und Amerikanern waren im Endspurt schneller.

Roosevelt ging besonnener zu Werke. Auch er wies dem Staat eine größere Aufgabe zu, als dieser sie je zuvor in der amerikanischen Geschichte eingenommen hatte. Auch er machte Schulden wie kein Präsident vor ihm. Aber er verwandelte Amerika nicht in einen Führerstaat mit angeschlossener Privatwirtschaft. Er stützte die Bedürftigen, er half den Gewerkschaften, sich zu organisieren, und errichtete Leitplanken für die Unternehmen, insbesondere für den Bankensektor. Aber er handelte nicht als Chef-Chef der Unternehmen.

Auch Roosevelt nutzte Vollmachten, die in Friedenszeiten kein Präsident vor ihm benutzt hatte. Auch er griff zu jenen Kriegsmetaphern, die Hitler so liebte. »Um zu siegen, müssen wir eine schlagkräftige, disziplinierte und opferbereite Armee bilden. Ohne zu zögern, übernehme ich die Führung dieser großen Armee unseres Volkes.« So redete er, und, wichtiger noch, so handelte er auch. Roosevelt blieb Demokrat, aber einer mit autoritären Zügen.

Keine 24 Stunden nachdem er seinen Amtseid geleistet hatte, ordnete Roosevelt unter Berufung auf die kriegsrechtlichen Notstandsvollmachten, die der Kongress im Ersten Weltkrieg dem Präsidenten eingeräumt hatte, eine landesweite Schließung aller Banken an. Roosevelt nutzte die viertägigen »Bank Holidays«, um die bisherigen Spielregeln der Finanzmärkte zu verändern.

Er entzog der Goldspekulation die rechtliche Grundlage. Er tat das höchst wirkungsvoll dadurch, dass er den Verkauf von Gold verbot und das im Besitz von Privatleuten befindliche Gold kurzerhand in Dollarnoten umtauschen ließ. Das war autoritär. Das war nicht mehr der Laissez-faire früherer amerikanischer Jahrzehnte. Aber das war zugleich eine wichtige Voraussetzung, um die in Gang gekommene Kernschmelze im amerikanischen Finanzsystem zu stoppen.

Die Geldhäuser hat die Roosevelt-Regierung keineswegs gerettet, um sie dann wieder sich selbst zu überlassen. Mit dem Glass-Steagall Act wurde in den USA das Trennbankensystem eingeführt. Danach durften Geschäftsbanken nicht mehr als Investmentbanken tätig werden und umgekehrt. Dadurch sollte sichergestellt werden, dass sich die besonderen Risiken des Investmentbankings zukünftig nicht mehr auf das Kredit- und Einlagengeschäft auswirken konnten. Das Casino-Banking musste also ausgelagert werden. Das Bankgeschäft wurde renormalisiert.

Für die Sparer gründete man mit der Federal Deposit Insurance Corporation einen Einlagensicherungsfonds, der alle

Gelder der Bankkunden bis zu einer Höhe von 70 Prozent oder maximal 10000 Dollar gegen Bankenpleiten absicherte. Das Vertrauen in das Finanzsystem konnte erst auf dieser Grundlage wieder wachsen. Der Starkstromleitung war eine Sicherung eingeschraubt worden. Und sie hielt: Während, wie schon erwähnt, in der Zeit vor der Weltwirtschaftskrise mehr als 500 Banken pro Jahr zusammenbrachen, auf dem Höhepunkt der Krise rund 2000 pro Jahr, waren es nach 1933 weniger als zehn Banken pro Jahr. Damit ließ sich leben. Der Staat als Aufseher hatte eine neue Ordnung hergestellt. Und er garantierte ihren Bestand.

Roosevelts wertvollstes Vermächtnis aber ist im Bereich des Sozialstaats zu suchen. Den hat es in Amerika vorher gar nicht gegeben. Roosevelt begründete ihn ohne lange Debatten und ohne theoretischen Unterbau. Kaum war er im Weißen Haus eingezogen, bat er Frances Perkins, das Arbeitsministerium zu übernehmen. Sie war die erste Ministerin der USA. Und sie war politisch ehrgeiziger als die meisten anderen Politiker ihrer Generation. Sie knüpfte schon ihren Eintritt in die Regierung an Bedingungen: Die Regierung müsse ein Verbot von Kinderarbeit durchsetzen, eine Rentenversicherung für alle Arbeitnehmer gründen und Mindestlöhne für die einfachen Tätigkeiten einführen. Das alles galt bis zur Großen Depression als »kommunistisch« oder doch zumindest »unamerikanisch«.

Es war noch keine zehn Jahre her, da hatte sich ein Präsident dadurch beliebt gemacht, dass er die Minimalisierung des Staates betrieb. Der Republikaner Calvin Coolidge senkte Steuern, kürzte den Staatshaushalt und lehnte Subventionen für die Farmer ab. »The business of America is business«, sagte er 1925, was so viel bedeutete wie: Wirtschaft findet in der Wirtschaft statt.

Doch dieses Credo galt in der Ära Roosevelt als Zynismus

sondergleichen, als unterlassene Hilfeleistung für ein unverschuldet in Not geratenes Volk. Über drei Legislaturperioden blieb Arbeitsministerin Perkins im Amt. Ihr gelang die bis heute wichtigste Sozialreform der Vereinigten Staaten.

Mit Verabschiedung des Social Security Act von 1935 wurden – 50 Jahre nach der Bismarck'schen Sozialgesetzgebung – auch in den USA Sozialversicherungen eingeführt, eine Rentenversicherung (Social Security), eine Witwenrente für die Angehörigen der Opfer von Industrieunfällen und Hilfen für Behinderte sowie Hilfsprogramme für alleinerziehende Mütter. Weiterhin wurden permanente Bundeszuschüsse zu den in Länderverwaltungen betriebenen Arbeitslosenversicherungen freigeschaltet. Zur Finanzierung hat man eine neue Steuer, die Payroll Tax, eingeführt, mit der bis heute ein Arbeitgeberanteil und ein Arbeitnehmeranteil an die Staatskasse abgeführt werden. Ab 1940 wurden die ersten staatlichen Renten ausgezahlt. Mit dem 65. Lebensjahr erhielt ein Beschäftigter nun eine Rente, zunächst in Höhe von 26 Prozent seines Durchschnittslohns. Ab 1935 bekamen Arbeitslose 15 bis 18 Dollar pro Woche für maximal 27 Monate. Erst danach waren sie wieder sich selbst überlassen.

Aus dem Wildwest-Kapitalismus wurde eine Marktwirtschaft, auch wenn viele in Europa bis heute an der Erzählung vom ungezügelten US-Kapitalismus festhalten. Vor allem für die Arbeitnehmer begann ein neues Leben, das ihre Abhängigkeit von den Fabrikbesitzern und anderen Wirtschaftsgewaltigen reduzierte. Mit dem 1935 von Roosevelt und Perkins im Weißen Haus unterzeichneten National Labour Relations Act wurde den Arbeitnehmern das Recht zugestanden, Gewerkschaften zu bilden, Löhne und Arbeitsbedingungen konnten und sollten von nun an kollektiv verhandelt werden. Auch ein formelles Streikrecht wurde eingeführt.

Die Zahl der gewerkschaftlich organisierten Arbeiter verdoppelte sich von 1929 bis 1938 auf sieben Millionen. Der Gehaltsentwicklung hat das gutgetan. Die Pro-Kopf-Einkommen stiegen von 1940 bis 1960 um real 65 Prozent, derweil die Wirtschaftsleistung Amerikas im selben Zeitraum nur um real 57 Prozent zulegte. Der Arbeiter wurde nicht gleich zum Co-Chef befördert wie im späteren Deutschland der Mitbestimmung. Aber er wurde nun in Amerika immerhin zum Beifahrer der Kapitalseite. Um weiter zu herrschen, mussten die Fabrikanten zunächst das Teilen lernen.

Das Neue war aber nicht nur das, was da geschrieben stand. Neu war auch die Art und Weise, wie das Geschriebene gelebt wurde. Denn der Glaube, dass ein einfaches Gesetz reicht, um die Wirklichkeit für Millionen von Beschäftigten zu verbessern, war in dieser New-Deal-Regierung nicht weit verbreitet. So wie man den Banken die Security Exchange Commission (SEC) vor die Nase setzte, um ihre Geschäfte zu überwachen, so bekam es die übrige Wirtschaft mit der National Recovery Administration (NRA) zu tun. Diese Behörde koordinierte nicht nur die Konjunkturprogramme, sondern überwachte das moralische Geschäftsgebaren aller Unternehmer.

Diese mussten sich schriftlich verpflichten, auf unfairen Wettbewerb zu verzichten, Mindestpreise zu verlangen, Mindestlöhne zu zahlen, Gewerkschaften anzuerkennen, die 40-Stunden-Woche einzuführen und Kartellen und Monopolen aller Art abzuschwören. Und wehe dem, der sich nicht an diese Versprechen hielt! Die NRA, zunächst geführt vom Ex-General und späteren Geschäftsmann Hugh Johnson, arbeitete wie eine große Staatsanwaltschaft für Wirtschaftskriminalität. Nur dass diese Superbehörde nicht im Verborgenen arbeitete, sondern öffentlich: Man fragte nach, man inspizierte, man bestellte ein, man prangerte an. Sie war eine Art Umerziehungsanstalt für

Kapitalisten. Es ging erklärtermaßen darum, »Amerika von der mörderischen Doktrin eines unzivilisierten, wölfischen Individualismus zu befreien, wo immer den armen Teufel die Hunde beißen«, wie sich General Hugh Johnson ausdrückte.

Die Vereinigten Staaten waren mit dem »New Deal« zu einem Sozialstaat geworden, der sich in Art und Umfang noch immer von den europäischen Sozialstaaten unterschied. Aber der Staat war nicht mehr nur der Weggefährte der Wirtschaft. Er war nun ihr Vorgesetzter. Die Regierung schaute nicht mehr zu, wie Angebot und Nachfrage zueinanderfanden. Sie griff beherzt ein.

In Hitler-Deutschland wurde diese Wesensveränderung Amerikas aufmerksam – und voller Wohlwollen – begleitet. Der »Völkische Beobachter« schrieb am 11. Mai 1933: »Die Vorgänge seit dem Amtsantritt des Präsidenten Roosevelt sind von symptomatischer Bedeutung für den Anbruch eines neuen Zeitalters auch in den Vereinigten Staaten.« Am 17. Januar des folgenden Jahres hieß es anerkennend: »Roosevelt macht Experimente, und sie sind kühn.«

Der US-Präsident und seine Wirtschaftsberater orientierten sich dabei weniger an Hitler als an der Diskussion in England – wo der spätere konservative Premierminister Harold Macmillan 1933 einen »orderly capitalism« propagierte, einen »geordneten Kapitalismus«, womit er vor allem einen staatlich gelenkten Kapitalismus meinte – und an Italiens Diktator Mussolini, der mit seinem Wirtschaftsdirigismus ähnliche Erfolge erzielte wie Hitler in Deutschland.

In einem seiner berühmten Kamingespräche begründete Roosevelt im September 1934 seine Politik, die dem Staat im Wirtschaftsleben eine neue Rolle zuwies: »Die ungeheure Macht der Wirtschaft hat große Kapitalansammlungen in riesigen Industriekomplexen hervorgebracht. So groß, dass jeder

Einzelne für sich genommen diesen ziemlich hilflos gegenübersteht. Die Intervention der organisierten Kontrolle, die wir Regierung nennen, scheint notwendig zu sein.«

1945 war die Zeit der militärischen Gegenspieler Roosevelt und Hitler, die auf dem Gebiet der Wirtschafts- und Sozialpolitik zuweilen wie Zwillinge gehandelt hatten, abgelaufen. Roosevelts Amerika triumphierte, Hitlers Deutschland lag in Trümmern. Der Mann, der zunächst den Wohlstand zurück in die Wohnstuben der Deutschen gebracht hatte, entpuppte sich als der größte Wohlstandszerstörer der deutschen Geschichte. Die wirtschaftliche Normalität, die er in seinen frühen Jahren mit Vollbeschäftigung und stabilen Preisen zurückgebracht hatte, kassierte er wenig später wieder ein. Sicherheit, Ordnung und Arbeit verschwanden in den Trümmern des von ihm mutwillig angezettelten Kriegs.

Aber die Gedankenwelt des »New Deal« und Hitlers Ruf nach dem »Primat der Politik« überlebten die militärischen Ereignisse. Roosevelt starb, Hitlers Reich zerfiel, aber der rohe, urgewaltige, wölfische Kapitalismus, wie man ihn aus den Vorkriegsjahren kannte, kehrte nie mehr zurück, nicht in der Wirklichkeit und auch nicht als Wunsch und Wille.

Den Kapitalismus als staatsfreie Zone gibt es heute nur noch in den Stoßgebeten der amerikanischen Tea Party. Doch die Nostalgiker, die sich nach einem urwüchsigen Kapitalismus mit angeschlossenem Minimal-Staat sehnen, sitzen auf den Zuschauerbänken. Sie dürfen zwar in Fernseh-Talkshows ihre Luftschlösser zum Kauf anbieten. Aber das Publikum weiß zwischen Polemik und Politik zu unterscheiden. Die Wiederwahl des Demokraten Barack Obama, des Mannes, der Amerika eine Gesundheitsversicherung für alle brachte, war zu keinem Zeitpunkt ernsthaft in Gefahr.

Längst ist Amerika ein Land der Marktwirtschaft, in dem

Staat und Privatwirtschaft friedlich koexistieren, auch wenn es im Grenzgebiet immer wieder zu ideologischen Feuergefechten kommt. Der Anteil der staatlichen Sozialausgaben am Bruttosozialprodukt hat sich von 1960 bis 1980 verdoppelt. Der Militärhaushalt wurde erstmals 1972 vom Sozialetat übertroffen.

Die Deutschen empfinden vor allem Mitleid, wenn sie auf das amerikanische Wirtschafts- und Sozialsystem blicken. Doch diese Gefühle sind unangemessen. Selbst bei den Ausreichungen des Wohlfahrtsstaates stehen wir nicht so grandios da, wie wir glauben. Zwar bescheinigen unsere offiziellen Statistiken der Bundesrepublik den deutlich opulenteren Sozialstaat. Doch Vorsicht: Dieser Wahrheit wurde statistisch aufs Pferd geholfen. Unsere deutschen Statistiken sind Brutto-Rechnungen, die all das berücksichtigen, was die Menschen in unserem Land an sozialen Zuwendungen zugesteckt bekommen. Zugleich aber verschweigen diese Statistiken, was der Staat den Beschenkten gleich wieder abzieht – die Mehrwertsteuer, die Mineralölsteuer, die Flugbenzinsteuer, die Versicherungs-, die Tabak- und Alkoholsteuer, aber auch die reguläre Einkommenssteuer. Das deutsche Prinzip, wo der Staat den Bürgern links etwas zusteckt, was er ihnen rechts wieder wegnimmt, wird erst in der Nettobetrachtung sichtbar, wie sie die OECD anstellt. Und siehe da: Der deutsche Sozialstaat steht deutlich schmaler vor uns.

Die USA hingegen profitieren von der Netto-Berechnung und erzielen nunmehr eine Sozialleistungsquote von 27 Prozent, was nahezu auf dem Niveau von Österreich und Deutschland liegt. Denn in den USA fallen die Verbrauchssteuern insgesamt niedriger aus, im Falle der Energiesteuern sogar deutlich niedriger, und in einigen Bundesstaaten sind Sozialhilfeempfänger von der Umsatzsteuer gänzlich befreit. Auf den Essensgutschein oder die staatliche Rente wird ebenfalls keine Steuer erhoben.

Auch wenn es schwerfällt, sich von lieb gewordenen Vorurteilen zu verabschieden, wir sollten es versuchen: Amerika ist aus der Großen Depression als ein Land mit menschlicherem Antlitz hervorgegangen. Das Stahlgewitter der Geschichte – Börsenkrach, Massenarbeitslosigkeit, Krieg – hat das Land transformiert. Das Nachkriegsamerika war nicht nur internationaler und mächtiger. Es war zugleich sozialer und warmherziger gegenüber den eigenen Landsleuten.

In Deutschland fand der Bruch mit dem Kapitalismus zwar vor dem Krieg statt. Die wirkliche Domestizierung aber gelang erst nach der Rückkehr des Landes zur Demokratie. Nun erst wurde das Wirtschaftssystem dem Menschen dienlich gemacht. Die Deutschen durften jetzt mitverdienen, und, das war neu, sie durften nun auch mitentscheiden. Die Freiheit hielt Einzug.

Kapitel 3
Wohlstand. Die »Stunde Null« der Marktwirtschaft

Ein deutscher Glücksfall: Ludwig Erhard betritt die Bühne. +++ Arbeit und Kapital, Markt und Staat: Das neue System der »Sozialen Marktwirtschaft« beruht auf dem Aushalten von Widersprüchen. +++ Der Kennedy-Mord bringt auch in den USA den Sozialstaat zum Blühen; der amerikanische Erhard heißt Lyndon B. Johnson.

Ludwig Erhard und das Versprechen vom kleinen Lebensglück

Das Wundersamste am deutschen Wirtschaftswunder war die Tatsache, dass ein Mensch wie Ludwig Erhard sich überhaupt durchsetzen konnte. Nichts deutete zunächst darauf hin, dass dieser beleibte Herr aus Bayern, ein schwer verletzter Artillerist aus dem Ersten Weltkrieg, zum Zeremonienmeister der neuen Zeit werden sollte. Der Mann, der für das deutsche Wirtschaftsleben eine prägende, man muss sogar sagen, eine ordnungsverändernde Kraft entfaltet hat, stand jahrzehntelang im Schatten der Ereignisse. Er machte zunächst auch nicht die geringsten Anstalten, aus ihm herauszutreten.

Ein Theoretiker war er nicht. Alles, was Erhard an ökonomischen Erkenntnissen von sich gab, war zuvor von anderen gedacht, geschrieben und gesagt worden. Den Terminus »Soziale Marktwirtschaft« kupferte er vom Wirtschaftstheoretiker Alfred Müller-Armack ab. Auch den erfolgreichen Buchtitel und späteren Wahlkampfslogan »Wohlstand für alle« hat er sich nicht selbst ausgedacht. Beim Abfassen des Klassikers ging ihm Wolfram Langer, der Bonner Korrespondent des seit 1946 in Düsseldorf erscheinenden »Handelsblatt«, zur Hand, der später sein Staatssekretär im Wirtschaftsministerium wurde.

Als Geschäftsmann, da hilft keine Beschönigung, war Erhard ein Totalausfall. 1925 hatte er die Führung des von Vater Wilhelm Philipp gegründeten Textilwarenladens übernommen. Doch schon 1928, also auf dem Höhepunkt der »Goldenen 20er Jahre« und etliche Monate vom »Schwarzen Freitag« entfernt, ging Erhard junior die Puste aus. Er musste Konkurs anmelden. In der heutigen Zeit würde man ihn einen »Pleitier« nennen.

Einen zweiten Anlauf als Selbständiger hat er nie unternommen. All die Tugenden, die er der Jugend später empfahl – unternehmerischer Elan, Entdeckerlust und überhaupt das Pionierhafte –, sucht man bei ihm vergeblich. Erhard flüchtete, kaum dass sein Unternehmerdasein beendet war, in den warmen Schoß der Bürokratie, den er nie wieder verließ. Er wurde Hochschulassistent, später Leiter eines »Instituts für Wirtschaftsbeobachtung«, Honorarprofessor und Direktor der »Verwaltung für Wirtschaft«, bevor er zum Chef des bayerischen Wirtschaftsministeriums und später des Kanzleramtes aufstieg. Die »freie Wirtschaft«, von der er so schwärmerisch sprechen konnte, hat er gemieden wie die Katze den Dorfteich.

Mit der Politik verband ihn bis zu seiner Berufung als bayerischer Wirtschaftsminister im Jahr 1947 auch nicht viel. Er stand nie auf einem Wahlzettel, war weder Landtagsabgeordneter noch Bürgermeister, nicht einmal Ratsmitglied. Bis heute ist fraglich, ob Erhard, der spätere CDU-Vorsitzende und CDU-Kanzler, überhaupt ein gültiges Parteibuch besaß. Die entsprechenden Unterlagen fehlen in der Registratur.

Man tritt Erhard nicht zu nahe, wenn man feststellt, dass er die Schreibtischarbeit nicht erfunden hat. Er war unermüdlich auf seine Weise, aber das Aktenstudium lag ihm nicht. Schon Mitarbeiterbesprechungen waren ihm ein Gräuel. Lieber hielt er gepfefferte Reden über die Marktwirtschaft und ihre Feinde. Kanzler Adenauer ermahnte ihn mehrfach und einmal sogar schriftlich, seine Vortragsreisen etwas einzuschränken und sich lieber um die Effizienz seines Ministeriums zu kümmern. Vergeblich!

Erhards wohlmeinende Biografen erklären diese Scheu vor

der Schreibtischarbeit mit Prinzipientreue. Ihm habe halt der Glaube an die segensreiche Wirkung von Planungsprozessen gefehlt. Deshalb habe er sich ihnen nicht unterwerfen wollen. So milde kann die Geschichtsschreibung sein, wenn es darum geht, die Geschichte von Gewinnern zu erzählen.

Und ein Gewinn war er, dieser kauzige Mann, der bis zu 20 Zigarren am Tag qualmte. Erhard war sogar mehr als das, er war ein Segen für Deutschland. Nach dem großen Wohlstandsvernichter Hitler trat hier ein Mann auf die Bühne, der das Beste in den Menschen zutage förderte, der sie zur Arbeit stimulierte, zur Leistung anregte und sie in den Grundrechenarten der Marktwirtschaft unterrichtete. Erhard war Volkserzieher, Menschenfreund und Wohlstandsvermehrer in einem. Die Geschichte des Wohlstandes lässt sich ohne ihn nicht erzählen.

Erst in seiner Amtszeit gingen die beiden Worte »Wirtschaft« und »Wohlstand« eine dauerhafte Beziehung miteinander ein. Erhard war das Beste, was den Deutschen seit der Reichsgründung 1871 passiert war.

Womöglich gelang ihm der Durchmarsch an die Spitze des Staates auch deshalb, weil es an Konkurrenten mangelte. Der Wettbewerb der Talente war durch den Krieg, die Vernichtung und Vertreibung der deutschen Juden und die Verstrickung der übrig gebliebenen Eliten in die Nazidiktatur mehr als nur eingeschränkt. In den Jahren 1945/46/47 herrschte intellektuelle Mangelwirtschaft.

Zugleich schien die Aufgabe des wirtschaftlichen Wiederaufbaus alles andere als verlockend. Während heute um jeden Vorstands- und Ministerposten hart gerungen wird, gab es damals niemanden, der sich danach drängte, die deutsche Wirtschaft wieder aufzurichten. Welch Wunder, galten doch 40 Prozent aller Häuser im ersten Nachkriegsjahr als unbewohnbar. Die Industrieanlagen brachten nur noch einen Bruchteil ihres

Warenausstoßes aus der Vorkriegszeit. Der Anteil der Landwirtschaft an der gesamten Wirtschaftskraft war in Folge dessen von knapp zehn Prozent zu Zeiten der Weimarer Republik wieder auf knapp 25 Prozent gestiegen. Auf den Bauernhöfen versammelten sich die Hungrigen und die Arbeitslosen, die Umgesiedelten und die Vertriebenen.

Das Bildungsbürgertum stand – zum zweiten Mal innerhalb von nur 25 Jahren – mit leeren Händen da. Die Inflation hatte alle Geldvermögen vernichtet. Die Reichsmark war nicht wertvoller als ein paar Glasmurmeln, weshalb die Einzelhändler es nicht sehr eilig hatten, ihre Auslagen mit Wurst, Käse und Konserven zu bestücken. Viele Deutsche mussten in der unmittelbaren Nachkriegszeit mit weniger als 1000 Kalorien pro Tag auskommen. Der Historiker Golo Mann sah seine Landsleute »im Zustand körperlicher Not und seelischer Betäubung«.

Die Amerikaner und ihre Verbündeten setzten zunächst auf staatliche Planung, schon um alles unter Kontrolle zu behalten. Nichts lag ihnen ferner als ein Wiederaufstieg der deutschen Wirtschaft und damit die Rückkehr der Familien Thyssen, Krupp und Siemens an die Schaltstellen wirtschaftlicher Macht. Die Stichworte der neuen Zeit lauteten »Reparationszahlung«, »Demontage« und »Säuberung« und nicht »Aufschwung«, »Wohlstand« oder »Marktwirtschaft«.

Man konnte in Berlin schon dankbar sein, dass sich US-Finanzminister Henry Morgenthau nicht durchgesetzt hatte, der Deutschland zurück ins Agrarzeitalter schicken wollte. Wäre es nach ihm gegangen, hätte man die Industrieanlagen demontiert und die industriellen Fähigkeiten der Arbeiter – die an Rhein, Ruhr, Saar und Elbe ausgeprägter waren als anderswo auf der Welt – dem Vergessen anheimgegeben. Da die Deutschen eben noch mit ihren Fliegerstaffeln, U-Booten und Panzern die Welt in Angst und Schrecken versetzt hatten, sah Morgenthaus Plan für einen »groben Frieden« (harsh peace) auch die folgende Grobheit vor: Nie wieder sollte ein Deutscher ein Flugzeug starten und landen dürfen.

Das Weiße Haus verhinderte das Inkrafttreten des Morgenthau-Plans. Aber die Probleme mussten nicht erst aus Amerika importiert werden, die Deutschen standen sich in der sogenannten Stunde Null selbst im Weg. Auf die großen politischen Parteien konnte ein Mann wie Erhard zunächst nicht bauen. Marktwirtschaft und Kapitalismus, das waren für CDU und SPD gleichermaßen verschiedene Werkzeuge aus ein und demselben Folterkasten. Ihnen stand in den ersten Nachkriegsjahren nicht der Sinn nach Wettbewerb und Selbstverantwortung, sondern nach Planung und Sozialismus. Im Zustand größter politscher Verwirrung riefen beide Volksparteien nach Verstaatlichung, die sie – um sich von den Sowjets wenigstens sprachlich abzuheben – etwas vornehmer »Vergesellschaftung« nannten.

Zu diesem kurzen, aber an Verwirrung reichen Kapitel der unmittelbaren Nachkriegsgeschichte sollte man am besten Psychoanalytiker befragen. Denn hier schrieb das Unterbewusstsein Wirtschaftsgeschichte. Womöglich um vom eigenen Versagen in der Vor-Hitler-Zeit abzulenken, als Millionen Bürgerliche von demokratisch auf autoritär umgeschaltet hatten, nicht wenige von bürgerlich auf bestialisch, zeigten die Politiker aller Parteien nun mit dem Finger auf die Privatwirtschaft. Die Zustimmung der bürgerlichen Parteien zum Ermächtigungsgesetz war vergessen. Das Schweigen zu Mord und Vertreibung wurde weiterhin beschwiegen. Die in peinlicher Anbiederung an Hitler erfolgte Selbstauflösung des Zentrums, der Vorläuferin der CDU, mochte keiner mehr erinnern, ebenfalls das schon geschilderte Versagen der SPD und ihres Kanzlers Müller. Dafür galt jetzt: Die Unternehmer waren schuld! Das Kapital! Wer sonst.

Es müsse eine Neuordnung von Grund auf erfolgen, hieß es im Ahlener Programm der CDU von 1947. Und weiter: »Inhalt und Ziel dieser sozialen und wirtschaftlichen Neuordnung kann nicht mehr das kapitalistische Gewinn- und Machtstreben, sondern nur das Wohlergehen unseres Volkes sein.«

Bei der SPD die gleiche Melodie, nur lauter. Kurt Schumacher hielt es für gänzlich ausgeschlossen, dass in Deutschland Privatwirtschaft und Demokratie jemals wieder nebeneinander existieren könnten. Deutschland, so sagte er unmittelbar nach Kriegsende, sei nicht mehr in der Lage, »eine privatwirtschaftliche Profitwirtschaft zu ertragen«. Und so schien es ja auch. Das Unheil der Weltwirtschaftskrise wirkte nach. Was die Menschen damals erlebt und durchlitten hatten, war eben nicht ein Ausrutscher des Kapitalismus, sondern sie hatten sein wahres Gesicht gesehen. Die Lernerfahrung der letzten Jahrzehnte schien eindeutig: Der Kapitalismus war eine Respekt verletzende, Freiheit und Wohlstand vernichtende Erfindung, die ins Museum für Wirtschaftsgeschichte gehörte, aber nicht in ihr neues Leben.

Wenn es denn in dieser Aufwachphase der unmittelbaren Nachkriegszeit überhaupt schon Sehnsüchte gab, dann war es die eine große Sehnsucht des »Nie wieder«, nie wieder Hitler, aber auch nie wieder Fabrikantenherrschaft, nie wieder Knochenarbeit für kleines Geld, nie wieder diese verdammte Recht- und Hilflosigkeit gegenüber denen, die wirtschaftliche Macht besaßen.

Was nützte ein Mehrparteienstaat mit freier Rede, freien Wahlen, wenn hinterm Fabriktor vordemokratische Bedingungen existierten, keine unbotmäßige Rede gestattet war, es keine Wahlen und keine wirkliche Teilhabe an den Früchten der Arbeit gab. Die Menschen hatten die Schizophrenie des demokratischen Kapitalismus – die in der Vorkriegszeit praktizierte

Mischung aus autoritärem Wirtschaftssystem und politischer Demokratie – durchschaut. Die Reproduktion der alten Ordnung war damit unmöglich geworden.

Der Westen musste nun beweisen, dass er in der Lage war, ein Wirtschaftssystem zu betreiben, das nicht wie das Vorgängerregime von einer Euphorie in die nächste Depression stolperte. Die Menschen wollten arbeiten und vergessen. Sie wollten festen Grund unter die Füße bekommen nach all den Schwankungen der Kriegsjahre. Das Wirtschaftssystem musste zu diesen Sehnsüchten passen.

Das war die Stunde des Ludwig Erhard. Dieser vom Parteienhader unbelastete und notorisch optimistische Mann erfüllte die Sehnsucht des Augenblicks. In schwankender Zeit erschien Erhard als ein Mann des Gleichgewichts, er verkörperte das, was die Deutschen so schmerzlich vermissten: das Stabile und Stete, das Verlässliche, das Biedere und Bodenständige nach all den Jahren der ideologischen Raserei. Der korpulente Mann mit den schlecht sitzenden Anzügen versprach schon optisch die Rückkehr des kleinen Lebensglücks. Mit seinen Kalenderspruch-Wahrheiten – »kein Staat kann seinen Bürgern mehr geben, als er ihnen abgenommen hat«; »Vermögen zu haben ist auch ein Stück Freiheit« – wurde er dann er zum marktwirtschaftlichen Volkserzieher.

Der Unterschied zu allen anderen, die sich in dieser Rolle gefielen, war der: Erhard lieferte. Sein Lehrbuch wurde in die Wirklichkeit übersetzt. In seinen 14 Jahren als Wirtschaftsminister und den vier Jahren als Bundeskanzler wurde Erhard zum größten Wohlstandsermöglicher der deutschen Geschichte. Von 1950 bis 1960 wuchs der Wohlstand in Deutschland pro Kopf um durchschnittlich 6,5 Prozent und damit doppelt so schnell wie der Pro-Kopf-Wohlstand in den Niederlanden und in Norwegen, dreimal so schnell wie der Pro-Kopf-Wohlstand in Großbritannien und viermal so schnell wie die Vergleichsziffer in den USA.

Was noch mehr beeindruckte als das hohe Wachstumstempo der ersten Dekade, war, dass die Wirtschaft 20 Jahre lang eine nur geringe Neigung zu Schwankungen zeigte. Auch die Nachkriegsgeschichte von 1949 bis 1970 kannte Konjunkturzyklen, das Auf und Ab von Angebot und Nachfrage, das sich unmittelbar auf die Zahl der Arbeitsplätze und die Einnahmen des Staates auswirkte. Aber diese Schwankungen waren so gering wie nie zuvor und nie danach. Zwischen 1920 und 1938 betrug der deutlichste Rückgang beim Wirtschaftswachstum minus 16 Prozent, die Industrie brach an ihrem tiefsten Punkt um 40 Prozent ein. In den 22 Jahren zwischen 1949 bis 1970 (von denen Erhard 18 Jahre als Wirtschaftsminister und Kanzler wirkte) fiel die Industrieproduktion maximal um zwei Prozent. Das »Wachstum« drehte sogar nur um 0,2 Prozent in den roten Bereich. Erhard brachte also nicht nur Wohlstand. Er brachte vor allem Stabilität.

Es lebe der Widerspruch – wie man ein paradoxes Ordnungssytem im Gleichgewicht hält

Erhards Kunststück bestand darin, die Privatwirtschaft von der Diktatur des Staates befreit zu haben, ohne sie erneut zu entfesseln. Der kapitalistische Wolf wurde durch strengere Spielregeln und neue Institutionen domestiziert und die Gesellschaft so gegen Rückfälle immunisiert. Es kam zur friedlichen Koexistenz der geschichtsmächtigen Gegenspieler Kapital und Arbeit. Die Wirtschaft verstand sich nicht mehr als Gegner und Ausbeuter der Menschen, sondern als ihr Partner. Während die Linken über einen »Dritten Weg« zwischen Kapitalismus und Sozialismus debattierten, hatte ihn Erhard längst beschritten.

Es wurde in den nun folgenden Jahren ein System begründet, das auf Paradoxien beruhte. Alles Kapitalistische wurde bejaht und zugleich eingeschränkt. Der Staat hatte das Sagen, aber nie allein. Das Privateigentum wurde garantiert, aber nur unter der Prämisse, dass es sich »sozial« verhält. »Eigentum verpflichtet. Sein Gebrauch soll zugleich dem Wohle der Allgemeinheit dienen«, heißt es in der neuen Verfassung, die bis heute gilt.

Arbeitnehmer und Arbeitgeber dürfen sich organisieren und im Falle des Tarifkonflikts den jeweils anderen nach fest vereinbarten Regeln bestreiken oder vorm Werkstor aussperren. Aber am Ende aller Konflikte hatten Zusammenarbeit und Vertragstreue zu stehen. Arbeitnehmer und Arbeitgeber wurden zur »Friedenspflicht« verdonnert, wie es seit damals in der Verfassung heißt.

Auch die großen Konzerne durften und sollten sich auf den Märkten duellieren, aber keiner durfte den anderen derart in die Enge treiben, dass nur einer übrigblieb. Das Kartellamt und die Monopolkommission standen von nun an als Sittenpolizei bereit, um Wettbewerb und freie Preisbildung zu überwachen. Erhard betrachtete schon die versuchte Kartellbildung als ernsten Angriff auf die Wirtschaftsordnung: »Ich bin auch deshalb ein grundsätzlicher Gegner von Kartellen, weil eine echte und ehrlich gemeinte soziale Marktwirtschaft nur dann gewährleistet sein kann, wenn durch den freien Wettbewerb die bessere Leistung den Vorrang vor der schlechteren erhält. Eine klare Wettbewerbsordnung und eine straffe Kartellaufsicht sind die tragenden Säulen der sozialen Marktwirtschaft.« Das waren Sätze von so großer Erhabenheit und Lebensklugheit, dass die Unternehmer zwar alles Mögliche unternahmen, sie zu unterlaufen. Aber niemand traute sich zu widersprechen. Erhard hatte die Lufthoheit auch über den Chefetagen erobert.

Im Erhard'schen Universum bestand ein für alle gültiger Zwang zum Sich-Arrangieren, zum Aushalten des jeweils anderen. Die alte Herr-im-Haus-Mentalität der Unternehmer war politisch nicht mehr erwünscht. Anders als beim »Monopoly«, wo der größte Raffzahn gewinnt, gehörten nun Opernplatz und Schlossallee immer beiden, den Tarifparteien, den Sozialpartnern, den Wettbewerbern, die miteinander konkurrierten, aber sich nicht vernichten sollten. Und auch die alte kapitalistische Grundregel, die Bank gewinnt immer, war in diesen wundersamen Erhard-Jahren außer Kraft gesetzt.

Die Marktwirtschaft funktionierte in Erhards Verständnis übrigens auch ohne den Zusatz »sozial«, den er selbst gar nicht mochte. Die Marktwirtschaft müsse nicht erst sozial gemacht werden, sagte er. Sie sei es aus sich selbst heraus. Darin lag ja gerade der Unterschied zu allem Vorherigen.

Falls es hier klingt, als sei die Marktwirtschaft ein neues Programm mit Menschenbeglückungsanspruch gewesen, muss dieser Eindruck schnell korrigiert werden. Diese neue Wirtschaftsphilosophie war deutlich bescheidener. Sie wollte die Gesellschaft zwar besser machen, aber nicht den einzelnen Menschen. Den nahm sie so, wie er war: unvollkommen. Zwar sprechen die Marktwirtschaftler viel von Ordnung, aber ihre Ordnung sollte die allgemeine Unordnung nur umrahmen und begrenzen, nicht abschaffen.

Deshalb steht im Zentrum dieses marktwirtschaftlichen Denkens verblüffenderweise auch nicht der Markt, sondern die Freiheit. Das ist ein Unterschied, der oft nicht ausreichend gewürdigt wird. Der Militarismus setzte das Militär an die erste Stelle, der Stalinismus Stalin, der Hitlerismus Hitler, der Sozialismus das Sozialistische, im Kapitalismus dreht sich die ganze Welt ums Kapital, aber der Marktwirtschaft geht es zuerst um die Freiheit. Der Markt ist ihr Mittel, aber eben nicht ihr Daseinszweck. Auf den Märkten sollen die Menschen ihre Freiheit ausleben dürfen, für John Stuart Mill der »erste und stärkste Wunsch der menschlichen Natur«, freilich – und diese Einschränkung ist die zweite Natur des Erhard'schen Konzepts – ohne die Freiheit anderer Marktteilnehmer einzuschränken. Deshalb ist wirkliche Marktwirtschaft in der politischen Sphäre auf eine freiheitliche Demokratie angewiesen. Umgekehrt gilt das auch.

Darin liegt der genetische Unterschied von Kapitalismus und Marktwirtschaft, von Wolf und Haushund: Es gibt keine Absolutismen mehr. Jede Gewalt besitzt ihre Gegengewalt: Der Regierung steht die Opposition gegenüber, das Parlament wird durch die Rechtsprechung begrenzt, alle drei Gewalten werden durch die vierte, die freien Medien, gepiesackt und zuweilen auch korrigiert. Und genau so sollte die Wirtschaftsordnung auch verfasst sein. Dem Unternehmer stehen die Belegschaftsvertreter gegenüber, den Unternehmerverbänden die Gewerkschaften, beide können sich jederzeit an die Arbeitsgerichte wenden. Es gibt weiterhin unterschiedliche Interessen, aber sie prallen nicht mehr ungebremst aufeinander, sondern sind zum Ausgleich verpflichtet.

Die Marktwirtschaft, so könnte man es vereinfacht sagen, funktioniert nach dem Prinzip eines Verbrennungsmotors, wo zwar der Kraftstoff gezündet wird, sodass es im Motor fortgesetzt zur Explosion kommt, aber – und das ist der Clou der Angelegenheit – zu einer kontrollierten Explosion, deren Ziel eben nicht die Zerstörung, sondern die Fortbewegung ist. Der Kolben kann sich gegen den Motorblock nur um den Preis des Kolbenfressers durchsetzen. Aber das wird für beide kein erfreuliches Erlebnis. So sind denn alle Antagonisten schon durch die

Mechanik der Konstruktion zum Zusammenspiel verdammt: Energie erzeugt Reibung, und Reibung erzeugt Fortschritt, so lassen sich die Vorgänge im Verbrennungsraum der Marktwirtschaft am besten beschreiben.

Der Unterschied zum Kapitalismus ist augenfällig: In ihm war die ungestüme Kraft der Ideen, der Bereicherungsabsichten und des Dominanzstrebens der Akteure unbeherrscht. Es kam zur permanenten Großexplosion. Das System war per definitionem »durchgeknallt«. Es schuf große Reichtümer, aber um den Preis großer Unsicherheit. Der Kapitalismus ermöglichte enorme Wachstumsraten, aber wehe, wenn der Zyklus nach unten sauste. Diesem Achterbahn-Kapitalismus fehlte von Anfang an eine Steuerungstechnik, die in der Lage war, für die Mehrheit der Menschen akzeptable Ergebnisse hervorzubringen.

Beim Sozialismus lagen die Probleme andersherum: Das System arbeitete feuerfrei. Der Sozialist à la DDR und UdSSR glaubte, die Interessengegensätze versöhnt zu haben, weshalb es zu keiner Explosion, zu keiner Reibung und in Folge dessen auch nicht mehr zu Fortschritten kam. Der Sozialismus ist in seiner ökonomischen Grundmechanik ein reibungsarmes, ein lethargisches und stationäres System, das binnen kürzester Zeit an bürokratischem Stillstand zugrunde geht. Es bringt Gleichheit in Armut. Als Vermehrer von Wohlstand taugt der Sozialismus nicht viel. Was der Kapitalismus durch seine Ungestümheit vermasselt, vermasselt der Sozialismus durch seine Trägheit.

Dennoch war der Sozialismus nach dem Zweiten Weltkrieg bei der Durchsetzung der Marktwirtschaft durchaus behilflich. Genosse Planwirtschaft war Erhards heimlicher Helfer. Denn die Versprechungen von Stalin, Chruschtschow und auf Seiten der DDR von Walter Ulbricht – Beteiligung der Arbeiter am Produktivvermögen, staatliche Fürsorge in allen Lebensla gen, zentrale Planung zur Befriedigung der gesellschaftlichen

Bedürfnisse – klangen für die verarmten und kriegsversehrten Deutschen wie das Glockengeläut am Heiligabend. Die Aussicht auf eine immerwährende Bescherung durch Vater Staat war auch westlich der Systemgrenze verlockend.

Die Entzauberung folgte später, bei manchen sehr viel später, aber im Moment der Erschöpfung hörten die Menschen nur auf einem Ohr: Man sagte »Sozialismus«, aber sie verstanden »sozial«. Das klang in jedem Fall wärmer als die Vokabeln, die der Kapitalismus in seiner Weimarer Abschiedsvorstellung geboten hatte.

Die Unternehmer waren im Angesicht der Systemkonfrontation eher bereit, die neuen Spielregeln der Marktwirtschaft zu akzeptieren. Auch das neue Denken der Wirtschaftstheoretiker war geprägt von einer Selbstbescheidung, wie man sie bis dato nicht kannte. Die Neoliberalen definierten den Liberalismus neu; sie trieben dem Markt das Ausschließliche aus. Dafür stand die Vorsilbe »Neo« – für das Ende der liberalen Marktfixiertheit, für den Zweifel an der Staatsferne der Wirtschaftsordnung, für den Einzug des Sozialen in das ur-liberale Gedankengebäude. Erst später wurde »Neoliberalismus« mit »Gefühlskälte« übersetzt, wahrscheinlich aus Unkenntnis der neoliberalen Bewegung nach dem Zweiten Weltkrieg.

Anders als die klassischen Liberalen setzten Männer wie Müller-Armack, Erhard und Röpke auf das Wechselspiel von Privat und Öffentlich, von Arbeiter und Unternehmer, von Eigeninteresse und Allgemeinwohl. Der Markt würde in diesem neuen System »für letzte Entscheidungen unzuständig«, sagte Röpke.

Erhard konnte dem Gedanken eines »Laissez-faire« ebenfalls nichts abgewinnen: »Nicht die freie Marktwirtschaft des liberalistischen Freibeutertums einer vergangenen Ära, auch nicht das ›freie Spiel der Kräfte‹ und dergleichen Phrasen, mit denen man hausieren geht, sondern die sozial verpflichtete Marktwirtschaft, die das einzelne Individuum wieder zur Geltung kommen lässt, die den Wert der Persönlichkeit obenan stellt und der Leistung dann aber auch den verdienten Ertrag zugutekommen lässt, das ist die Marktwirtschaft moderner Prägung.«

Eines dürfen wir an dieser Stelle bei aller Schwärmerei ruhig zugeben: Wenn wir nicht wüssten, dass Erhards Modell der Marktwirtschaft funktionieren kann und funktioniert hat, würde man denken, ein solch paradoxes Wirtschaftssystem, das auf dem bewussten Wechselspiel von Widersprüchen beruht, kann nur als Hirngespinst überleben. Hochkomplex, überladen mit guten Absichten, wenig alltagstauglich, würde man denken.

Aber das Ganze funktionierte, und es funktionierte sogar besser als die Vorläufersysteme. Privatwirtschaft und Wohlfahrtsstaat stießen sich nicht mehr ab, sondern lebten in friedlicher Nachbarschaft zueinander. Die Wirtschaft produzierte Wohlstand für viele, und das nicht auf Kosten der Sicherheit. Die Banken erfüllten ihre Aufgabe, die Realwirtschaft mit den Ersparnissen der Bürger zu bewässern. Die »Hedgefonds« und andere Spezialbanken für Spekulanten boten in der Nische ihre Dienste an. Deutschland war das Land der Sparkassen, die damals 60 Prozent aller Spareinlagen verwalteten und 30 Prozent aller Kredite vergaben.

Die Deutsche Bank war zwar schon damals die größte Bank des Landes, aber sie war eine andere als das heutige Geldhaus gleichen Namens. Wenn man den Vorständen jener Zeit gesagt hätte, dass ihr Institut in einigen Jahrzehnten nach Tausenden Mitarbeitern zählende Abteilungen unterhalten wird, die sich nicht mehr mit Kunden, sondern mit Spekulationen auf eigene Rechnung, dem sogenannten Eigenhandel, beschäftigen werden, hätten sie einen für verrückt und das Ganze für unseriös erklärt.

In jener Zeit entstand auch der moderne Arbeitsmarkt, der für den Menschen bedeutsamste aller Märkte. Denn hier geht es nur um ihn. Auf dem Arbeitsmarkt finden Angebot von und Nachfrage nach Arbeitskraft zusammen, wobei alles, was wir von den Warenmärkten schon kennen, das Feilschen, der Wucher und auch das Verlustgeschäft, sich hier unter neuem, menschlichem Vorzeichen wiederholt.

Die Preisverhandlungen heißen von nun an Tarifrunde, der Streik wird zum legitimen Recht der Arbeiter, so wie Aussperrung, Entlassung oder Produktionsverlagerung ab sofort zum erlaubten Schreckensarsenal der Unternehmer gehören.

Auf dem Arbeitsmarkt können wir den Unterschied zwischen Kapitalismus und Marktwirtschaft in reinster, fast schon kristalliner Form besichtigen. Der Kapitalismus hat den Sklavenmarkt hervorgebracht, auf dem der Stärkere den Schwächeren für recht-, würde- und preislos erklärt. Der Marktwirtschaftler besitzt ein anderes Menschenbild: Er geht von der Gleichheit der Beteiligten vor dem Gesetz aus, kennt Schlichter, Ombudsleute und Schiedsgerichte, schreibt das Recht, sich zu organisieren, in der Verfassung unter dem Stichwort »Koalitionsfreiheit« fest und erlaubt jede Form der Preisfindung, solange sie nur auf den Prinzipen der Gewaltlosigkeit und der Freiwilligkeit beruht. Die Idee der Aussöhnung von Kapital und Arbeit scheint ihm mächtiger und fruchtbarer als die Idee vom permanenten Klassenkampf, der nicht nur Marxisten anhingen, sondern mit gleicher Inbrunst auch die Kapitalisten der ersten Stunde.

Der gerechte Lohn wurde zum Gegenstand vieler Abhandlungen, und doch lehrt die Wirtschaftsgeschichte bis in unsere Zeit hinein, dass wir ihm nur zustreben können, ohne ihn je zu erreichen. Der gerechte Lohn ist eine Fata Morgana. Auf beiden Seiten werden immer wieder Verlustgeschäfte abgeschlossen. Es gibt Löhne, die durch ihre Geringfügigkeit zu einem ungerecht hohen Gewinn des Unternehmers beitragen. Und es gibt Löhne, die derart deutlich oberhalb der Produktivität ihres Unternehmens angesiedelt sind, dass sie zum finanziellen Ruin einer Firma führen. Den gerechten Lohn kann es nur als Annährung geben, was wiederum niemanden hindern darf, diese Annährung zu versuchen.

Auch wenn die Gewerkschaften ihren Mitgliedern schon aus Motivationsgründen glauben machen, dass sie dem Unternehmer etwas abgetrotzt haben, so liegt das Abgetrotzte doch im wohlverstandenen Sinne des Unternehmers selbst. So wie umgekehrt die Unternehmer aus alter Gewohnheit über jede Lohnerhöhung stöhnen und jammern, als habe man ihnen das Totenglöckchen gebimmelt. In Wahrheit spornt der maßvoll erhöhte Lohn den Unternehmer an, die alte Rentabilität unter veränderten Bedingungen erneut zu erzielen.

Beide Seiten, Arbeitgeber wie Arbeitnehmer, schwingen auf diese Art die Produktivitätspeitsche gegen den anderen, stimulieren Mehrleistung, Innovation und schließlich Durchbrüche in der Technik und bei der Arbeitsorganisation. Der »gierige Unternehmer« wie der »unverschämte Arbeiter« sind zwei liebgewordene Feindbilder, die sich im wahren Wirtschaftsleben auf das Schönste ergänzen. Ohne Gewerkschaften wäre die Marktwirtschaft nicht komplett, wie schon John Stuart Mill feststellte: »Ich trage keine Bedenken zu sagen, dass Arbeiterkoalitionen, von einer ähnlichen Wirkung wie die Gewerkschaften, nicht nur weit davon entfernt, ein Hindernis für die Freiheit des Arbeitsmarktes zu sein, vielmehr der notwendige Weg zu deren Gewährleistung sind.«

Auf den Warenmärkten erleben wir die gleiche, zuweilen zauberhafte Wirkung des Wettbewerbsprinzips. Die stolzen Ingenieure bei Daimler, BMW und Volkswagen glauben zwar, es seien ihre Erfindungen, die das Auto besser machten. Doch das ist nur die halbe Wahrheit. Die andere Hälfte ist die: Nur weil die Automobile aus Stuttgart, München und Wolfsburg mit denen aus Toyota City und Detroit wetteifern, wird der Ingenieur zum permanenten Wettbewerb angehalten. Er ist nicht in sein Belieben gestellt. Er muss besser werden, sonst tun es die anderen. Er hört dann auf, ein Ingenieur zu sein. Die Basiserfindung des heutigen Automobils ist nicht der Motor, die Leichtbauweise der Karosserie, das ABS-Bremssystem, sondern die Erfindung des Wettbewerbs. Das ist die Hauptantriebskraft, die wie ein großes Schwungrad alle anderen Kräfte, die Ingenieure, die Zulieferer, den Manager in der Zentrale, in Bewegung hält. Wer rastet, dessen Autos rosten bald schon auf der Halde neben dem Werkstor vor sich hin. Die ehemaligen Arbeiter in den ehemaligen Autofabriken Großbritanniens wissen, was hier gemeint ist.

Der Wettbewerb ist noch aus einem anderen Grund eine große Weltverbesserungsmaschine: Er strebt nach Ausweitung seines Geltungsbereichs. Ohne die Ausweitung des Marktes hätten wir in Deutschland noch immer sechs Zeitzonen. Erst die Eisenbahn, für deren Abfahrtspläne die Zeitzonen ein lästiges Hindernis waren, fegte den Unsinn der deutschen Zeitzonen vor mehr als 120 Jahren hinweg.

Ohne die Ausweitung des Marktes würden wir in Europa noch immer die Waren in Unzen und Lot, Zentner und Zuber wiegen und in Elle, Yards, Klafter, Ruten und Meilen messen. Aber der einheitliche Binnenmarkt der Europäischen Union beendete diese historisch überlieferte Unbequemlichkeit mit einem Federstrich.

Ohne die Ausweitung des Marktes würden wir beim Reisen durch unseren Heimatkontinent noch immer Wegezoll zahlen, würden Ausweisdokumente beantragen, vorzeigen und verlängern, würden unsere Zeit in Wechselstuben verbringen, könnten den elektrischen Strom im Nachbarland nur mit Adapter oder gar nicht benutzen, wären vor ausländischen Gerichten rechtlos, und zum Befahren fremder Länder müssten wir deren Verkehrsregeln studieren.

Natürlich sollte das Loblied auf den Wettbewerb nicht zu hoch angestimmt werden. Auch der Wettbewerb ist ein Mittel, kein Zweck. Er ist ein Prinzip, das seinerseits wiederum Prinzipien braucht – gerade auf dem Arbeitsmarkt. Ein prinzipienloser Wettbewerb hätte viele Gesichter, er sähe aus wie der Spekulant, der Rauschgifthändler oder der Waffenschieber, wäre wirtschaftlich effektiv, aber wertfrei, er würde sich rechnen, aber nicht lohnen. Röpke sagte: »Menschen, die auf dem Markte sich miteinander im Wettbewerb messen und dort auf ihren Vorteil ausgehen, müssen umso stärker durch die sozialen und moralischen Bande der Gemeinschaft verbunden sein, andernfalls auch der Wettbewerb aufs Schwerste entartet.«

Das Individuum, der mündige Konsument, wie man heute sagt, hatte damit einen deutlichen Sprung nach vorn gemacht. Nicht mehr von der Zuteilung durch die Familie, den Lehnsherrn, den Fürsten, den Diktator oder das Militär war der Einzelne abhängig. Der Markt und die gängigen Tauschbeziehungen ermöglichten dem Menschen den aufrechten Gang. Märkte sind so gesehen die Urform der Demokratie, nur dass hier mit Geld abgestimmt wird.

Das alles klingt harmonischer, als es ist, denn der Einzelne hat auch das Recht, eine Ware abzulehnen, eine Firma zu meiden, eine Dienstleistung zu verschmähen. Er hat das Recht, andere zu enttäuschen. Wobei Enttäuschung, wenn sie massenhaft auftritt, all das bedeuten kann, was wir täglich in der Zeitung lesen: Umsatzrückgang, Kurzarbeit, Konkurs. Der Markt lässt nicht nur Firmen, sondern auch ganze Produktgruppen und Dienstleistungen – die Postkutsche, den Fernschreiber, die Schreibmaschine, den Plattenspieler und in naher Zukunft womöglich das Faxgerät und das gedruckte Buch – verschwinden.

Das wird von den Verlierern dieses Ausleseprozesses als grausam und ungerecht empfunden. Denn am Ende sind eben der Warenmarkt und der Arbeitsmarkt durch ein unsichtbares Band verbunden. Lehnen wir den Plattenspieler ab, ist es um den Arbeiter in der Plattenspielerfabrik nicht gut bestellt. Der Plattenspieler wird ausrangiert. Der Arbeiter aber darf und soll nicht ausrangiert werden.

Auf dem Arbeitsmarkt, dem Menschenmarkt, hat der Staat daher ein gewichtiges Wort mitzureden. Der Markt darf gerade hier nicht das letzte Wort besitzen. Das Wohlstandsversprechen hat Vorrang vor dem Rentabilitätsversprechen, sodass vom Gewinn eben ein nicht unerheblicher Teil abgezwackt werden muss, um Rückstellungen für den Fall der Fälle zu treffen. Kein deutscher Arbeiter und kein Angestellter wird seit dem Systemwechsel vom Kapitalismus zur Marktwirtschaft in die Hoffnungslosigkeit entlassen. Es gibt weiter Entlassungen. Aber der Weg des Entlassenen führt in Richtung Arbeitsamt, und in aller Regel wartet im Personalbüro eine kleine Abfindung auf ihn.

Auf dem Arbeitsmarkt lässt sich die neue Arbeitsteilung von Staat und Privatwirtschaft idealtypisch besichtigen: Der Staat darf das Ausscheiden von Waren und Warenproduzenten, die auf dem Markt nicht überzeugen können, zwar nicht verhindern. Aber er muss sich um die Folgen des Scheiterns kümmern. Darin lag nach 1945 die gemeinsame Arbeitsplatzbeschreibung von Staat und Wirtschaft: Seid effizient, aber seid auch sozial. Schafft Neues, aber vernichtet dabei nicht Existenzen. Kümmert euch um Wachstum, aber tut es, ohne die Werte des Humanismus zu verraten.

Der Markt dieser frühen marktwirtschaftlichen Jahre war weder der Ausbeuter, als den Karl Marx ihn sah, noch war der Staat der Schmarotzer, als den Milton Friedman ihn beschrieb. Beide haben die Privatheit der Produktionsverhältnisse absolut gesetzt. Für Marx war das Privateigentum des Teufels, für Friedman ein Gottesgeschenk. Beim Staat verhielt es sich umgekehrt. War er für Marx der Heilsbringer, war er für Friedman ein Verderbnis. Beide Männer haben sich verrannt.

Denn in Wahrheit gehören beide zusammen, Markt und Staat sind Geschwister, durch ewige Blutsbande miteinander verbunden, auch wenn das lebenslange Rivalitäten nicht ausschließt. Aber wenn der eine dem anderen nach dem Leben trachtet, ist die Familie – in unserem Fall die Gesellschaft – in Aufruhr. Der Geschwistermord ist der grausamste Mord von allen.

Nobelpreisträger Friedman hat ein Gutteil seiner wissenschaftlichen Arbeit darauf verschwendet, den wissenschaftlichen Nachweis zu führen, dass der Staat ein Zerstörer von Wohlstand sei. Die großen Erfolge der Zivilisation, ob in der Architektur, in der Malerei, in Wissenschaft und Literatur, in Industrie und Landwirtschaft, seien nicht von zentralen Staatsgewalten ausgegangen, sagt er. Newton und Leibniz, Einstein und Bohr, Shakespeare, Edison, Ford und Albert Schweitzer, ihre Leistungen seien das Ergebnis individuellen Genies, kraftvoll vertretener Minderheitenansichten, eines sozialen Klimas, das Verschiedenheit und Mannigfaltigkeit erlaube. Der Staat könne nie die Vielfalt und Verschiedenheit individueller Aktionen ersetzen, schrieb Friedman in seinem Klassiker »Kapitalismus und Freiheit«.

Welch ein sinnloser Kampf! Natürlich kann der Staat die individuelle Aktion nicht ersetzen, was auch die Aktiengesellschaft und der Hedgefonds nicht können. Firma und Staat aber können die große Einzelleistung ermöglichen, sie im Bildungssystem vorbereiten, sie durch eine funktionierende Wettbewerbsordnung stimulieren und schließlich mit Hilfe ihrer Steuergesetzgebung honorieren.

Albert Schweitzer verdankte seine humanitäre Bildung den staatlichen Schulen der Schweiz; die humanitäre Leistung, deretwegen wir ihn bis heute verehren, hat er dann selbst erbracht. Aber es war in diesem wie in fast allen anderen Fällen. Das Leben der Großen und Geistreichen ist ein Staffellauf, bei dem die Familie an den Ausbilder Staat übergibt, bevor der Einzelne dann sein Wissen und Talent frei entfalten kann.

Der Staat verbraucht also nicht nur Wohlstand. Er hilft auch, ihn zu schaffen. Mit seinem Bildungssystem, seinen Krankenhäusern, seinen Straßen, mit seiner Normensetzung und den Freiheitsräumen, die er nicht nur definiert, sondern mithilfe seines Gewaltmonopols unermüdlich offen hält, schafft er die Voraussetzungen für Durchbrüche aller Art. Auch das Genie lebt nicht vom Genie allein.

Oder um es in der Sprache des Sports zu formulieren: Der Staat schießt zwar nicht die Tore, aber er stellt den Schiedsrichter, baut die Stadien, kümmert sich um den Breitensport und die Nachwuchsförderung. Erst wenn Schiedsrichter, Stadionerbauer und ehrenamtliche Trainer aus ihrer Bedeutung für das System Fußball die Forderung nach Aufstellung in der Nationalmannschaft ableiten würden, wäre es um die Qualität des Fußballs geschehen. Aber solange jeder an seiner Stelle wirkt – der Torschütze schießt, der Schiedsrichter pfeift, der Stadionerbauer baut –, ist die Fußballwelt in bester Ordnung. Die Lehre von der Ordnung ist die Lehre von der Marktwirtschaft.

So entstand nach 1945 überall im Westen der moderne Wohlfahrtsstaat, der die Privatwirtschaft nicht bevormunden, aber ergänzen sollte. Die Gesellschaft stand von nun ab hinter jedem Beschäftigten. Wenn er arbeitslos wurde, fing sie ihn auf.

Wenn er krank wurde, hielt sie Bett und Arzt für ihn bereit. Wenn er alt wurde, zahlte sie ihm eine Rente aus, die sich an den Lohnsteigerungen orientierte. Die Sozialleistungsquote in Deutschland, also der Anteil an der Wirtschaftskraft des Landes, der für Soziales ausgegeben wird, erhöhte sich von 19,2 Prozent in 1950 auf 21,7 in 1960, um sich dann bis 1980 auf über 32 Prozent zu steigern.

Die Vorkriegsgesellschaft war wie eine Pyramide gegliedert. Oben wenige Reiche, unten ganz viele arme Schlucker; und es gab nur wenig Durchlässigkeit nach oben. Die Erhard-Gesellschaft dagegen glich einer Zwiebel. Die Mitte der Gesellschaft – da, wo man gut gebildet war, gut verdiente und entsprechend gut lebte – hatte sich enorm verbreitert. Man konnte sich mit Talent und Fleiß nach oben arbeiten.

Aber das Scheitern war noch immer möglich und sollte es auch sein. Doch der Fallende fiel weicher als je zuvor. Wenn die privatwirtschaftliche Wertschöpfung in Fabriken und Bürofluchten das Hochseil ist, wurde darunter nun ein soziales Netz gespannt, sodass nie wieder Millionen Menschen im freien Fall nach unten sausen konnten. Damit unterschied sich die Marktwirtschaft ganz wesentlich vom Kapitalismus, der eine derartige Schutzvorkehrung nicht kannte und auch für unnötig hielt. Aber sie unterschied sich auch vom Sozialismus, in dem das soziale Netz den Hochseilakt ersetzte.

Das Scheitern darf die Marktwirtschaft bei Strafe des Untergangs nicht vereiteln. Sie muss Gewinner gewinnen und Verlierer verlieren lassen. Die »kreative Zerstörung«, von der Schumpeter sprach, gehört zu den Vorzügen der Wettbewerbsordnung, nicht zu ihren Makeln. Sie ist der Wohlstandsmotor unseres Lebens.

Was passiert, wenn einer wichtigen Branche eine Ausnahmegenehmigung ausgestellt wird, wenn deren Risiken nicht mehr vom Unternehmer, sondern vom Steuerzahler getragen werden, wenn Produkte und Geschäftspraktiken überleben, die sich als gefährlich oder sinnlos erwiesen haben, werden wir später am Beispiel der privaten Banken noch studieren. Aber in der Konzeption von Erhards Marktwirtschaft, so viel kann man hier schon sagen, war die Gründung einer Sonderwirtschaftszone für Banken nicht vorgesehen. Der einzelne Mensch sollte vor den schlimmsten Folgen des eigenen Scheiterns oder dem Scheitern seines Unternehmens bewahrt werden, er sollte eine neue Chance bekommen. Nicht aber eine ganze Industrie.

Den Arbeiter wollte man nicht mehr dem Risiko des Totalverlustes von Einkommen, Gesundheit, Sozialprestige und Lebensglück aussetzen. Das war menschlich geboten und politisch klug. Aber für die Unternehmen oder gar eine ganze Branche konnte diese Barmherzigkeit nicht gelten, denn sie sollten sich anstrengen und, wenn diese Anstrengung keine Früchte trug, dem Besseren Platz machen. Die Marktwirtschaft begründete den Sozialstaat, aber sie wollte nicht den Subventionsstaat aus der Taufe heben.

Die Wohlstandsmaschine der Nachkriegsjahrzehnte schnurrte auch deshalb so reibungslos, weil niemand auf die Idee kam, die Geldversorgung, diesen Zentralbereich der Volkswirtschaft, vom Scheitern freizustellen. Die Begriffe »Bad Bank« und »Rettungsschirm« waren noch längst nicht erfunden. Eher hätte der Vorstand der Bundesbank den kollektiven Freitod gewählt, als den privaten Banken innerhalb weniger Tage eine Billion Deutsche Mark an Liquidität zur Verfügung zu stellen, was der doppelten Summe aller deutschen Steuerzahlungen des Jahres 2012 entsprach. Ein Doktorand der Ökonomie, der vorgeschlagen hätte, dass verschuldete Länder für andere hoch verschuldete Länder eine Generalgarantie übernehmen, dass Staaten die Billionen ihrer Sparer als Bürgschaft einsetzen, dass nahezu alle Banken eine staatliche Überlebensgarantie ausgehändigt bekommen, wäre nicht zur Abschlussprüfung zugelassen worden. Der ihn betreuende Professor hätte ihn höflich an die vier Grundrechenarten erinnert und ihm die Klassiker zur Lektüre empfohlen.

Jene Zeit, als die Weltwirtschaft ohne derartige Regelverletzungen arbeitete, muss im Rückblick als die erfolgreichste Periode der Weltwohlstandsgeschichte betrachtet werden. In der Zeit zwischen 1960 und 1990 wuchs Westeuropa so schnell und so schwankungsfrei wie nie zuvor und nie danach. Das Vorkriegsniveau wurde bereits im Jahr 1950 überschritten. 1990 produzierte allein Deutschland sechs Mal so viele Waren und Dienstleistungen wie 1950. Die Durchschnittswachstumsrate in Deutschland betrug in der Periode 1960 bis 1990 3,3 Prozent und in England 3,7 Prozent. Die höchste Arbeitslosenquote der Erhard-Jahre lag bei 0,7 Prozent und damit unter der des Kaiserreiches und unter dem, was in der Zwischenkriegszeit üblich war.

Über die Gründe der neuen Verlässlichkeit braucht nicht spekuliert werden: Der Menschenschlag war derselbe wie vor dem Krieg. Die Rohstofflage, das Klima, die religiöse Grundfärbung, das Familienleben und was sonst noch eine Gesellschaft kennzeichnet, hatten sich kaum verändert. Aber die Ordnung der Wirtschaft war eine grundlegend andere geworden.

Die Folgen des deutschen Aufstiegs waren bald auf der ganzen Welt zu spüren. Die Ureinwohner auf den Balearen, den griechischen Inseln und wenig später auch die Bevölkerung der Dominikanischen Republik wissen, was hier gemeint ist. Die Kabarettisten Gerhard Polt, Gisela Schneeberger, Dieter Hildebrandt und Werner Schneyder haben 1988 in dem Kinofilm »Man spricht deutsch« diese fröhlichste aller deutschen Invasionen festgehalten. Unvergessen das Selbstgespräch Gerhard

Polts als Deutschtümler: »Siena kenn ich, da hatt mir mal meine Benzinpumpe schlappgemacht; zwei Tage Aufenthalt, trostlos, in dem ganzen Nest war nirgendwo eine Benzinpumpe aufzutreiben.«

Real existierender Sozialismus und Planwirtschaft – Motivatoren wider Willen

Zur gleichen Zeit an anderem Ort: gesellschaftliche Tristesse, politische Gängelung, ökonomischer Niedergang. Das waren die Erkennungszeichen der sozialistischen Alternative seit Beginn der 70er Jahre. Überall dort, wo die reinste Staatswirtschaft herrschte – in der DDR, der Sowjetunion und ihren Satellitenstaaten von Rumänien bis Bulgarien –, war nun ein Substanzverzehr zu beklagen, der zwei Dekaden später mit dem Zusammenbruch dieser Systeme endete.

Die Planwirtschaft ist ein Spiel, bei dem der Staat versucht, das Endergebnis vorherzubestimmen. Diese Kopfgeburt von Bürokraten hat sich im Alltag der Völker als nicht lebensfähig erwiesen. Am Ende ihrer Lebenszeit erwirtschaftete die Sowjetunion ein Bruttosozialprodukt nicht größer als das von Kanada, obwohl das sowjetische Imperium zehn Mal mehr Menschen umfasste. Die Sowjetunion hatte alles verloren, schließlich auch die Unterstützung ihrer Führungselite. Als der Spuk vorbei war, sagte der Ex-KGB-Mann und heutige Präsident des Landes Wladimir Putin: »Jeder Russe, der den Zerfall der Sowjetunion nicht bedauert, hat kein Herz. Aber jeder, der sie wiederbeleben will, hat keinen Verstand.«

Dabei war die Sowjetunion in den 20er und 30er Jahren des vergangenen Jahrhunderts durchaus verheißungsvoll gestartet. Sie hatte – auch wenn Lenin es hassen würde, das über seinen

Staat zu lesen – mit den Erzkapitalisten eine große Gemeinsamkeit. Man konzentrierte sich unter Hintanstellung aller sozialen Belange auf die Bildung von Kapital. Denn Kapital ist nichts anderes als aufgestauter Konsum. Nur der den Arbeitern vorenthaltene Lohn, so stand es bei Marx schon geschrieben, schafft die Kapitalbasis, auf der sich später dann Imperien aufbauen lassen. Auf die heute so populäre Idee, dass Konsum und Kredit an die Stelle von Anstrengung und Arbeit treten würden, wären die Gründer der Sowjetunion nie gekommen.

Die Führung der Kommunistischen Partei hielt sich also an das, was geschrieben stand. Nur dass der Staat jetzt die neue Kapitalistenklasse war, die den Werktätigen das Geld für den Konsum entzog und so das Startkapital für eine nachholende Industrialisierung zusammenklaubte. Die Bauernvölker transformierte man mit roher Gewalt in eine Industriegesellschaft. Traktorenfabriken, Stahlwerke, Maschinenbauer und Rüstungskonglomerate wurden in die Steppe gestampft.

Die Industrieproduktion verachtfachte sich zwischen den Jahren 1913 und 1938, derweil sie in den USA und in Deutschland – freilich von deutlich höherer Ausgangsbasis – im gleichen Zeitraum nur um rund 50 Prozent wuchs. Das Ergebnis der erzwungenen Industrialisierung beeindruckte und erschreckte den Westen: Das Industriepotential Russlands überflügelte zu Beginn des Zweiten Weltkriegs das der Briten. Im Kriegsjahr 1941, so der ehemalige britische Botschafter in den USA und heutige BBC-Wirtschaftsexperte Peter Jay, produzierte die russische Wirtschaft mehr Panzer, mehr Munition und mehr Flugzeuge als die deutsche Schwerindustrie an Rhein und Ruhr.

Nach dem Zweiten Weltkrieg, ausgestattet nun auch mit dem industriellen Wissen und dem Kapital zusätzlicher Völker, ging es zunächst weiter voran. Das auf der Basis von Kaufkraftparitäten errechnete Bruttosozialprodukt der Sowjetunion, so eine

Ausarbeitung des britischen Ökonomen Angus Maddison, war 1950 dreimal so hoch wie das der Japaner, doppelt so hoch wie das der Chinesen und erreichte immerhin ein Drittel des westeuropäischen Wohlstands.

Doch dem schwungvollen Start folgte der Niedergang auf dem Fuße. Die Kapitalbildung kam schnell zum Erliegen. Man hatte den Zweiten Weltkrieg gewonnen, aber die wirtschaftliche Dynamik verloren. Die Sowjetunion und die ihr unterstellten Protektorate gingen schneller als alle bisher bekannten Wirtschaftsordnungen von der Kapitalbildung zum Kapitalverzehr über. Die Fabriken verfielen, die Innovationskraft schrumpfte, die Lebensbedingungen der Bevölkerung verschlechterten sich, sodass das Wort »Mangelwirtschaft« sich im allgemeinen Sprachgebrauch festsetzte. Die Arbeitsmoral in den zerfallenden Fabriken sank. Der Volksmund drückte den Sachverhalt schließlich so aus: »Sie tun so, als ob sie uns bezahlen, und wir tun so, als ob wir arbeiten.«

Der Nachweis war historisch erbracht: Die Planwirtschaften erwiesen sich als unfähig, die Bedürfnisse ihrer Bevölkerung zu befriedigen. Sie konnten alles außer Wohlstand. Schneller als die anderen bisher abgehandelten Systeme – Feudalismus und Kapitalismus – zerfielen sie wieder zu Staub. Die Sowjetunion überlebte ihr eigenes System keine 75 Jahre.

Lyndon B. Johnson und Amerikas Weg zum Sozialstaat

Auch in den USA kam es zur Zähmung des Kapitalismus. Obwohl das Wolfshafte nie ganz aus seinem Charakter verschwand, war das neue Wirtschaftssystem, das in den Vorkriegsjahren entstand und danach expandierte, deutlich humaner als sein Vorfahre.

Noch immer fiel ein amerikanischer Arbeiter tief, der seinen Job verlor. Aber er fiel, dank des »New Deal« von Roosevelt, nicht mehr ins Bodenlose. Noch immer war es ein unerhörtes Privileg, die Police einer Krankenversicherung zu besitzen, aber ganze Bevölkerungsgruppen, etwa die Arbeiter der großen Industriekonzerne und fast alle amerikanischen Rentner, besaßen sie bald. Die Macht der Unternehmer war noch immer von großer Durchschlagskraft, aber Alleinherrscher waren sie nicht mehr. Die Gewerkschaften traten aus dem Schatten in das Licht der Geschichte. Der Wohlstand, auch wenn er oft nur ein bescheidener war, schaute auch im Leben der einfachen Menschen vorbei.

Zwei Präsidenten stehen für die Zähmung des Kapitalismus: Neben dem bereits behandelten Roosevelt war es der heute von vielen vergessene Lyndon B. Johnson, der nahezu zeitgleich mit Ludwig Erhard seinen Einsatz hatte.

Johnson war anders als Erhard kein Mann der öffentlichen Verwaltung, sondern ein politischer Aktivist. Er wurde im Jahr 1908 in Texas geboren, unweit des von seinen Vorfahren gegründeten Örtchens Johnson City. Dort gab es zu jener Zeit mehr arme Teufel als Rinder. Den Aufschwung Amerikas kannte man in den ländlichen Gegenden des Südens nur vom Hörensagen. Die »Goldenen 20er« hatten ihren Weg von den Glitzerstädten mit ihren Hochhauskathedralen nicht bis in die Provinz gefunden.

Johnson kannte beide Welten, das glamouröse Amerika der Küstenregionen und dazwischen das Land der begrenzten Möglichkeiten. Er wollte sich mit der großen Kluft, die zwischen ihnen lag, nicht abfinden. In den USA der 30er Jahre wurde er Demokrat, ein Roosevelt-Demokrat, ein New Dealer vom Scheitel bis zur Sohle. Er besuchte als junger Mann ein College für Lehrer und unterrichtete die Kinder mexikanischer Einwanderer, die von allen Armen die Ärmsten waren.

Wenn es ein Erweckungserlebnis in seinem Leben gab, dann war es der Aufstieg Roosevelts, den der damals 25-jährige Johnson zunächst mit heißem Herzen am Radio verfolgte. Er besuchte Parteiversammlungen, und es dauerte nicht lange, da wurde der gerade 27-Jährige zum Direktor der National Youth Administration ernannt, die sich im Rahmen der unzähligen New-Deal-Behörden um Jobs für junge Leute kümmerte.

Dass ein Mann wie Roosevelt derart einfühlsam über Menschen sprach, die nicht auf der Gewinnerseite des Lebens standen, war für Johnson eine neue politische Erfahrung. Dass da jemand war, der die Verlierer der amerikanischen Winner-takes-it-all-Society ins Zentrum des politischen Geschehens rückte, war eine Sensation. »Warum beten wir zu ökonomischen Gesetzen, die Menschen hungern lassen? Wir müssen uns klar darüber werden, dass ökonomische Gesetze keine Naturgesetze sind, sondern von Menschen gemacht.« So redete Roosevelt. So dachte Johnson.

Das war für eine ganze Generation amerikanischer Politiker der Weckruf. Alle, die sich für den schnöden Machtpoker der Washingtoner Politik nur mäßig interessierten, strömten nun in die öffentliche Arena. Politik hatte mit dem Sozialen, dem Sich-Kümmern und Ausgleich-Schaffen, dem Organisieren von Chancen, Bildung und Umverteilung ein gänzliches neues Thema entdeckt. Mit der Folge: Ein neuer Typus Politiker machte sich auf den Weg nach Washington.

Johnson war einer von ihnen. Er empfand die Konzentration auf die Sozialpolitik keineswegs als Verengung, sondern als Erweiterung des politischen Aktionsradius. Als er 1960 innerhalb der eigenen Partei gegen den gut aussehenden und aristokratisch auftretenden Präsidentschaftskandidaten John F. Kennedy antrat, verlor er zwar. Aber: Sein Ruf als Sozialpolitiker mit Durchsetzungskraft war derart tadellos und seine Herkunft aus dem Süden der USA ein unbezahlbarer Segen für den aus dem Norden stammenden Kennedy, dass dieser den Rivalen Lyndon B. Johnson unverzüglich zu seinem Kandidaten für das Amt des Vizepräsidenten ernannte. Gemeinsam gewann man die Wahl; Kennedy, der Elitist, und Johnson, der Advokat der Armen, schienen füreinander gemacht.

All das hätte Johnson am Tag nach der Wahl freilich nicht viel genutzt. Wie viele Vizepräsidenten vor und nach ihm wäre er im Schatten des Präsidenten auf Nimmerwiedersehen verschwunden. Doch dann fielen am 22. November des Jahres 1963 die Schüsse auf Präsident Kennedy, der im offenen Wagen durch Dallas, Texas, fuhr. Sein Vize befand sich im Wagen dahinter. 30 Minuten nach dem heimtückischen Attentat war Kennedy tot. Zwei Stunden später hieß der neue US-Präsident Lyndon B. Johnson, vereidigt in der Air Force One noch auf texanischem Boden, im Beisein der Kennedy-Witwe Jacqueline.

Für Amerikas politische Klasse bedeutete der Kennedy-Mord ein Trauma. Für die nach Gerechtigkeit und Chancen dürstende Arbeiterschaft aber sollten die Todesschüsse das Zeichen zum Aufbruch bedeuten. In der Geschichte von Kapitalismus und Marktwirtschaft wurde nun ein neues Kapitel aufgeschlagen. Denn Johnson ergriff seine Chance. Er wurde der Ludwig Erhard Amerikas.

Angesichts der Ausgangslage hatte er den weiteren Weg zu gehen. Noch immer waren die Amerikaner schwarzer Hautfarbe weitgehend rechtlos. Rund ein Fünftel der Amerikaner lebte unterhalb der Armutsgrenze. Noch immer diktierte Big Business die Arbeits- und Lebensbedingungen der Arbeiterheere. Der amerikanische Kapitalismus wollte schnellstmöglich zur Vor-Roosevelt-Normalität, also zum wölfischen Kapitalismus, zurückkehren. Der Zweite Weltkrieg war gewonnen, der weltweite Aufstieg Amerikas hatte begonnen, die Arbeitslosen verschwanden. Der New Deal sollte, wenn es nach Wall Street und den Autobossen ging, so schnell verschwinden, wie er gekommen war.

Johnson war anderer Meinung. Er nutzte den schon ein Jahr nach seinem überraschenden Amtsantritt anstehenden Wahlkampf, um für sein Programm, das im Kern eine Humanisierung des Wirtschaftssystems bedeutete, zu werben. Er kündigte einen »War on Poverty« an, einen »Krieg gegen die Armut«, und begann seine Idee von der »Great Society«, der »Großartigen Gesellschaft«, den Wählern in unzähligen Versammlungen zu erläutern. Sein Wahlsieg am 3. November des Jahres 1964 war der triumphalste Wahlsieg, den je ein US-Präsident errungen hatte. Die Nachrichtenagenturen sprachen von einem »Erdrutsch-Sieg«, und das war nicht übertrieben. Johnson holte 61 Prozent der abgegebenen Stimmen, was einer Ermächtigung zur Zähmung des Kapitalismus gleichkam.

Erhards »Wohlstand für alle« fand in Johnsons »Great Society« seine Entsprechung. Johnson bat nicht um Rücksichtnahme auf die Schwachen, er forderte sie ein. Er fragte nicht nach zusätzlichen Rechten für die Arbeiter, er gab sie ihnen. Er war kein Herz-Jesu-Demokrat, sondern ein Südstaatler mit robustem Machtinstinkt. Zur Bekräftigung seiner Absichten pflegte er auf das Rednerpult einzutrommeln, und jeder Schlag war ein Nackenschlag gegen das alte, gefühlskalte System, das sein Wohlstandsversprechen immer nur befristet einhielt, und auch nie für alle.

Am Ende von Johnsons Amtszeit war die Wirtschaft nicht mehr länger eine politikfreie Zone, die aus eigenem Recht und nach eigenen Gesetzen funktionierte. Sie war nun Teil des Ganzen. Der Wolfskapitalismus war domestiziert, was auch bedeutete, dass die Wirtschaft dichter an die Gesellschaft rückte. Ihr Auftrag lautete weiter Wohlstandsgewinnung, aber das Paradoxon der kapitalistischen Epoche, Wohlstandsgewinnung auch durch Inkaufnahme brutalster Wohlstandsvernichtung, hatte man ihr einstweilen ausgetrieben.

Das deutsche und das amerikanische Wirtschaftssystem erlebten dank Erhard und Johnson eine stille Konvergenz. Wenn heute in der transatlantischen Debatte so viel von Unterschieden zwischen Amerika und Deutschland die Rede ist, spielen sich diese vor allem im Kulturellen ab: Die Deutschen verehren ihren Sozialstaat, und die Amerikaner genieren sich ein wenig, dass sie mit den Jahrzehnten so europäisch geworden sind. Das Selbstbild insbesondere der männlichen, weißen und vorwiegend republikanisch gesinnten Landbevölkerung ist bis heute ein anderes. Wenn man in den Spiegel schaut, sieht man einen kampfeslustigen Selfmademan, der aus eigenem Recht und mit eigener Kraft der Zukunft entgegenreitet.

Die Welt der Antragsformulare und der Alimentation, die Kultur des Absicherns und Vorsorgens lehnt dieser Cowboy ab, bis, ja bis ihn das Schicksal von hinten anspringt und er plötzlich seinen Job verliert, er jeden Morgen zur Dialyse muss, ihn die Gicht plagt oder was das Leben sonst so an Widrigkeiten für uns bereithält. Dann nimmt derselbe Cowboy die Angebote des Sozialstaates mit der gleichen Routiniertheit in Anspruch, mit der er sie zuvor bekämpft hat.

Auch wenn mittlerweile beide Völker sich im Bedarfsfall in die Arme des Sozialstaats begeben: Die einen durchströmen dabei wohlige Gefühle. Die anderen sind sich selbst ein wenig fremd dabei. Der eine glaubt, erst das unter ihm gespannte Netz versetze ihn in die Lage, das Hochseil der herrschenden Wirtschaftsordnung betreten zu können. Der andere meint, das sozialstaatliche Grundmuster, das engmaschige Netz aus wechselseitigen Solidaritäten, schnüre ihm seine Freiheit ab. In der sozialen Ungleichheit sieht er nicht in erster Linie eine zu beseitigende Ungerechtigkeit, sondern einen ehrlichen Ausdruck unterschiedlicher Leistungskraft und oft auch den Willen Gottes. Der Amerikaner will seinen Staat nicht zu intensiv spüren. Ein penetranter Staat ist ihm zuwider. Aber beide, Deutsche und Amerikaner, sind in Empörung vereint, wenn einer es wagt, bei Renten oder Arbeitslosengeld den Rotstift anzusetzen.

Auch die Unternehmen in den Vereinigten Staaten sind mittlerweile dankbar, dass die Gesellschaft beim Lohn den Standard setzt, einen Standard, der auch für den Konkurrenten gilt. Man weiß es auch in Konzernkreisen zu schätzen, dass der Staat die Beschäftigten gegen Krankheit und Armut absichert. So muss man sich nicht selbst darum kümmern. Diese Vorzüge werden nicht öffentlich herausgestellt, das wäre zu viel verlangt. Aber wenn die Unternehmer unter sich sprechen, kommt es zur Anerkennung der herrschenden Zustände.

Die Wahlerfolge sprechen eine deutliche Sprache über das wahre Ansehen der Sozialpolitik beiderseits des Atlantiks. In der Stille der Wahlkabine können wir hören, was die Völker wirklich denken. Als der deutsche Kanzler Konrad Adenauer aus dem Nichts eine staatliche Rentenversicherung schuf, die jedem eine Altersabsicherung nahezu in der Höhe seines letzten Lohnes versprach, fuhr er das beste Wahlergebnis der deutschen Geschichte ein. Er eroberte, was seine Partei danach nie mehr eroberte: die absolute Mehrheit der Stimmen und wahrscheinlich auch der Herzen.

Roosevelt hat die aphrodisierende Wirkung von staatlicher Großzügigkeit ebenfalls am eigenen Leib erfahren. Viermal wurde er gewählt, seine Mehrheiten waren über jeden Zweifel erhaben. In den Hinterköpfen von Millionen von Amerikanern ist für ihn noch immer ein kleiner Altarraum eingerichtet, in dem das ewige Licht leuchtet.

Den Beliebtheitsrekord der Mächtigen aber entschied Johnson für sich. Kein Reagan, kein Clinton und kein Obama können ihm das Wasser reichen. Ihn wählten 15 Millionen mehr Menschen als zwei Jahre zuvor den Medienliebling JFK. Und ihn wählten 17 Millionen mehr als seinen Gegenkandidaten Barry Goldwater, der ein würdiger Herausforderer war, weil er in allen Fragen der Wirtschafts-, Sozial- und Steuerpolitik für das genaue Gegenteil eintrat. Er war der letzte Präsidentschaftskandidat, der für die Wiedereinführung des Wolfskapitalismus warb. Plädierte Johnson für Mitgefühl, stand Goldwater für Härte, wollte der Demokrat den Sozialstaat ausbauen, hätte der Republikaner ihn am liebsten abgerissen. Der eine hielt den Kapitalismus für ungenießbar, der andere für eine amerikanische Errungenschaft, die man unbedingt reanimieren sollte. »Ich biete eine Alternative, kein Echo«, pflegte Goldwater zu sagen.

Johnson hat sich später dann selbst aus dem Altarraum der guten Erinnerungen verbannt, weil er neben Festigung und Ausbau des amerikanischen Sozialstaats einen unverzeihlichen Frevel beging: Er stürzte Amerika in das Vietnam-Abenteuer, das mit dem Tod von Zehntausenden Amerikanern und einem nationalen Trauma endete. Hatte Vorgänger Kennedy erst einen Fuß in das kleine asiatische Land gesetzt, drückte Johnson gleich die Haustür ein. Am Ende seiner Amtszeit waren aus Kennedys 15 000 Militärbeobachtern rund 550 000 kämpfende Soldaten geworden. Dörfer wurden niedergebrannt, der Dschungel mit Chemiewaffen entlaubt, Massaker verübt. Die Weltmacht zeigte in Vietnam große Muskeln und ein zu kleines Hirn. Johnsons weißes Hemd ist seither mit Blut bespritzt.

Die Erfolge von Johnsons Sozialpolitik aber überdauerten die Generationen. Vieles, was die amerikanische Öffentlichkeit heute auf das Konto von Roosevelt bucht, gehört in Wahrheit auf die Habenseite von Johnson. Er führte Medicare und Medicaid ein, das eine Programm enthält eine Gesundheitsversicherung für Senioren und Behinderte, das andere eine für Arme. Der Anteil sozialstaatlicher Ausreichungen am Budget des Bundesstaates liegt heute – vor allem dank dieser beiden Grundabsicherungen – bei rund 60 Prozent.

Nahezu alle Präsidenten nach dem Zweiten Weltkrieg haben den Sozialstaat expandiert, auch Ronald Reagan. Dass er in allen Umfragen als der beliebteste Präsident der US-Geschichte auftaucht, dürfte auch daran liegen, dass er anders handelte, als er redete. Er redete wie ein Krieger, aber er war der einzige Nachkriegspräsident, der das Militär zu Hause ließ. Er bezeichnete die von Sozialhilfe lebenden Bewohnerinnen der schwarzen Ghettos als »Welfare Queens« und erhöhte das Sozialbudget in seiner Regierungszeit von 313 auf 533 Milliarden Dollar. Er versprach, das staatliche Bildungsministerium aufzulösen – und erhöhte den Etat um 50 Prozent. Er kündigte Steuersenkungen und Einsparungen an. Tatsächlich senkte er die Steuern, aber er vergaß die Einsparungen.

Es geht hier nicht um Reagan. Es geht hier um die gewandelte Psyche der amerikanischen Gesellschaft, die in seiner Politik zum Ausdruck kam. Die Marktwirtschaft, diese permanente Partnerschaft von Staat und Privatwirtschaft, die auf Regeln beruhende Zusammenarbeit von Unternehmern und Arbeitnehmern, hatte sich spätestens mit dem Ende des Zweiten Weltkrieges auch in den USA durchgesetzt. Mit der großen Gesundheitsreform der Obama-Regierung wurden schließlich auch die bisher 35 Millionen Nicht-Versicherten in das System der Krankenversicherung eingegliedert. Viele Milliarden Dollar jährlich gibt der Staat für sie aus – und keine konservative Regierung wird es je wagen, diese Sozialleistungen wieder zu streichen.

Auch die Rentenversicherung der USA beruht keineswegs,

wie oft behauptet wird, allein auf individueller Absicherung durch Aktie und Hauseigentum. Beides spielt, wir werden das später bei der Ausrufung der Hauseigentümer-Gesellschaft durch Bill Clinton sehen, eine deutlich größere Rolle als in Deutschland. Aber der Staat greift den Senioren mittlerweile auf vielfältige Weise unter die Arme. So zahlt er an 56 Millionen Rentner eine Mindestrente, die sich pro Empfänger auf 1200 Dollar beläuft und das Staatsbudget mittlerweile mit 730 Milliarden Dollar jährlich belastet. Auch die Rentenfonds der Betriebe, über die 37 Millionen Amerikaner ihre Altersabsicherung erhalten, spielen dank staatlicher Förderung eine nicht zu unterschätzende Rolle. General Motors hat Pensionsverpflichtungen in Höhe von 139 Milliarden Dollar in seinen Büchern, Ford in Höhe von 72 Milliarden Dollar. Insgesamt besitzen derzeit 124 Millionen Amerikaner Anspruch auf eine betriebliche Altersvorsorge.

Wenn es in Amerika eine kraftvolle Bewegung gibt, dann ist es nicht die Tea Party oder Occupy Wall Street, sondern dann ist es das lautlose, aber beharrliche Drängen der Mittelschicht auf eine bessere Absicherung gegen die großen Lebensrisiken. In der Öffentlichkeit darf seit Jahrzehnten nur der auf Applaus hoffen, der glaubhaft machen kann, dass er den Wohlstand für alle mehrt. Es wird Maß genommen an Roosevelt, Erhard und Johnson, selbst von denen, die Roosevelt, Erhard und Johnson gar nicht kennen.

Das aus den Wirren der Großen Depression hervorgegangene Wirtschaftssystem war mehr als eine Notlösung. Da der Friedensnobelpreis in Oslo nicht nur an Menschen, sondern auch für Ideen verliehen wird, hätte ihn die friedensstiftende und wohlstandserzeugende Idee der Marktwirtschaft, der »social capitalism«, wie Richard Sennett sie nannte, verdient.

Der zur Marktwirtschaft zivilisierte Kapitalismus erwies sich als wärmer und sympathischer, den Menschen zugewandter, als es der wölfische Kapitalismus jemals war. Das Leben mit der Marktwirtschaft und in ihr hatte mehr Annehmlichkeiten zu bieten als alles, was vorher galt. Das neue System, so schien es jahrzehntelang, produzierte Wohlstand am laufenden Band und so gut wie schwankungsfrei. Erst- und Zweitwagen, das Einfamilienhaus und die fröhliche Schubserei in den Urlaubsfliegern waren die weithin sichtbaren Symbole dieser unbeschwerten Zeit.

Die Verhältnisse, in denen sich ein Arbeiter der 80er und 90er Jahre wiederfand, muss man im Vergleich zu denen seiner Großvater- und Urgroßvatergeneration als überaus behaglich bezeichnen. Die Wochenarbeitszeit hatte sich zwischen 1850 und 1995 halbiert, die Reallöhne waren um das Elffache gestiegen, und die Lebenserwartung lag durchschnittlich um fast 40 Jahre höher.

Der Maschinenpark, der einem Beschäftigten des Jahres 1990 zur Verfügung stand, ermöglichte Wohlstandsgewinne, wie sie nie zuvor in der Menschheitsgeschichte gemessen wurden. 1950 wurde pro Arbeitsstunde sechsmal so viel produziert wie 1870; 1990 bereits 19-mal so viel wie 1870. Für sein Auto musste ein Arbeiter des Jahres 1910 noch vier Jahresgehälter zahlen, 1990 nur noch das Entgelt von sechs Monaten.

Da nun bald wieder die Rede sein wird von den Feinden unseres Wohlstandes, sollte man an dieser Stelle nochmals festhalten: In der Geschichte unserer Wirtschaftsordnung erreichte die Marktwirtschaft, wie sie sich in den drei Dekaden zwischen Kriegsende und Ölpreiskrise entfaltet hat, einen vorläufigen Höhepunkt. Das System blühte auf. Es schuf hohe Wachstumsraten bei geringer Verschuldung, und die Kluft zwischen Arm und Reich begann sich zu schließen. Nie zuvor stand ein Wirtschaftssystem bei so vielen Menschen in so hohem Ansehen.

Die Deutschen sprachen vom »Wirtschaftswunder«, die Amerikaner vom »Golden Age«, die Franzosen von den »les trente glorieuses«, den glorreichen 30 Jahren.

Wie bei der Evolution der Pflanzen- und Tierwelt wurde auch die Entwicklung unseres Wirtschaftens durch Variation vorangetrieben. Spielarten, die von der »planification« in Frankreich über die »Soziale Marktwirtschaft« Ludwig Erhards bis zum »social capitalism« der Amerikaner reichten, waren zu besichtigen. Wobei keine dieser Spielarten in Reinkultur auftrat, weil die Menschen dazu neigten, die Vorteile des jeweils anderen zu kopieren und somit die Systeme miteinander zu kreuzen. Die westliche Welt folgte damals dem Pfad der Konvergenz, was nur die höfliche Beschreibung des Sachverhalts ist, dass der eine beim anderen abkupferte.

Die gesamte Entwicklung unserer ökonomischen Systeme, wie auch der politischen, kennt kein Endstadium – wie Francis Fukuyama annahm –, und auch eine automatisierte Fortschrittsmechanik oder das Hinzulaufen auf ein Ziel – wie wir sie bei Marx und anderen geschichtsphilosophischen Entwürfen vorfinden – ist ihr fremd. Sie bringt mit schöner Regelmäßigkeit nur immer neue, zuweilen wilde Übergangsstadien hervor. Und manchmal führt uns die ökonomische Evolution auch in die Sackgasse.

Kapitel 4
Bastardökonomie. Das Wölfische kehrt zurück – wie Politiker und Banker unseren Wohlstand gefährden

Das schlechte Vorbild Amerika: Als die hohen Wachstumsraten der Nachkriegszeit abknicken, wird Wachstum dazugekauft. +++ Wie Bill Clinton die Wall Street dazu bringt, Hauskredite an Arbeitslose und andere arme Teufel zu vergeben. +++ Warum die Zündschnur der Krise vom US-Immobilienmarkt über die Banken der Wall Street bis nach Griechenland brennt. +++ Staaten retten Banken, Banken retten Staaten, und beide zusammen verformen die Marktwirtschaft.

Die Grenzen des Wachstums – warum Wohlstand dazugekauft wird

Die unbeschwerte Partnerschaft von Gesellschaft und Wirtschaft fand zuerst in den USA ihr Ende. Es gab keinen bestimmten Tag, an dem sie endete, aber auf dem Armaturenbrett der Volkswirtschaft war zu Beginn der 70er Jahre plötzlich ein Druckabfall ablesbar. Die Einfuhren in die USA überstiegen 1971 erstmals im 20. Jahrhundert die Ausfuhren. Amerika begann, ein Leben auf Kosten seiner Lieferanten zu führen.

Allenthalben wurden Verkalkungserscheinungen diagnostiziert, ohne dass man sich darauf verständigen konnte, wem die Schuld an den Zuständen zuzuschreiben wäre. Den Ölscheichs, die den Hahn damals fast nach Belieben auf- und zudrehten? Den Japanern, die mit unaussprechlichen Automarken erst für Erheiterung, dann für Erschrecken sorgten? Dem wiedererstarkten Europa, der eigenen Trägheit oder doch dem Trauma des Vietnamkrieges, das von Saigon bis nach Washington ausstrahlte?

So umstritten die Ursache, so klar war der Befund: Das Amerika der Präsidenten Richard Nixon, Gerald Ford und Jimmy Carter war ein Uncle Sam mit hängenden Schultern. Die Wachstumsgeschwindigkeit verlangsamte sich. Das Loch im Staatshaushalt wuchs.

Ein böser Verdacht kam auf: Der zur Marktwirtschaft domestizierte Kapitalismus, so hörte man die Gelehrten tuscheln, könne auf Dauer nicht die gleiche Dynamik entfalten wie sein wölfischer Vorfahre. Gewiss sei das neue System warmherziger und damit liebenswerter als das vorherige. Aber in Amerika wird immer auch in harter Währung abgerechnet. Und bei Wirtschaftswachstum, Einkommenszuwächsen, Geldwertstabilität und Unternehmergewinnen hatte die Marktwirtschaft plötzlich Lieferschwierigkeiten.

Gemeinhin wird behauptet, mit den finanziellen Ausgaben für Vietnamkrieg und Great Society habe sich das Land verhoben. Aber das ist zu flach geschürft. Es war nicht die finanzielle Doppelbelastung von Militäreinsatz und Sozialstaatsoffensive, sondern die Unfähigkeit, auf beides angemessen zu reagieren. Steuererhöhungen, sanfte Korrekturen an den Sozialprogrammen, ein Inne- und Maßhalten der Gesellschaft hätten das, was nun kam, verhindern können. Doch zu einer derartigen Anpassungsleistung war man nicht in der Lage. Die Mittelschicht klammerte sich an die Sozialleistungen, die in wachsendem Umfang nun auch ihr zugutekamen, so wie die Reichen nicht von ihren Steuerprivilegien lassen wollten. Das Erhard'sche Wort vom »Maßhalten« hat man offenbar vergessen, ins Amerikanische zu übersetzen. Der gemeinsame Nenner der Gesellschaft war ein trotziges, bis heute anhaltendes Weiter-So.

An politischer Führung hat es in diesem Fall nicht gemangelt. Ein demokratischer und ein republikanischer Präsident versuchten, ihr Land auf die Zeit abflachender Wachstumsraten einzustimmen. Beide scheiterten, wenn auch auf sehr unterschiedliche Weise.

Als Jimmy Carter am 15. Juli 1979 nach dreijähriger Amtszeit seine sogenannte Malaise Speech hielt, hatten sich seine Wiederwahlchancen noch in derselben Nacht verflüchtigt. Er sagte lauter richtige Dinge, aber der Ton war für amerikanische Ohren zu weinerlich. So klangen Verlierer.

»Die Herausforderung ist nahezu unsichtbar«, eröffnete Jimmy Carter seine TV-Ansprache, für deren Vorbereitung er sich zehn Tage in die Einsamkeit von Camp David zurückgezogen hatte. Die Erosion von Vertrauen bedrohe den sozialen und politischen Zusammenhalt Amerikas: »Zu viele von uns haben sich der Selbstliebe und dem Konsum verschrieben. Menschliche Identität ist nicht länger definiert durch das, was jemand tut, sondern durch das, was er besitzt.« Er sprach von »innerer Leere« und davon, dass die »Produktivität der amerikanischen Arbeiter gefallen ist«. Im Gegenzug sei der »Wille, Zukunft zu gestalten«, geschrumpft. Carter schloss mit den Worten: »Dies ist keine fröhliche Botschaft, aber es ist die Wahrheit, und es ist eine Warnung.«

Der Demokrat hatte gehofft, mit dieser Ruckrede ein Mandat zur Erneuerung Amerikas zu erhalten. Aber das Volk wandte sich von ihm ab. Einen Präsidenten mit depressiven Anwandlungen konnte man nicht brauchen. Die Malaise-Rede besiegelte Carters politisches Schicksal.

Fortan führte eine schlecht gelaunte Nation ein Leben auf Kreditkarte. Die Importsucht nahm zu. Von Arbeit und Anstrengung hatte man auf Konsum und Kredit umgeschaltet, von Ehrgeiz auf Selbstgenügsamkeit, von Bildung auf Einbildung, von Export auf Import, womit der Aufstieg der Finanzgrößen von der Wall Street begann. Denn sie boten den die Stimmung aufhellenden Ersatzwirkstoff zu den bisher im Export verdienten Billionen. Sie waren in der Lage, jene Wohlstandsillusion zu erzeugen, mit der die Politiker nun in die Wahlkämpfe zogen.

Karl Marx hat in seiner 1844 veröffentlichen Religionskritik geschrieben: »Die Religion ist der Seufzer der bedrängten Kreatur, das Gemüth einer herzlosen Welt, wie sie der Geist geistloser Zustände ist. Sie ist das Opium des Volkes.« Die neue Religion der Amerikaner aber war der Glaube an die Segnungen eines schuldenfinanzierten Wachstums, das im Vorgriff auf späteres Wachstum sich von selbst bezahlen würde. Das neue Opium hieß Kredit. Der Religionsbegründer war John Maynard Keynes.

Doch damals hätte niemand diese Analogie akzeptiert. Die Gläubigen glaubten, die Umstellung von Exportwirtschaft auf Kreditwirtschaft sei das Gebot der Geschichte, der Vernunft und des Fortschritts.

Die Vorarbeiten auf der Währungsseite waren seit Beginn der 70er Jahre weit gediehen. Nach dem 1973 erfolgten Abschied vom Goldstandard – bis dahin garantierte die US-Notenbank für einen 100-Dollar-Schein mit 90 Gramm Gold – hatte sich die Regierung selbst ermächtigt, den Staat in eigener Währung bis an die Halskrause und darüber hinaus zu verschulden. Hinter jeder Dollarnote stand nun nicht mehr ein Hauch von Gold, sondern die Regierung. Und da sei es nicht Ausdruck von Sünde, sondern Ausdruck von Gewitztheit, dass sie von dieser Ermächtigung auch Gebrauch mache. So dachte und handelte man. Einwände des Auslands, der Dollar werde geschwächt und Amerika auch, wertete man in tollkühner Verdrehung der Tatsachen als Bestätigung der eigenen Position. Die Dollar-Religiosität nahm an Intensivität nur noch zu. »Unsere Währung, euer Problem«, belehrte Anfang der 70er Jahre Nixons Finanzminister John Connally den Rest der Welt.

In der Wertschätzung der Regierung in Washington stiegen nun die Finanzgewaltigen der Wall Street zu Partnern auf. Die Interessen der Banken – Kredit verkaufen – und der Politiker – Kredit verbrauchen – ergänzten sich aufs Schönste. Staat und Bankenindustrie lagen noch in unterschiedlichen Betten, aber sie träumten bereits den gleichen Traum. Die Verformung der marktwirtschaftlichen Verhältnisse hatte begonnen.

Ronald Reagan war Carters Nachfolger und der letzte US-Präsident, der sich dem Zeitgeist entgegenstellte, wenn auch nur, um sich ihm wenig später bedingungslos zu ergeben. Reagan ist unter den Präsidenten des 20. Jahrhunderts der große Umfaller, was ihm allerdings nicht den Spott, sondern die Verehrung seiner Landsleute einbrachte. Er war damit Blut von ihrem Blut, Fleisch von ihrem Fleisch geworden. Aber dazu später.

Zunächst hören wir in seine Erweckungsrede hinein, die er, anders als Carter, sicherheitshalber kurz nach und nicht kurz vor seiner Wahl hielt. In einer »State of the Union Address« vom 5. Februar 1981 sagte der frisch gekürte Präsident Reagan vor rund 40 Millionen Fernsehzuschauern:

»Das Budget unseres Landes ist außer Kontrolle. Wir sind konfrontiert mit einem Defizit für das abgelaufene Haushaltsjahr von 80 Milliarden Dollar. Das Defizit ist größer als das ganze Budget des Jahres 1957. Während der Jahre von 1960 bis 1980 ist unsere Bevölkerung nur um 23,3 Prozent gewachsen. Das Budget aber wuchs um 528 Prozent. 1960 betrug unsere gesamte Staatsschuld 284 Milliarden Dollar. Der Kongress beschloss 1971 eine Schuldenobergrenze von 400 Milliarden Dollar. Heute beträgt unsere Staatsschuld 934 Milliarden Dollar. In diesen zehn Jahren zwischen 1971 und 1981 wurde die Schuldenobergrenze 21 Mal angehoben, und nun drängt man mich, sie erneut anzuheben. Dabei bin ich erst 16 Tage im Amt.«

Reagan, der ökonomisch nicht gut ausgebildet, aber gut beraten war, benannte auch den Zusammenhang von steigender Staatsschuld und nachlassender Wettbewerbsfähigkeit:

»Einst produzierten wir 40 Prozent des weltweit benötigten Stahls. Nun stellen wir nur noch 19 Prozent her. Wir waren einst der bedeutendste Produzent von Automobilen, wir produzierten mehr als die übrige Welt zusammen. Das ist nicht mehr der Fall, und die Großen Drei, die bedeutendsten Autohersteller in unserem Land, melden seit Jahren schwere Verluste, und Tausende von Arbeitern in Detroit wurden entlassen.«

Reagan erntete für seine Analyse den Applaus der Wirtschaftseliten. So drastisch und plastisch, so ehrlich und wahrhaftig hatte man noch nie einen Politiker über die erodierende Basis der amerikanischen Volkswirtschaft reden hören. Reagans Auftritt galt, auch weil er die unbequemen Wahrheiten im Ton des zum Kampf entschlossenen Optimisten vorgetragen hatte, als Anfang vom Ende der Malaise.

Doch so einfach war die Angelegenheit nicht. Der Ton machte nicht die Musik. Der Optimismus eines Präsidenten kann zwar eine große, eine geschichtsmächtige Kraft entfalten, aber so war es in diesem Fall nicht. Die Wucht der Ereignisse und die in ihnen wirksam gewordene Kraft einer Welt, deren Gewichte sich verschoben hatten, vom Mensch zur Maschine, von Smith zu Keynes, von Amerika nach Europa und Asien, all das war stärker als Reagans Grundüberzeugung. Dessen Optimismus veränderte zwar die Stimmung, aber nicht die Lage. Am Ende von acht Jahren Reagan standen mehr Schulden, mehr Staatsbedienstete, mehr Sozialstaat und noch weniger Exporte.

Reagan war der richtige Präsident für eine Nation, die sich nichts so sehr wünschte wie einen Wechsel ohne Veränderung. Die Kunst der Politik bestehe im Bohren dicker Bretter, hatte der deutsche Soziologe Max Weber einst gesagt. Reagan trat den Gegenbeweis an. Die Kunst seiner Politik bestand darin, zu bohren, ohne das Brett auch nur zu berühren.

Wer den Publikumserfolg der »Reaganomics« verstehen will, muss einen schnellen Blick auf die Steuerpolitik werfen, die damals von Reagans Freunden als Meisterwerk und von Reagan-Hassern als Teufelszeug bezeichnet wurde. Die Erregungsschübe hätten sich beide Seiten sparen können. Im Rückblick imponiert an der Bilanz der »Reaganomics« vor allem ihre Schlitzohrigkeit.

In einem ersten Schritt senkte Reagan den Steuersatz für die Reichen von damals über 70 Prozent auf 50 Prozent und den Eingangssteuersatz für Geringverdiener von 14 auf 11 Prozent. Das sah nach Tatkraft aus. »Morning again in America« war der Wahlslogan zur Wiederwahl Reagans, der die Stimmung in Wählerstimmen verwandelte.

Doch kaum war der Paukenschlag der Steuersenkung verklungen, ging die Reagan-Regierung daran, diesmal deutlich leiser orchestriert, die Steuerschlupflöcher zu schließen und die Steuerbasis durch Anhebung der Eingangssätze zu verbreitern. Vor allem die Selbständigen mussten den Großteil der vorher überreichten Steuergeschenke wieder abliefern. Denn Reagan brauchte das Geld. Der »schlanke Staat« war sein propagiertes Ideal, aber nicht seine gelebte Wirklichkeit. Seine Regierung gab, gemessen an der Wirtschaftskraft, mehr aus als der linke Demokrat Carter und rund 20 Prozent mehr als der 30-Jahres-Durchschnitt seiner Vorgänger.

Die Marktwirtschaft ist seither nicht mehr die alte. Die staatliche Kreditsucht hat sich intensiviert. Würde der heutige Präsident die Rede von Reagan noch einmal halten, versehen mit den aktuellen Zahlen, hätte Obama der Öffentlichkeit Folgendes mitzuteilen:

»Es klingt verharmlosend, wenn ich sage: Das Budget unseres Landes ist außer Kontrolle. Wir sind konfrontiert mit einem Defizit für das abgelaufene Haushaltsjahr von 1,3 Billionen Dollar. Das Defizit ist zwei Mal größer als das gesamte Staatsbudget zu Zeiten von Präsident Reagan. Während der Jahre von 1960 bis 2010 ist unsere Bevölkerung um 60 Prozent gewachsen. Das Budget aber wuchs um 3600 Prozent. 1960 betrug unsere gesamte Staatsschuld 284 Milliarden Dollar. Der

Kongress beschloss 1971 eine Schuldenobergrenze von 400 Milliarden Dollar. Heute beträgt unsere Staatsschuld 15,5 Billionen Dollar. In diesen 40 Jahren zwischen 1971 und 2011 wurde die Schuldenobergrenze 55 Mal angehoben, und ich selbst habe bereits viermal gebeten, es zu tun.«

Auch zum Verlust der Wettbewerbsfähigkeit hätte ein derart aufrechter Präsident seinen Landsleuten einiges zu sagen:

»Einst produzierten wir 40 Prozent des weltweit benötigten Stahls. Nun stellen wir noch sechs Prozent her. Wir waren einst der bedeutendste Produzent von Automobilen, wir produzierten mehr als die übrige Welt zusammen. Heute beträgt unser Anteil an der weltweiten Automobilfertigung noch elf Prozent. Wir als Nation kaufen in jeder Woche für zehn Milliarden Dollar mehr Waren, als wir auf den Weltmärken verkaufen. Amerika benötigt derzeit rund zwei Drittel aller weltweiten Ersparnisse, um seinen Konsum zu decken.«

Doch so redet Obama nicht. Und auch der Mann, der ihn im letzten Wahlkampf herausforderte, führte derartige Wahrhaftigkeiten nicht im Programm. Volk und Führung haben sich in nonverbaler Kommunikation auf die Enteignung der Wirklichkeit verständigt. Es kam aus der Mitte der amerikanischen Gesellschaft heraus zu einer Neudefinition wichtiger ökonomischer Grundbegriffe. Wohlstand in Zeiten der Wohlstandsillusion ist nicht mehr das, was die Nation besitzt, sondern das, was sie verbraucht. Wohlhabend ist nicht mehr der Besitzende, sondern der Konsumierende. Reich wird man nicht durch harte Arbeit, sondern durch das Jonglieren mit mehreren Kreditkarten.

Neben dem Begriff »wealth creation«, Wohlstandserzeugung, begann das Wort »money creation«, Gelderzeugung, seine Karriere. Amerika war in das Zeitalter einer »highly leveraged economy« eingetreten, einer derivativen Wirtschaft, die sich selbst nach oben hebelt. Denn der mit dem Leihgeld erkaufte Wohlstand, messbar am Anstieg des Bruttosozialprodukts, wird zur Berechnungsgrundlage für immer neue Kredite. So erweitert der Kredit die Kreditmöglichkeiten. Der Schein triumphiert über das Sein. Das Unwirkliche wird zur Wirklichkeit erklärt. Das Rauschhafte zog in die US-Volkswirtschaft ein.

Die Gier nach Gegenwart – die Schuldenrepublik entsteht

»Jede Übertreibung, jeder Exzess, jede Maßlosigkeit schafft sich eine Gegenbewegung«, sagte der frühere Finanzminister Peer Steinbrück nach dem Ausbruch der Finanzkrise. Schön wäre es, wenn er recht behalten sollte. Aber im Falle der intimen Beziehungen von US-Banken und US-Regierungspolitikern ist diese Gegenbewegung bisher ausgeblieben. Die Finanzwelt der Wall Street ist Teil der Regierung, und die Regierung ist Teil der Finanzwelt. Die einen können ohne die anderen gar nicht mehr leben.

In den 80er Jahren folgte auch der Rest der westlichen Welt dem amerikanischen Vorbild. Als auch in Westeuropa die Wachstumsraten abflachten, begann man, Wohlstand in hohen Dosen auf den Kapitalmärkten dazuzukaufen. Das Volumen der in Umlauf befindlichen Staatspapiere hat sich allein in den vergangenen 20 Jahren mehr als versechsfacht. Betrugen die Außenstände aller Staaten Ende der 80er Jahre erst 7,35 Billionen Dollar, sind es heute 44,6 Billionen Dollar. Den Banken, das war eines der frühen Gegengeschäfte, erlaubte man ihre Eigenkapitalquoten abzusenken und deutlich höhere Risiken in ihre Bücher zu nehmen.

Weltweit begann nun der Aufstieg jener bankähnlichen Institutionen, die ohne Bankschalter und ohne Eigenkapital auskommen. Hedgefonds und Private-Equity-Gesellschaften stiegen aus der Nische des Finanzsystems in deren Zentrum auf. Die Politik rollte jenen Männern und Frauen, die SPD-Chef Franz Müntefering später »Heuschrecken« nennen sollte, den roten Teppich aus.

Ende 2001 beschloss die rot-grüne Bundesregierung in Berlin das vierte Finanzmarktförderungsgesetz. Was so harmlos klingt, öffnete der bis dahin in Deutschland verbotenen Hedgefonds-Industrie die Tür. Die Regierung lockerte die Anforderungen für den börslichen Handel, erweiterte die Anlagemöglichkeiten von Fonds und gestattete den Derivatehandel auch im Immobiliengeschäft.

Die konservative Opposition opponierte nicht, sondern feuerte die Regierung an. Rot-grün ließ sich nicht lange bitten: Wer modern war, gab sich in diesen Tagen als beherzter Deregulierer, die Wirtschaftsmedien eingeschlossen. Am 7. Mai 2003 brachten SPD und Grüne ihren Antrag »Finanzplatz Deutschland weiter fördern«, Drucksache 15/930, im Bundestag ein, unterschrieben von Fraktionschef Franz Müntefering.

Es sei »darauf zu achten, dass unnötige Belastungen für die Unternehmen der Finanzdienstleistungsindustrie vermieden werden«, hieß es in dem Text der Drucksache. Regulierung sei »kein Selbstzweck«. Die Bundesregierung solle »weitere Maßnahmen zur Schaffung eines leistungsfähigen, international wettbewerbsfähigen Verbriefungsmarktes in Deutschland prüfen«.

Bedenkenträgern trat die sozialdemokratische Führung in Gestalt von Finanzminister Hans Eichel entgegen. Man wolle es den Anlegern ermöglichen, »von den höheren Renditen der Hedgefonds zu profitieren«, so Eichel. »Wir können das Geld, das in diesem Land ist, nicht davon abhalten, sich irgendwo auf der Welt zu bewegen«, ergänzte Müntefering.

Die Berliner Regierung wechselte von rot-grün zu rot-schwarz, die freundschaftliche Stimmung gegenüber den Banken blieb. Die nun folgende Große Koalition las der Geldelite die Wünsche förmlich von den Augen ab. Im Herbst 2005 verabschiedete man unter Federführung des künftigen SPD-Finanzministers Steinbrück einen Koalitionsvertrag, in dem nicht von der »Aufspaltung der Deutschen Bank« (Steinbrück 2012), sondern von »Produktinnovationen und neuen Vertriebswegen«, von »Bürokratieabbau« bei der Finanzmarktregulierung, dem »Ausbau des Verbriefungsmarktes« und einer »Aufsicht mit Augenmaß« die Rede war. Politik und Banken standen für jedermann erkennbar Händchen haltend beieinander.

Für die Banken entstanden paradiesische Verhältnisse, weil man ihnen nach und nach gestattete, die kostspielige Risikovorsorge einzustellen. Das Verhältnis von Eigenkapital und verliehenem Kapital betrug vor 100 Jahren noch 40:60 Prozent und schrumpfte im Jahr 2007 auf ein Verhältnis von 5:95 Prozent. Die Banken hatten damit de facto eine Casino-Lizenz erhalten. Sie durften nun Risiken in ihre Bücher nehmen, die sie im Fall der Fälle nicht selbst tragen konnten. Die »Knautschzone« (Ursula Weidenfeld) der Kreditinstitute wurde spürbar verringert. Das Risiko für die Steuerzahler und die Gesellschaft aber stieg.

Und noch einen Trick fand man, um die Beziehung von Schuldenstaat und kreditgebender Bank zu festigen. Man räumte der Staatsanleihe einen Sonderstatus ein. Sie zählt nun nicht mehr als Kreditposition in der Bankbilanz, sie musste nicht länger mit Eigenkapital besichert werden. Damit wurde der Schuldschein des Staates von »riskant« auf »sorglos« umetikettiert. Mit dem gewünschten Ergebnis, dass Banken und Versicherungen nun erst recht beherzt zugriffen. Im Grunde konnte man nun staatliche Schuldscheine in unbegrenzter Höhe erwerben, da für sie keinerlei Eigenkapital vorgehalten werden musste. Ihr Kauf war kostenfrei. Die steigende Staatsverschuldung wurde für die Banken nun erst ein lohnendes Geschäft.

Denn es ist keineswegs so, dass die Geldhäuser den enormen Kreditbedarf des Staates aus den Einlagen ihrer Kunden decken können. Das können sie nicht. Die europäischen Banken sind selbst hoch verschuldet. Auf neun Billionen Euro – knapp das Vierfache der deutschen Wirtschaftsleistung – belaufen sich derzeit die Schulden der europäischen Banken. Wer morgen früh eine beliebige westliche Bank überfallen wollte, sähe sich mit der bitteren Erkenntnis konfrontiert, dass er im Kassenraum nur einen überdimensionierten Schuldschein vorfinden würde.

Die Staatsanleihe konkurrierte also fortan nicht mehr mit Unternehmensanleihen, Aktien und Immobilieninvestments, sondern begründete eine Anlageklasse von eigener Erhabenheit. Der Staat hatte sich als Schuldner damit selbst einen VIP-Status eingeräumt – zum beiderseitigen Vorteil. Aber auf Kosten der Zukunft, wie sich bald zeigen sollte. Die Zündschnüre für die spätere Implosion des Finanzsystems waren gelegt.

Die Ursachen der heutigen Verwerfungen allerdings reichen über die Finanzwirtschaft hinaus. Ihren Ausgangspunkt nahm die Bastardisierung unseres Wirtschaftssystems in der Realwirtschaft. Im Kern des Kerns der westlichen Industriegesellschaft hatte in den 70er Jahren eine Schrumpfung eingesetzt. Die USA, das war die bittere und deshalb unvermittelbare Erkenntnis des Jimmy Carter, erlebten eine industrielle Kernschmelze.

Einige Produktionszweige, dazu gehören die Möbelindustrie, die Unterhaltungselektronik, viele Autozulieferer und auch Teile der Autoindustrie, verließen das Land. Die neuen Jobs entstanden in Mexiko, Lateinamerika und Asien. Das Zeitalter der beschleunigten Globalisierung hatte begonnen. Es führte zu einer weltweiten Neuverteilung der entscheidenden Produktionsfaktoren Kapital, Wissen und Arbeit.

Der schärfer werdende Wettbewerb mit Japan, schließlich mit Indien und China, wirkte sich negativ auf die Leistungsbilanz der USA aus. 1970 übertrafen die Exporte die Importe noch um drei Milliarden Dollar. 1971 wurde das erste Defizit aktenkundig. Seit Mitte der 70er Jahre haben die USA in keinem Jahr mehr ausgeführt als eingeführt. Die Verhältnisse hatten sich umgekehrt. Aus dem größten Exporteur der Welt war der größte Importeur der Welt geworden.

Amerika schaute zunächst neugierig, schließlich voller Ingrimm auf die noch neuere Welt. Bill Clinton sprach mit Blick auf Peking von »strategischer Partnerschaft«, George W. Bush bereits von »strategischer Rivalität«. Wer die Vereinigten Staaten zu Beginn des 21. Jahrhunderts betrachtet, sieht noch immer eine Weltmacht. Aber es ist eine Weltmacht, die von außen Konkurrenz bekommen hat und deren ökonomische Basis erodiert. Die Konzerne der IT-Branche und der Aufstieg des Finanzsektors können die Einbußen in den anderen, den traditionellen Hochburgen des US-Industrialismus bis heute nicht ausgleichen.

Ein besorgter US-Kongress berief am 28. Oktober 1998 – 19 Jahre nach Carters Malaise-Rede und 17 Jahre nach Reagans Weckruf – eine Kommission ein, um die Auswirkungen des Handelsbilanzdefizits und des Sterbens der Industriearbeit zu untersuchen. Donald Rumsfeld, der spätere Verteidigungsminister, Robert Zoellick, der damalige Handelsbeauftragte, Anne Krueger, die ehemalige Chefvolkswirtin des Weltwährungsfonds, und MIT-Professor Lester Thurow sollten sich ein Bild von der Lage verschaffen.

In dem 2007 veröffentlichten Buch »Weltkrieg um Wohlstand – Wie Macht und Reichtum neu verteilt werden« habe ich diesen Kongressreport, eines der schonungslosesten Dokumente der jüngeren Wirtschaftsgeschichte, ausführlich beschrieben. Hier noch einmal die Kurzversion:

Bis zum Ende der 70er Jahre war die Welt der Amerikaner in Ordnung. In den ersten drei Jahrzehnten nach Kriegsende wuchsen die Familieneinkommen in allen Bevölkerungsschichten nahezu gleich schnell, mit leichtem Vorteil für die Einkommen der Armen. Das unterste Fünftel der US-Gesellschaft legte um 120 Prozent zu, das zweite Fünftel um 101 Prozent, das dritte Fünftel um 107 Prozent, das vierte Fünftel um 114 Prozent, und das letzte Fünftel wuchs nur um 94 Prozent. Das entsprach dem »amerikanischen Traum«. Das war die dortige Version von Erhards »Wohlstand für alle«.

Dann aber drehte sich der Trend. Die weltweiten Handelsströme änderten ihre Laufrichtung. Die Direktinvestitionen der US-Firmen, die bis dahin nahezu im Gleichklang mit den Exporten gewachsen waren, stiegen deutlich steiler an. Der Grund für diese Drift: Bis dahin dienten die Investitionen im Ausland fast ausschließlich der Exportförderung, nun aber begann die Verlagerung der Fabrikarbeit. Die globale Produktion wuchs zwischen 1985 und 1995 um gut 100 Prozent. Die im Ausland getätigten Direktinvestitionen der Amerikaner aber legten im gleichen Zeitraum um fast 500 Prozent zu. Mit dieser Wanderung des Produktionsfaktors Kapital begann auch der Produktionsfaktor Arbeit unruhig zu werden.

Die neuen Jobs entstanden nicht mehr in Amerika, sondern in Fernost und anderswo. Das konnte nicht ohne Rückwirkungen auf die Familieneinkommen in den Vereinigten Staaten bleiben. Innerhalb der nächsten zwei Jahrzehnte schrumpfte das Einkommen im untersten Fünftel um 1,4 Prozent, das zweite Fünftel legte immerhin noch um 6,2 Prozent zu, das dritte Fünftel wuchs um 11,1 Prozent, das vierte Fünftel um 19 Prozent, die Spitze der Pyramide, wo die Antreiber, die Vordenker und Profiteure der Globalisierung zu Hause sind, erzielte plötzlich Einkommenszuwächse von märchenhaften 42 Prozent.

Die Kommission misstraute ihren Zahlen. Denn Familieneinkommen setzen sich aus Löhnen, Aktien, Mieteinnahmen und Hausverkäufen zusammen. Wer nichts besitzt, kann auch keine Renditen erzielen. Also gingen die Experten daran, nur die Löhne zu betrachten. Erst jetzt wurde deutlich, was sich in Amerika wirklich ereignet hatte. Im unteren Drittel der Einkommenspyramide war es zur Teilentwertung der menschlichen Arbeitskraft gekommen. Bis in die 70er Jahre hinein wuchsen die Einkommen aller Gruppen gleichermaßen, bis dann von Beginn bis zur Mitte der 80er Jahre zuerst die Unterschicht spürbar absackte – minus 15 Prozent bei den Männern. Die Einkommen der Oberschicht stiegen im gleichen Zeitraum um zehn Prozent. Dann verlor auch die Mittelschicht den Halt. Ab 1985 rutschte ihr Lohnniveau ab, derweil die oberen Einkommen ab Mitte der 90er Jahre nochmals deutlich zulegen konnten. Seither tat sich nicht mehr viel. Arbeit und Armut bildeten nicht mehr länger ein Gegensatzpaar: Unten blieb unten, oben ist seither ganz oben. Die Mitte der Gesellschaft verwandelte sich in ein flüchtigeres Gebilde. Die Evolution der marktwirtschaftlichen Ordnung hatte erkennbar einen Schub gemacht. Doch wohin?

Der Unterschied zur Glanzzeit der amerikanischen Volkswirtschaft, als das Land Wohlstand für fast alle produzierte, war augenfällig: Bis in die 70er Jahre hinein glühte der produktive Kern des Landes derart intensiv, dass er in alle Welt ausstrahlte. Die USA lieferten Dollar und Waren in die entlegensten Regionen der Erde. Die Vereinigten Staaten waren für vier Jahrzehnte der größte Netto-Exporteur und der größte Geldverleiher der Welt. Amerika war das unumstrittene Kraftzentrum der Welt, von dem aus die Energieströme in alle Richtungen flossen. Aus diesen beeindruckenden, Respekt und auch Angst einflößenden USA bezog die westeuropäische Linke damals ihr Lebenselixier. »US-Imperialismus« war die polemische Beschreibung eines für Amerika erfreulichen Zustandes.

Diese über jeden Zweifel erhabenen USA gibt es seither nicht mehr. Die globale Mobilmachung des Kapitals, das Unruhigwerden der Fabriken führte zu einer Neuverteilung von Macht und Reichtum. Heute wird Nordamerika vom Wirtschaftskreislauf der Asiaten, Lateinamerikaner und Europäer mitversorgt. Der wichtigste Kreditgeber wurde zum größten Kreditnehmer. Amerika hatte die Welt verändert, nun wirkten die Rückkoppelungen der veränderten Welt auf ihren Ursprungsort zurück. Es kam zur Verwandlung Amerikas.

Alle bedeutenden Volkswirtschaften der Welt liefern heute Waren in die USA, ohne in gleichem Umfang dort einzukaufen. Im Handel mit China betrug das Defizit 2011 rund 295 Milliarden Dollar, im Handel mit Japan waren es gut sechs Milliarden Dollar, mit Europa über 88 Milliarden Dollar. Selbst in den Handelsbeziehungen mit weniger entwickelten Volkswirtschaften wie Russland kann Amerika keine Handelsüberschüsse mehr erzielen. Jeden Tag werden in den Vereinigten Staaten Schiffsladungen gelöscht, denen keine Handelsware aus US-Produktion mehr gegenübersteht. Viele Containerschiffe fahren leer zurück.

Es sind vor allem die Spitzenprodukte einer entwickelten Volkswirtschaft – Autos, Computer, Fernseher, Spielekonsolen –, die von überallher bezogen werden, ohne dass sich die eigene Herstellung in gleichem Umfang auf dem Weltmarkt absetzen lässt. Anders als viele meinen, wird auch mit ausgewiesenen Spitzenprodukten im Saldo kein Geschäft mehr gemacht. 1990 erwirtschafteten die USA mit Gütern der Hochtechnologie noch ein Plus von 34 Milliarden Dollar. 2002 rutschte auch diese Teilbilanz in die roten Zahlen (minus 16 Milliarden Dollar), von wo sie sich weiter nach unten entwickelte. 2011 wurde bereits für rund 100 Milliarden Dollar mehr Hightech ein- als ausgeführt. Selbst wenn man die Angebote der Dienstleistungsgesellschaft, das Beraten und Projektieren, das Installieren und Reparieren, hinzuzählt, tritt keine Trendumkehr ein.

Mit dem Verlust der Exportfähigkeit – und der Unfähigkeit, über diesen Sachverhalt zu sprechen – war die Saat für die spätere Finanzkrise ausgebracht. Alle Worte, die heute unsere Zeitungsschlagzeilen besetzt halten, Staatsverschuldung, Immobilienkrise, Niedrigzins-Politik, haben in dieser frühen Stunde zu keimen begonnen. Raghuram Rajan, Ex-Chefökonom des IWF und heute Berater des indischen Ministerpräsidenten, schrieb kürzlich in einem Beitrag für »Foreign Affairs«:

»Bereits Jahrzehnte vor der Finanzkrise verloren die entwickelten Volkswirtschaften ihre Fähigkeit, dadurch zu wachsen, dass sie sinnvolle Güter produzierten. Nachdem die tief hängenden Früchte geerntet waren, wurde es schwerer, die Volkswirtschaft voranzutreiben. Aber die entwickelten Volkswirtschaften mussten irgendwie die Arbeitsplätze ersetzen, die an den technischen Fortschritt und ausländische Wettbewerber verloren gingen, und sie mussten weiterhin zahlen für die Renten und die Gesundheitsversicherung ihrer alternden Bevölkerung. In der Absicht, das Wachstum anzukurbeln, haben die Regierungen mehr ausgegeben, als sie sich leisten konnten.«

Es wäre zu einfach zu sagen, dieser Verlust an Wettbewerbsfähigkeit spiegelt den Abstieg Amerikas wider. Er spiegelt vor allem den Aufstieg der neuen Industrienationen wider. Dieser führte zu einem Druckabfall in allen westlichen Volkswirtschaften. Der glühend heiße Kern der Industriegesellschaften, wo jahrzehntelang die Mehrzahl der Arbeitsplätze für den

Großteil der Wohlstandsgewinne sorgte, begann zu schrumpfen. Der Staat begann damit, sich Wohlstand bei den Banken dazuzukaufen. Aus dem anfänglichen Flirt von Politik und Wall Street wurde nun eine feste Beziehung, ein Nehmen und Sich-nehmen-Lassen.

Nur ein Narr würde ein Darlehen von 10 000 Dollar aufnehmen und anschließend behaupten, er wäre um 10 000 Dollar reicher, sagt der ehemalige Wirtschaftsberater von Václav Havel, Tomáš Sedláček. Aber genau diese Narretei begingen die Regierungen damals. Sie kauften Wohlstand am Kapitalmarkt dazu; mit dem Ergebnis, dass die Wirklichkeit, die uns seither umgibt, synthetisch erzeugt ist. Wie hoch der Fehlbetrag der Regierung zum Jahresende ausfällt, weiß man nicht vorher. Aber dass es ein Fehlbetrag sein wird, darauf ist Verlass. Der moderne Steuerstaat ist ein Staat, der chronisch mehr ausspuckt, als er einnimmt. Er funktioniert nach dem umgekehrten Prinzip einer Spielbank.

Der Vater des deutschen Wirtschaftswunders, Ludwig Erhard, glaubte: »Die Menschen haben zwar zuwege gebracht, das Atom zu spalten, aber nimmermehr würde es ihnen gelingen, jenes eherne Gesetz aufzusprengen, das uns verbietet, mehr zu verbrauchen, als wir erzeugen.« Doch genau das wird seither versucht.

Was sein Staat kann, kann der Bürger schon lange. Stimuliert von einer historisch einmaligen Niedrigzinspolitik stiegen auch die Privathaushalte der USA in das Kreditgeschäft ein; Schulden sind schließlich die einzige bewusstseinserweiternde Droge, die legal erworben werden kann.

Die 1982 in den USA gemessene Netto-Sparquote von fast elf Prozent des verfügbaren Jahreseinkommens sank bis 2005 auf ein Prozent. Innerhalb von zehn Jahren, also von 1985 bis 1995, erhöhte sich der Verschuldungsgrad der Privathaushalte um ein Drittel. Danach aber ging es erst richtig los: plus 80 Prozent innerhalb der kommenden 15 Jahre von 1995 bis 2010. Nun war jeder Haushalt durchschnittlich mit 120 Prozent seines Jahreseinkommens verschuldet. Insgesamt stehen die privaten Haushalte der USA zu Beginn des Jahres 2013 mit einem Minus von 13 Billionen Dollar bei Banken, Versicherungen und Kreditkartenunternehmen im Soll. Schon die jüngeren Amerikaner baden in roten Zahlen: 2011 überstiegen die Schulden der Studenten die gesamten Kreditkartenschulden Amerikas.

So wie sich in der biologischen Evolution die Arten von Erdteil zu Erdteil unterschiedlich ausprägen, weshalb uns in Indien der Indische und in Afrika der Afrikanische Elefant begegnen, so entwickeln sich auch die Wirtschaftssysteme unterschiedlich. Beim Blick auf die Staatsverschuldung – ihre Treiber, ihr Ausmaß, das Empfinden der Bürger über sie – fallen die Unterschiede deutlich ins Auge. Deutschland besitzt pro Bürger nur rund 80 Prozent der Staatsschuld, die man den US-Bürgern aufgeladen hat, und nur 35 Prozent dessen, was der durchschnittliche Japaner als Staatsschuld mit sich herumträgt.

Nach der Wiedervereinigung und im Gefolge der Finanzkrise schoss zwar auch bei uns die Verschuldung in den roten Bereich, aber die Erholung setzte zeitnah ein. Die Deutschen mögen von Hause aus keine Schulden und demzufolge auch keine Schuldenpolitiker. Viele sind geradezu allergisch gegen dieses permanente Überdrehen und Überspannen, weil sie es nicht als modern empfinden, sondern als unverantwortlich. Der Schuldner erfreut sich hierzulande keines besseren Leumundes als der Säufer und der Hurenbock.

Die strukturelle Regierungsunfähigkeit der SPD, die in 17 Bundestagswahlkämpfen nur drei Mal die Mehrheit der Stimmen errang und selbst das Duell des Finsterlings Franz

Josef Strauß gegen den Ehrenmann Helmut Schmidt verlor, gründet in ihrem finanzpolitischen Lotterleben. Die Sozis können mit Geld nicht umgehen, das lernt jeder Bub in der Grundschule. Und wenn doch ein Genosse auftaucht, der die Grundrechenarten kennt und anzuwenden bereit ist, wie Schmidt und Schiller, wie Schröder und Steinbrück, dann fällt ihm die Partei mit Gebrüll in den Rücken.

Die deutsche Neigung zum Strebsam- und Sparsam-Sein ist stärker ausgeprägt als die Neigung zum Sozialdemokratisch-Sein. Erst die Arbeit und dann! So lautet das Lebensprinzip unserer Landsleute. Das allerdings bedeutet nicht, dass die Kreditsucht des Staates hierzulande unbekannt wäre. Es bedeutet lediglich, dass die Politiker andere Wege finden mussten und gefunden haben, die Vorliebe des Volkes für das Solide zu hintertreiben.

Wohlstand wird auch hierzulande in großer Dosis dazugekauft. Man lebt in Deutschland ebenfalls auf Kosten derer, die noch keine Kostenstelle haben. Nur geht man eben diskreter zu Werke als in Amerika oder Japan. Der deutsche Schuldenpolitiker gibt sich nicht als solcher zu erkennen; er hat sich als Sozialpolitiker verkleidet. Die Verschuldung des Landes organisiert er im Wesentlichen nicht über den regulären Staatshaushalt – viel zu auffällig und zu aufreizend! –, sondern über die Sozialkassen.

Ein Minister, der sich nicht mit einer neuen Sozialleistung in das Geschichtsbuch einträgt, gilt in Berliner Kreisen als Fehlbesetzung. Der »große Lümmel«, wie Heinrich Heine den Staat taufte, ist ein Gernegroß mit Spendierhose. Wenn etwas an ihm zwanghaft ist, dann die Neigung, Geld auszugeben. Nur dass sich am Ende der tiefen Tasche ein großes Loch befindet, also das fiskalische Nichts, versucht er, vor uns verheimlichen.

In jedem Wahlkampf reicht der Regierungspolitiker geldwerte Ansprüche auf Kosten der Sozialversicherung aus. Mal verspricht er lebenslange Rentenzahlung, dann wieder will er für die Deckung aller Krankheits- und Pflegekosten aufkommen, Zuschüsse zum Kindergarten bietet er an, und neuerdings gibt es auch eine Prämie für jene, die ihre Kinder dem Kindergarten fernhalten.

Wenn sich all diese Ansprüche aus einer geheimnisvollen Quelle bedienen ließen, bräuchte hier darüber nicht räsoniert werden. Doch so ist es nicht. Der Bürger hält mittlerweile Forderungsscheine gegen seine Renten-, Kranken- und Arbeitslosenversicherung in der Hand, die er niemals in der darauf verzeichneten Höhe wird einlösen können. Denn der Trick dieser Wertgutscheine ist ja der, dass der Bürger seine Forderungen gegen niemand anderen erhebt als gegen sich selbst. Was er nicht zahlt, wird er nicht bekommen. Der Sozialstaat hat die Kaninchen, die er aus dem Zylinder zieht, vorher selbst hineingesteckt.

Nun versucht die Politik seit geraumer Zeit, auch Kaninchen auf Kredit zu kaufen. »Implizite Staatsverschuldung« nennen die Experten den Mechanismus der wundersamen Selbstbeschenkung, weil es sich dabei um eine indirekte Form der Verschuldung handelt. Auch sie besteht aus roten Zahlen, aber das Rot ist weniger grell und damit nicht ganz so gut sichtbar. In die Berechnungen des Maastricht-Vertrags, der die Schuldenobergenzen der Staaten nennt, fanden diese impliziten Schulden keinen Eingang. Wäre es anders gewesen, hätte Deutschland nicht der Eurozone beitreten können. Nirgendwo ist der Sozialstaat größer als hierzulande. Und nirgendwo ist damit auch die Zahl der ungedeckten sozialen Ansprüche höher als in Deutschland.

Derzeit bestehen Forderungen gegen den Sozialstaat in Höhe von 3,7 Billionen Euro, die durch keinerlei Einnahmen gedeckt sind. Das entspricht einer impliziten Verschuldung in Höhe von 147 Prozent unserer Wirtschaftskraft, sagt Professor Bernd Raffelhüschen, der diese unbequeme, aber zur Wahrheitsfindung notwendige Berechnung Jahr für Jahr anstellt.

Einen Vorteil hat die heimliche Staatsschuld gegenüber der offiziellen: Später – wenn die partielle Zahlungsunfähigkeit der Sozialversicherungen festgestellt werden muss – kommt es nicht wie im Falle Griechenlands zum Schuldenschnitt, sondern nur zu einer Leistungskürzung. Die Deutschen haben darin bereits eine gewisse Übung. Zahlte die Rentenversicherung vor 35 Jahren noch 60 Prozent des Durchschnittsgehalts, sind es heute nur noch 50 Prozent. Konnte man damals mit 65 Jahren auf die Ruhestandsgelder zurückgreifen, muss man bald das Alter von 67 Jahren erreichen. Diese Art des »Haircuts« hat sich als der deutsche Weg des Schuldenverzichts erwiesen. Die notorisch aufgeregten Teilnehmer an den Weltfinanzmärkten sind nicht involviert. Und der Bürger leidet lautlos. Seine Rente ist sicher, nur die Höhe steht noch nicht fest. Vor allem für die Beamten, die auf einem Berg von Pensionsansprüchen sitzen, wird bald schon die Stunde der Wahrheit schlagen.

Die deutsche Staatsschuld sieht also anders aus als die amerikanische. Die Gründe für ihr Entstehen aber sind die gleichen. Es kam in der Realwirtschaft zu Schrumpfungsprozessen. Das Wirtschaftswachstum, also der Wohlstandszuwachs pro Jahr, verlangsamte sich. In der Zeit von 1950 bis 1970 wuchs die deutsche Volkswirtschaft um durchschnittlich 6,4 Prozent. Zwischen 1970 und 1990 drosselte die Volkswirtschaft ihr Wachstumstempo um fast zwei Drittel auf 2,6 Prozent. Und von 1990 bis 2010 wurde die bereits abgesenkte Zuwachsrate nochmals fast halbiert – auf ein Wachstum von durchschnittlich 1,6 Prozent. Auch die deutsche Wirtschaftsgeschichte ist also bei allen Erfolgen, die wir uns zugutehalten, eine Geschichte der Wachstumsverlangsamung.

Das Tempo der Verschuldung weist die entgegengesetzte Dynamik aus. 1980 betrug die deutsche Staatsverschuldung erst 239 Milliarden Euro oder 30 Prozent der Wirtschaftskraft. Zwischen 1980 und 2000 legte die Verschuldung um rund 400 Prozent oder 970 Milliarden Euro zu. Im ersten Jahrzehnt des neuen Jahrtausends wuchs sie erneut um 66 Prozent oder 800 Milliarden Euro. Sie beträgt zum Jahresanfang 2013 2,05 Billionen oder rund 80 Prozent unserer Wirtschaftskraft.

Die Behauptung der Regierung, das viele neue Leihgeld sei in den Aufbau von Zukunftsprojekten geflossen, ist freihändig erfunden. Die Regierung macht sich hier die Tatsache zunutze, dass die Bürgerschaft sich auf Lehrer, Bauarbeiter, Softwareingenieure und weitere 1000 Berufe verteilt. Nur ein Bruchteil ist Statistiker und daher in der Lage, das professionelle Unwahrheitswesen der Politik zu durchschauen. Aber die Wahrheit ist: Der Anteil der Investitionen an allen öffentlichen Ausgaben, die sogenannte Investitionsquote des Staates, befindet sich seit 1980 auf dem Rückzug. Sie hat sich seit der Regierungszeit von Helmut Schmidt mehr als halbiert.

Allein um den ständigen Wertverlust von Schulen, Universitäten, Brücken, Kanalisation, Straßen und Schienennetz auszugleichen, benötigte man 2011 rund 44 Milliarden Euro. Das ist der natürliche Verschleiß der öffentlichen Infrastruktur und daher der Betrag, der in der Bilanz abgeschrieben wird. Sinken die Investitionsausgaben unter den Wert der Abschreibungen, haben wir es mit Substanzverzehr zu tun. Seit 2003 ist das in Deutschland der Fall.

Man muss kein amtlich vereidigter Sachverständiger sein, um das zu sehen. Der optische Eindruck von Schulen und Straßen bestätigt den statistischen Befund. Der Kreditboom dient erkennbar nicht dem Zukunftsaufbau, sondern der Befriedigung einer unstillbaren Gier nach Gegenwart.

Nun ist die staatliche Verschuldung keine Erfindung der Neuzeit. Neu ist nur die frivole Enthemmtheit, mit der dies alles geschieht. Um uns einen Überblick über den Charakter der Veränderung zu verschaffen, sollten wir uns gedanklich auf eine Teststrecke für Formel-1-Piloten begeben. Wäre der Staat ein Rennwagen und der Verschuldungsgrad von 50 Prozent des Sozialprodukts würde auf dem Tachometer als eine Geschwindigkeit von 130 Kilometern pro Stunde angezeigt, wäre Kanzler Brandt 50 km/h und sein Nachfolger Schmidt 95 km/h gefahren. Einheitskanzler Kohl erhöhte das Tempo auf 155 Stundenkilometer. Merkel rast bereits mit 205 Kilometern pro Stunde über die Piste.

Im Zuge der Euro-, Staaten- und Bankenrettung gab sie Garantieerklärungen und Bürgschaften ab, die, wenn sie fällig werden sollten, die deutsche Staatsschuld nochmals um 250 Milliarden Euro oder zwölf Prozent unserer Wirtschaftskraft steigern würden. Nach Fälligwerden dieser Verpflichtungen würde Merkel mit 230 Stundenkilometern dahinsausen. Das Risiko des Unglücks steigt.

Das Vorgehen der Regierungen wirft nicht nur Fragen der Seriosität auf, sondern auch Fragen der Legitimation. Darf eine für vier Jahre gewählte Regierung Entscheidungen treffen, die die Spielräume späterer Generationen derart beeinträchtigen? Wirkt nicht diese Form des Zukunftsverzehrs wie eine Enteignung, bei der die Betroffenen, die Ungeborenen in diesem Fall, nicht einmal die Chance haben, den Rechtsweg zu beschreiten? Und bedeutet es nicht generell einen Missbrauch des parlamentarischen Budgetrechts, wenn die jetzige Generation von Abgeordneten das Königsrecht des Parlaments schon im Vorgriff auf die ihr nachfolgenden Abgeordnetengenerationen ausübt?

Die Verschuldung wirkt durch die Jahrzehnte nach. Das ist

das Teuflische an ihr. Eine Sporthalle beispielsweise, die 1970 mit einer Million Euro geliehenem Geld gebaut wurde, würde (einen Zinssatz von vier Prozent unterstellt) von der Gemeinde und ihren Bürgern bis zum Jahr 2010 fast fünfmal bezahlt. Zu den Baukosten von einer Million Euro kommen nämlich 3,8 Millionen Euro an Zinszahlungen dazu, da der Staat sich angewöhnt hat, auf Tilgung zu verzichten. Der Zinseszins-Effekt treibt ein böses Spiel. Die Kosten der Sporthalle steigen – da die Mechanik von Zins und Zinseszins ja nie zum Stillstand gebracht wird – sogar ins Unendliche. Die Banken triumphieren, aber der Bürger wird mit jeder Sporthalle, die auf diese Art gebaut wird, geschädigt. Bei ihrer Einweihung müsste eigentlich ein Trauermarsch gespielt werden.

Wer die öffentlichen Haushaltsbücher aufschlägt, bekommt die Geschichte von Maß- und Gedankenlosigkeit im Detail erzählt. Noch der kleinste Kredit ist hier verzeichnet. Vor allem aber fällt der wachsende Posten für die Zinslast auf. Allein beim Bund fließen mittlerweile zehn Prozent aller Ausgaben direkt an die kreditgewährenden Banken zurück, rund 30 Milliarden Euro jährlich. In den Bundesländern Bremen, Saarland und Berlin müssen mittlerweile zweistellige Prozentzahlen des Landeshaushalts für die Zinszahlung reserviert werden.

Dabei haben wir noch das Glück, dass Deutschland das Geld im Durchschnitt zu einem Niedrigzinssatz von 1,3 Prozent geliehen bekommt. Ein Anstieg der Schuldzinsen um zwei Prozent würde den Staatsetat um weitere vier Milliarden Euro pro Jahr belasten, was dem Dreifachen des Betreuungsgelds entsprechen würde. Der Posten »Zinsbelastung« ist jetzt schon größer als der Verteidigungsetat, der eine 250 000-Mann-Armee zu unterhalten hat.

In der nunmehr 64-jährigen Geschichte der Bundesrepublik mussten Länder, Kommunen und der Bund bisher insgesamt

1350 Milliarden Euro an Zinszahlungen an ihre Gläubiger überweisen. Dieser Betrag entspricht der 2,5-fachen Summe der in 2011 erwirtschafteten Unternehmensgewinne. Die Kreditfinanzierung ist die bequemste und zugleich die teuerste Art, ein Gemeinwesen zu finanzieren.

Die große Umverteilung unserer Tage findet daher keineswegs zwischen Arm und Reich statt, wie die politische Debatte uns weismachen will, sondern zwischen geboren und ungeboren. Unsere Nachfahren sind dazu verdammt, hohe Wachstumsraten zur Bedienung der Billionenschuld zu erwirtschaften. Gelingt ihnen das nicht, wartet auf sie ein Leben in Zinsknechtschaft. »Die Wahrheit ist den Menschen zumutbar«, hat die Schriftstellerin Ingeborg Bachmann einst gesagt. Aber diese Wahrheit ist den Menschen nur schwerlich zumutbar. Schon deshalb lohnt es, ihr Eintreffen zu verhindern.

Der Aufstieg der Banken als Ermöglicher von Politik

Nun sollten wir nicht so tun, als habe die neue Zeit nur Verlierer produziert. Das hat sie nicht. Kaum treten wir aus dem Schatten der staatlichen Schuldenberge heraus, sehen wir die Sonne, die auf die Hochhäuser der Banken scheint. Hier wohnen die großen Ermöglicher von Politik. Banker finanzieren die Aufrüstung in Griechenland (gegen die zehn Mal größere Türkei) mit der gleichen Nonchalance wie den Anti-Terror-Krieg der Amerikaner. Sie geben für die Ausreichungen der Sozialkassen mit derselben gleichgültigen Monotonie wie für den Bau von Sportstadien oder Klärwerken.

Der Finanzmarkt lässt sich in keinem Fall eine Abrechnung oder auch nur Plausibilitätsberechnungen vorlegen. Nur mit dem Daumen taxiert er das ungefähre Risiko des Investments und richtet danach seinen Zinssatz aus. Länder, die wie Deutschland als sichere Schuldner gelten, zahlen nur 1,3 Prozent. Länder wie Italien, die für ihre problematischen Finanzverhältnisse bekannt sind, müssen knapp sechs Prozent entrichten. Doch auch der italienische Staat zahlt diese Zinssätze bisher immer aus neuem Leihgeld, womit die Stunde der Wahrheit ein ums andere Mal verschoben wird.

Dem Finanzsektor ist die staatliche Kreditsucht gut bekommen. Die Banken schauen zurück auf eine Periode historisch einmaliger Prosperität. Es gibt keine andere Branche, die seit den 90er Jahren des vergangenen Jahrhunderts derart aufgeblüht ist. Betrug die Bilanzsumme aller amerikanischen Banken 1990 erst 3,3 Billionen Dollar, waren es 2010 bereits 11,8 Billionen Dollar, inflationsbereinigt ergibt sich ein Wachstum um 134 Prozent. Zur gleichen Zeit wuchs das amerikanische Bruttosozialprodukt nur um real 63 Prozent.

In Deutschland das gleiche Bild. Die Bilanzsumme der Deutschen Bank hat sich zwischen 1990 und 2010 um real 640 Prozent erhöht. Verfügte das Institut im Einheitsjahr erst über eine Bilanzsumme von 204 Milliarden Euro, was acht Prozent des deutschen Sozialprodukts entsprach, steigerte sich das Geschäftsvolumen bis 2010 auf knapp zwei Billionen Euro. Damit betreibt eine einzige Bank Geldgeschäfte nahezu in Höhe der Wirtschaftskraft von Europas größter Volkswirtschaft. Sie ist, gemessen an den Geldern, die sie bewegt, ein Staat im Staate.

Dieses Superwachstum ist nicht Ausdruck besonderer Leistungen, sondern Ausdruck besonderer Umstände. Die dem Gemeinwohl verpflichteten Politiker und die auf Gewinnmaximierung ausgerichteten Banken verstehen sich nicht länger als Gegenspieler, sondern als Partner. Sie bilden eine Zugewinngemeinschaft mit angeschlossener Rückversicherung. Der eine kann ohne den anderen nicht mehr leben. Deshalb rettet heute der Staat die Banken und die Banken retten den Staat.

Ausgerechnet im zentralen Sicherheitsbereich unserer Marktwirtschaft kam es zu einer Mutation. Der Staat, eigentlich für die Rahmensetzung zuständig, und die Banken, ursprünglich mit der Geldversorgung der Volkswirtschaft beauftragt, begannen eine Zusammenarbeit, bei der jeder in den Grenzbereich des anderen vorstieß. Die Banken wurden zum Ermöglicher von Politik. Der Staat stieg zum Protegé des privaten Geldgeschäfts auf. Der für die Marktwirtschaft konstituierende Zusammenhang zwischen Risiko und Verantwortung wurde entkoppelt, die Trennung von Privatinteresse und Gemeinwohl hob sich auf. Der Schiedsrichter begegnet uns seither als Mitspieler; derweil der Spieler sich als Schiedsrichter geriert. Ein wirtschaftlicher Hybrid erblickte das Licht der Welt, der die Artengrenze von Staat und Privatwirtschaft übersprungen hat. Eine Bastardökonomie bildet sich seither heraus, die in der klassischen Volkswirtschaftslehre so nicht vorgesehen war.

Der Wachstums- und Bedeutungsschub des Finanzsektors ist in der neueren Geschichte ohne Beispiel. Am ehesten noch vergleichen lässt sich die neue Rolle des Geldgewerbes mit der Funktion der Medici im Florenz des 15. und 16. Jahrhunderts, als eine Familie mit ihrer »Banca Medici« das Staatswesen beherrschte. Auch hier war es die enge Beziehung zwischen Geldelite und dem politischen und spirituellen Machtzentrum der damaligen Zeit, der Römischen Kurie mit dem Papst an der Spitze, die das Fundament legte für die Machtfülle.

Die heutige Herrschaft ist nicht weniger beeindruckend. Das Weltsozialprodukt verdreifachte sich zwischen 1990 und 2011. Das Volumen der Geschäfte mit Staatsanleihen hat sich im selben Zeitraum verfünffacht. Das Volumen der getätigten Devisengeschäfte versechsfachte sich, das Geschäft mit außerbörslich gehandelten Finanzderivaten hat sich sogar verdreihundertfacht. Die Banken werden heute als »systemisch« eingestuft und damit dem marktwirtschaftlichen Zyklus von Aufstieg und Untergang schon definitorisch entzogen. Die Bastardökonomie, dieser staatlich-finanzielle Komplex, lebt ein Leben jenseits der »kreativen Zerstörung«.

Die Bankvorstände genießen seit ihrem Aufstieg zum großen Wohlstandsermöglicher VIP-Status im Weißen Haus, aber auch in Downing Street No. 10, im Élysée-Palast und im Bundeskanzleramt geht man ein und aus. Sie sind in der Tat »Very Important People«, denn sie stiegen zu Koalitionspartnern der Politiker auf; eine Beziehung begann, deren Intimität alle anderen Beziehungen der Politik zur Wirtschaft übertrifft.

Bewusst ist Angela Merkel nicht der Einladung zum 60. Geburtstag von Josef Ackermann gefolgt, weil sie die Bilder der Nähe scheute. Mit ihrem Fernbleiben wollte sie eine Distanz zur Deutschen Bank und ihrem damaligen Vorstandsvorsitzenden demonstrieren, die nicht der Wirklichkeit entsprach.

Merkel lud Ackermann anschließend zu einer geheim gehaltenen Geburtstagsfeier in ihr Kanzleramt ein. Sie wollte auf jeden Fall mit ihm feiern, nur eben unter Ausschluss der Öffentlichkeit. Alle Gäste dieser Tafelrunde wurden zum Stillschweigen verpflichtet. Erst durch Gerichtsbeschluss ließ sich die Kanzlerin zur Offenlegung von Gästeliste und Speisefolge des Abends bewegen. Diese Details sind interessant, aber nicht wichtig. Wichtig ist: Das Verhältnis der Kanzlerin zum Chef der Deutschen Bank war kein privates, sondern ein politisches.

Auch die Privatnummern der beiden neuen Deutsche-Bank-Chefs Anshu Jain und Jürgen Fitschen hat Angela Merkel in ihrem Handy speichern lassen. Das Bundeskanzleramt und die Zentrale der Deutschen Bank verabredeten die technischen Details, damit jeder den anderen auch nachts und am Wochenende auf verschlüsselten Leitungen erreichen kann. Früher gab es das rote Telefon zwischen den Machthabern im Weißen Haus und im Kreml. Das rote Telefon unserer Tage verbindet die Regierungschefs der westlichen Staaten mit ihren Geldgebern. Es wäre zu einfach gedacht, wenn wir glaubten, diese Verbindung beruhe auf persönlicher Nähe und gegenseitigem Vertrauen. Diese Beziehung geht tiefer. Sie beruht auf gemeinsamen Interessen.

Die steil angestiegenen Unternehmensgewinne zeigen allerdings, dass die Banken keineswegs als Sachverwalter des Gemeinwohls aktiv wurden, sondern auf eigene Rechnung. Die Deutsche Bank erwirtschaftete unter den Vorstandschefs Abs, Pferdmenges, Herrhausen, Christians, Kopper und Breuer gerechnet in heutigen Preisen einen Gesamtgewinn von 32 Milliarden Euro. Ackermann allein schaffte 30 Milliarden Euro. Die bastardisierten ökonomischen Verhältnisse haben sich für die von ihm geführte Bank ausgezahlt. Um das festzustellen, muss man kein Bankengegner sein, nur Bankenrealist.

In den USA fand diese Entwicklung ihre Entsprechung. Die fünf größten Investmentbanken Amerikas steigerten ihre Gewinne von acht Milliarden Dollar in 2001 auf 30,5 Milliarden Dollar im Jahr vor der Lehman-Pleite. Das bedeutete einen Zuwachs von fast 400 Prozent. Auch nach der Finanzkrise kam es nur kurz zu einem Einbruch der Bankgewinne. Da die Bastardökonomie sich danach nicht nur stabilisierte, sondern expandierte, melden die großen Investmentbanken auch für 2012 wieder Rekordgewinne. Allein Goldman Sachs und J. P. Morgan erzielten in 2012 einen gemeinsamen Jahresgewinn, der nahezu dem Betrag aller zehn Ackermann-Jahre entsprach.

Immobilienspekulation auf Staatskosten – der große Sündenfall made in USA

Romantiker der Marktwirtschaft sollten hier besser nicht weiterlesen. Der Immobilienmarkt der USA ist seit jeher kein Markt, in dem Verkäufer und Käufer nach den Gesetzen von Angebot und Nachfrage zueinander finden. Die Preissignale werden hier traditionell unterdrückt. Die unsichtbare Hand des Wettbewerbs wurde vor langer Zeit schon gefesselt.

Hier fand sich der ideale Nährboden für die Geburt der Bastardökonomie. Denn Banken und Staat sind sich hier traditionell nahe. Nirgendwo besitzt der Staat einen ähnlich großen Einfluss wie auf dem Immobilienmarkt. Durch die von ihm erlassenen Steuer- und Abschreibungsgesetze, mit Hilfe der öffentlich-rechtlichen Immobilienfinanzierer, dank der Eigenkapitalvorschriften für die Banken und nicht zuletzt durch eine Geldpolitik, die mit dem Zinssatz den Preis für den Hauskredit festlegt, ist der Staat der lebenslange Begleiter, Erzieher und Beschützer aller Immobilienbesitzer. Die Beziehung von Immobilienwirtschaft und Regierung ist stabiler als die meisten Partnerschaften unserer Tage. Es gibt kein Geschäft auf diesem Markt, das der Staat nicht eingefädelt oder gefördert hätte. Auch private Schulden sind nicht so privat, wie sie aussehen.

Die amerikanische Regierung mischt sich in diesen Markt seit jeher noch lebhafter ein, als es die Regierungen in Kontinentaleuropa tun. Denn in den USA – aber auch in Großbritannien – ist die staatliche Hilfe beim Eigenheimerwerb die beliebteste Form der Sozialpolitik. Die Idee ist im Prinzip gar nicht so töricht: Nicht anonyme Sozialbürokratien sollen das Geld der Menschen verwalten, ansparen und auszahlen, sondern der Staat ermuntert und ertüchtigt den Einzelnen, sich ein Haus und damit ein in Stein gemeißeltes Kapitalpolster zuzulegen. Das kann dann verlebt, aber auch beliehen und im Bedarfsfall veräußert werden. Im Idealfall sitzt jeder Bürger auf seiner eigenen kleinen Sparkasse. Der Amerikanische Traum ist auch ein Traum, in dem man wohnen kann.

Die Förderung von Hauseigentum hat nicht nur ökonomische Gründe. Es geht auch um Gesellschaftspolitik. Die Politiker meinen, dass es der Vitalität der Gesellschaft guttut, wenn Menschen nicht Mieter, sondern Eigentümer sind. »Wir als Volk benötigen zu jeder Zeit die Förderung des Hausbesitzes«, sagte Präsident Herbert Hoover 1932. Präsident Bush klang im Oktober 2002, vier Jahre vor dem Platzen der Immobilienblase, so: »Wir können Licht in die Dunkelheit bringen und Hoffnung dahin, wo Verzweiflung herrscht. Die Menschen in die Lage zu versetzen, ihr eigenes Haus zu besitzen, ist ein Beitrag dazu.«

Alle amerikanischen Regierungen seit Hoover haben sich der »Homeowner Society«, der Hauseigentümergesellschaft, verschrieben, mit einem Ergebnis, das durchaus beeindruckend ist: Rund 68 Prozent der amerikanischen Häuser und Wohnungen gehören heute der Familie, die darin wohnt. In Deutschland befinden sich nur 43 Prozent aller Häuser und Wohnungen im Eigentum des Bewohners. In Kanada sind es 67 Prozent, in Großbritannien 69 Prozent, in Irland sogar 83 Prozent.

Amerika bewegte sich, bevor Hoover und dann Roosevelt die Immobilie zum Objekt der Sozialpolitik machten, ungefähr auf dem heutigen deutschen Niveau, bei etwas mehr als 40 Prozent. Doch die Präsidenten der Depressionsjahre suchten nach Wegen, die Wirtschaft anzukurbeln. So wie Otto von Bismarck die Sozialgesetzgebung 1883 in Gang setzte, um die Anfälligkeit der deutschen Arbeiter für die Ideen von Sozialdemokraten und Kommunisten zu vermindern; so wie Maggie Thatcher die Zerschlagung der britischen Gewerkschaften durch eine großzügige Förderung des privaten Immobilienerwerbs abfederte und rund 1,5 Millionen Bewohner von Sozialwohnungen zu Eigentümern machte, so wurde und wird der Hauserwerb in den USA als Teil staatlicher Sozialpolitik angesehen. Wenn ein Politiker Erfolg haben will, dann muss er die Baukelle und ein paar Milliarden Dollar Unterstützungsgeld in die Hand nehmen.

Es sind zwei sehr unterschiedliche Wählergruppen, denen man damit das Herz wärmt. Da sind zum einen die konservativen Wähler im Mittleren Westen der USA. Für die treuesten der Treuen auf Seiten der Republikaner bilden Schusswaffen, Abtreibungsverbot und das Hauseigentum den unverrückbaren Identitätskern. So sehr man in diesen Weiten des Landes auch an die Marktwirtschaft glaubt, das Überleben der Stärkeren befürwortet und den Staat als bürokratisches Monster betrachtet, die Regierung als Förderer von Wohneigentum wird in mildem Licht gesehen. Hier kann man gar nicht genug staatliche Zuneigung bekommen.

Die zweite Wählergruppe, die auf das Recht am eigenen Haus pocht, sieht anders aus, wohnt anders und wählt anders. Es handelt sich hier um die demokratischen Stammwähler in den Arbeiterquartieren der Großstädte und die Minderheiten, die sich in den Zuwanderer-Vierteln von Los Angeles, San Diego, Chicago, Phoenix, Houston und New York drängen. Für sie ist das eigene Haus ein Symbol ihrer Ankunft in Amerika. Wenn es denn eine Gemeinsamkeit von Clinton und Bush junior gab, dann war es ihr politischer Wille, den Anteil der Hausbesitzer zu erhöhen. Die industrielle Kernschmelze der US-Volkswirtschaft hatte sich beschleunigt, die Exportdominanz war verloren, im unteren Einkommensbereich erodierten die Gehälter. Es gab gute Gründe für Republikaner und Demokraten, dem schwindenden Massenwohlstand mit einer Aktivität im Immobilienmarkt zu begegnen.

Da die Staatsmittel für eine großformatige Förderung des Hauseigentums nicht ausreichten, bot sich die Fremdfinanzierung an. Das Geldverleihen an Menschen ohne Einkommen, das Beseitigen von Hemmnissen auf Seiten der Regulierungsbehörden, das Absenken der Eigenkapitalstandards bei den Banken, das Erfinden und Erlauben »kreativer« Finanzinstrumente, all das wurde staatlicherseits nicht nur zugelassen und erlaubt. Es wurde in den Amtsstuben von Clinton und Bush junior ausgedacht und angeschoben, um es dann bei allen Mitspielern, der US-Notenbank inklusive, mit großer Bestimmtheit durchzusetzen.

Das Motiv war die Wohlstandsmehrung für breite Schichten, aber schon das Motiv war nicht so lauter, wie es klingt. Denn dieser Wohlstand sollte durch »financial engineering« künstlich erzeugt werden und nicht durch Anstrengung und Verzicht, die beiden traditionellen Wege, Kapital zu bilden. Damit erwiesen sich die, die als Freunde des Wohlstands in die Manege stolzierten, als seine Feinde.

Wer die Hintergründe für die Hyperspekulation auf dem Immobilienmarkt der USA verstehen will, deren Auswirkungen erst den Finanzsektor kollabieren ließen und dann in Europa eine Schulden- und später eine Währungskrise auslösten, muss zu den Wurzeln der Verwerfungen zurückkehren. Mit einer ideologisch geführten Debatte »Markt contra Staat«, »private Gier contra Gemeinschaftsinteresse«, »Wall Street vs. Main Street« ist nur denen geholfen, die ihr altes Feindbild aus den Trümmern der Mehrfachkrisen unserer Zeit retten wollen.

Die Wahrheit aber ist: Undurchschaubare Finanzprodukte und eine Horde gieriger Manager wären niemals in der Lage gewesen, ein Erdbeben dieser Stärke auszulösen. Erst das abgestimmte Vorgehen von Finanzwirtschaft und Regierung, jahrelang und quer durch die politischen Parteien praktiziert, besaß diese Durchschlagskraft. Die neuzeitliche Bastardökonomie – halb Markt-, halb Staatswirtschaft – feierte auf dem Immobilienmarkt der USA ihre Premiere.

Wenn wir in das Jahr 1994 zurückschauen, sehen wir diese hybride Form von Markt- und Staatswirtschaft in ihrem Embryonalstadium. In der Mitte seiner ersten Amtszeit, die kommenden Präsidentschaftswahlen vor Augen, bat Bill Clinton im August 1994 seinen Minister für Haus- und Städtebau, den Einwanderersohn Henry Cisneros, zu sich. Die Zahlen auf dem Häusermarkt sahen nicht gut aus. Der Präsident war in Sorge um seine Wiederwahl. Hatte sich der Prozentsatz jener Häuser, die von ihren Eigentümern bewohnt wurden, in den Jahren 1940 bis 1980 stets erhöht, begann er in den 80er Jahren parallel zur sinkenden Wettbewerbsfähigkeit der USA zu schrumpfen. Vor allem jene Wählergruppen, die Clinton bei seiner Präsidentenwerdung unterstützt hatten, waren unter den Opfern der Entwicklung.

Zwischen 1980 und 1991 fiel die Zahl der Hauskäufer von einst 44,4 Prozent auf nunmehr 38 Prozent. In derselben Dekade schrumpfte die Zahl der Hausbesitzer mit geringem Einkommen (moderate-income households) um zehn Prozent und der Anteil von Niedrigst-Verdienern (very low-income families) unter den Hauskäufern von 37 auf 29 Prozent.

Ein ethnisches Element ließ sich aus den Statistiken auch noch herauslesen: Die aus Lateinamerika stammenden »Hispanos« und Amerikaner mit afrikanischen Wurzeln brachten es nur halb so oft zu Hauseigentum wie die weißen Amerikaner. Warum nicht »den Menschen, die einst als Eigentum betrachtet wurden, Eigentum geben?«, fragte Henry Louis Gates jr., Harvardprofessor und Direktor des Instituts für Afrikanische und Afroamerikanische Studien. Für Bill Clinton war es »Zeit zum Handeln«, wie er seinem Wohnungsbauminister unmissverständlich mitteilte.

Unter dessen Führung entstand nun ein Programm, das mit allen Organisationen, die auf dem Immobilienmarkt etwas zu melden hatten, abgestimmt war. Am 2. Mai 1995 legte Clinton das Ergebnis der kollektiven Anstrengung auf dem Briefpapier des Weißen Hauses vor. In der Präambel hieß es:

»Der Besitz von Hauseigentum ist der Amerikanische Traum. Aber dieser Traum verabschiedet sich allmählich. 46 Jahre lang war der Anteil der Häuser, die denen gehörten, die darin wohnen, gestiegen. Doch ab 1980 begann diese Zahl zu sinken. Auch wenn sie in den letzten beiden Jahren wieder zulegen konnte, so ist sie doch weit entfernt vom Höhepunkt dieser Entwicklung. Diesen Trend umzukehren ist vital für das Interesse der Nation, ihrer Volkswirtschaft, ihrer Städte und Dörfer, ihrer Familien.«

Und es war vital für den Präsidenten, der von diesen Zielgruppen ins Weiße Haus gewählt worden war. Es ging nicht um ein wenig Förderung hier und da. Es ging – schon aus Gründen der Machtpolitik – um den großen Wurf.

Der 100-Punkte-Aktionsplan, den die Clinton-Regierung nun vorlegte, sollte acht Millionen zusätzliche Menschen bis zum Jahr 2000 zu Hausbesitzern machen. Die Regierung verabredete zwischen privaten Immobilienfinanzierern, staatlichen Förderbürokratien und den halbstaatlichen Immobiliengesellschaften Freddie Mac und Fannie Mae eine, wie es in dem Papier hieß, »beispiellose, nie da gewesene Kollaboration«. Der Report enthalte »die besten Ideen, die ungewöhnlichsten Visionen unserer Zeit«. Im Rückblick liest sich der 100-Punkte-Plan wie der Bauplan für das perfekte Desaster auf dem Immobilienmarkt der USA.

Viele der Strategien, die später für die Krise mitverantwortlich waren, wurden in dieser Arbeitsgruppe ausgeheckt: Es gelte »kreative Finanzierungsformen zu erfinden und zu nutzen«, um den Häusermarkt »für alle Amerikaner« zu öffnen, heißt es da. Dringend nötig seien »Reformen bei den Regulierungsbehörden« mit dem Ziel, eine »Schnellbahn zum Eigenheim« zu bauen. Die immer wiederkehrenden Kernsätze des Aktionsplans lauten:

»Wir müssen die regulatorischen Barrieren reduzieren.«

»Wir müssen den Verleihprozess neu designen, um geringere Finanzierungskosten zu ermöglichen.«

»Das System der Hausfinanzierung muss auf effektive Weise die nationalen und internationalen Kapitalmärkte kombinieren.«

»Wir müssen den Hauskauf auch für jene ermöglichen, die kein Geld haben, eine Anzahlung zu leisten.«

Selbst die Wünsche an die Federal Reserve Bank wurden hier in großer Offenheit formuliert:

»Niedrige Zinsen für Immobilienkredite, gewährt über einen längeren Zeitraum, würden sich für das Ziel, die Rate der Hausbesitzer in Amerika anzuheben, sehr förderlich auswirken.«

Die privaten Finanzierer sollten, auch das wurde hier bereits vorgedacht, mit den halbstaatlichen Finanzierungsgesellschaften Fannie Mae und Freddie Mac zusammenarbeiten, mit dem Ziel, den Zweitmarkt für Immobilienkredite stärker als bisher zu nutzen.

Der Zweitmarkt ist eine versteckte Form der Staatsfinanzierung, weil private Banken oder andere Hypothekenfinanzierer hier ihre Risiken an den Staat weiterreichen können. Das Ganze funktioniert so: Freddie Mac und Fannie Mae kaufen Immobilienkredite auf, die private Immobilienfirmen zuvor vergeben haben. Die Kredite und die damit verbundenen Risiken verschwinden damit aus den Büchern der Privaten, bei Fanny und Freddy aber haftet der Staat. Auf diese Weise wird das Kreditbuch der Privatwirtschaft verkürzt, mit dem gewollten Effekt, dass wieder Platz für neue Kreditvergaben geschaffen wird. So wurde der Staat zum Paten aller Immobilienfinanzierer.

Auf dem Höhepunkt des Immobilienbooms befanden sich bei Freddie und Fannie Immobilienkredite in Höhe von fünf Billionen Dollar oder 43 Prozent des Marktes in den Büchern. Damit diese Ansammlung von Risiken überhaupt möglich wurde, hatte der Staat die Eigenkapitalquoten erst gelockert, dann aufgehoben und schließlich die Dokumentationspflichten nahezu suspendiert. Wohl nie zuvor hat eine Bank derart unbekümmert derart viele Risiken in ihre Bücher nehmen dürfen. Eine Gegenwehr seitens der Finanzexperten von Freddie und Fannie ist nicht überliefert. Das schlechte Gewissen setzte erst mit dem Zusammenbruch der Immobilienmärkte ein, der nun zwangsläufig auch den Zusammenbruch der beiden Immobilienfinanzierer bedeutete. Man kann es tragisch oder konsequent nennen: Der Finanzchef von Freddie Mac, der 41-jährige David Kellermann, erhängte sich am 22. April 2008 im Keller seines Wohnhauses.

Clinton, der den finsteren Ausgang dieses Abenteuers vielleicht ahnen, aber nicht kennen konnte, verfolgte seinerzeit in großer Offenheit das Ziel, eine Kreditschwemme auszulösen: Es gelte, »die nationalen Banken zu ermutigen, ihre Kreditfinanzierungsaktivitäten am Immobilienmarkt zu erhöhen« und »den Sekundärmarkt auszuweiten«, heißt es in seinem 100-Punkte-Programm. Verbunden war sein Programm mit massiver Kritik an den angeblich konservativen, heute würde man sagen seriösen, Verleihpraktiken der Bankhäuser: Einige Institute benutzten »übertrieben konservative Finanzierungsmethoden«, warfen das Weiße Haus und das Bauministerium ihnen vor.

Wenn die Republikaner den Demokraten in dieser Frage eines übel nahmen, dann ihre Hyperaktivität, die beim Wähler gut ankam. Clinton wurde 1997 fulminant wiedergewählt. Gegenkandidat Bob Dole von den Republikanern schrumpfte zur Fußnote der Geschichte. Und der Immobilienmarkt erwachte zu neuem Leben.

Eine Opposition gab es in der Frage des staatlich geförderten Immobilienerwerbs zu keinem Zeitpunkt. Amerika glich in dieser Frage einem Ein-Parteien-Staat, der mit geradezu stalinistischer Härte das eine Credo postulierte: Wohnungseigentum ist gut; je mehr, desto besser.

Der am 20. Januar 2001 vereidigte neue Präsident George W. Bush beendete die Clinton-Programme nicht, sondern baute sie aus. »Wir wollen, dass jeder in Amerika sein eigenes Haus besitzt«, sagte er im ersten Jahr nach Amtsantritt. Der Prozentsatz von Menschen, denen das Haus, in dem sie wohnen, gehört, stieg von 64 Prozent im letzten Clinton-Jahr auf über 68 Prozent im zweiten Bush-Jahr. Zu wenig, befand der Präsident und eröffnete 2004 beim republikanischen Parteitag im New Yorker Madison Square Garden seine Wiederwahl-Kampagne mit folgendem Versprechen an die Möchtegern-Hauseigentümer:

»Dank unserer Politik befindet sich das Hauseigentum in Amerika auf einem Allzeithoch. Nun setze ich ein neues Ziel: Wir wollen sieben Millionen mehr bezahlbare Häuser in den nächsten zehn Jahren schaffen. Wieder sollen mehr amerikanische Familien beim Öffnen ihrer Hautür sagen können: Willkommen in unserem Zuhause.«

Die Regierung öffnete dafür die letzten Schleusen der Kreditvergabe. Mit dem American Dream Downpayment Act wurde Erstkäufern aus sozial schwachen Schichten ein bisher unvorstellbares Maß an Hilfestellung seitens des Staates garantiert. Die Bush-Regierung forderte die Kreditgeber in diesem Gesetz auf, die Dokumentationspflichten für Subprime-Kunden, das sind Kreditnehmer mit wenig oder keinen Sicherheiten, auf ein

Minimum zu reduzieren. Regierung und Finanzwelt hofften auf ein für beide einträgliches Geschäft: Die Regierung wollte ihre Wähler mit anstrengungsfreiem Wohlstand beglücken, der US-Steuerzahler sollte verschont bleiben, derweil man die Gelder chinesischer, deutscher und anderer Sparer anzapfte.

Dass sich dieses Programm zur Schaffung von Hauseigentum unter dem Banner von »Freiheit durch Deregulierung« verkaufen ließ, entbehrt nicht einer gewissen Ironie. Denn es war die bestregulierte Deregulierung der Wirtschaftsgeschichte. Die Märkte wurden von Regierung und Fed planmäßig entfesselt, zu dem einen Zweck, den Willen der Politik zu exekutieren.

Der Finanzwelt waren die Motive der Politiker gleichgültig. An der Wall Street interessiert man sich nicht für Armut. Hier ging es um eine Expansion der Geschäftstätigkeit, ohne dass die Risiken gleich mit expandierten. Denn die Geldhäuser wurden von Immobilienfinanzierern, die das Risiko bis dahin in ihren Büchern getragen hatten, zu Kreditvermittlern und Wertpapier-Designern. Das Risiko war mit den neu entwickelten »Mortgage-backed Securities«, den durch Immobilienbesitz gedeckten Wertpapieren, in den Büchern der Banken nur noch ein Durchlaufposten, der wenige Tage nach Kreditauslieferung schon wieder verschwand.

Durch den Verkauf des Wertpapiers, in dem nun Tausende von Immobilienfinanzierungen paketiert waren, ließ sich eine risikofreie Marge verdienen und – das war der Clou bei der Sache – in Folge dessen die aufwendige Kreditprüfung früherer Jahre auf ein Minimum reduzieren. Denn ein Risiko, das in Windeseile weitergereicht werden konnte, brauchte man nicht durch lästige Prüfungen der Kreditnehmer erst noch taxieren. Die Kreditgeber waren nur noch Kreditvermittler. Die traditionelle Rolle des Kreditprüfers erfüllte nun niemand mehr. Sie ging jetzt formal zwar auf die Ratingagenturen Moody's, Standard & Poor's und andere über. Aber die taxierten diese Risiken so, wie sie auch Länderrisiken taxieren: oberflächlich und stets im Sinne derer, die Kredite und kreditbasierte Finanzprodukte vertreiben.

Die Hauskäufer spielten artig mit, indem sie die Fragebögen der Immobilienfinanzierer mit Fantasiezahlen zu Vermögenslage und Einkommen ausfüllten. Später war von »Lügen-Krediten« die Rede, aber das ist unfair. Die armen Teufel verhielten sich systemgerecht. Ihre Lügen waren erwünscht, ihre Schummeleien wurden erwartet, man muss sie im Rückblick als »regelkonform« bezeichnen. So wie die Griechen sich ihren Beitritt zur Eurozone unter den wohlwollenden Augen der damaligen europäischen Führer »erschummelten«, war auch diese Täuschung der Immobilienfinanzierer eine gewollte.

Alle Anstrengung der Banken galt schließlich dem Aufbau eines Kreditvertriebs, der in kurzer Zeit hohe Fallzahlen hervorbringen sollte. Gründlichkeit wurde durch Schnelligkeit ersetzt, was ganz im Sinne des Erfinders, sprich des jeweiligen US-Präsidenten, lag. Clinton hatte – wir erinnern uns – acht Millionen, Nachfolger Bush junior weitere sieben Millionen neue Hauseigentümer bei der Finanzindustrie bestellt. Jetzt musste geliefert werden.

Zukunft zu verkaufen – die Funktion der Notenbanken für die Bastardökonomie

Eine Schlüsselrolle innerhalb der Bastardökonomie spielen die Notenbanken. Denn noch das komplexeste Finanzprodukt und das billigste Haus brauchen einen Käufer. Und der Käufer braucht Geld. Und wenn er kein Geld hat, muss eine Bank es ihm leihen, also als Ersatzkäufer auftreten.

Nun gibt es aber zwei Dinge, die kann die Privatwirtschaft niemals tun: Krieg führen und Geld drucken. Beides ist aus gutem Grund den Unternehmen entzogen. Wo kämen wir hin, wenn jeder Konzern nach Gutdünken dem Nachbar-Konzern den Krieg erklären dürfte und mit einer Privatarmee loszöge. Undenkbar aber auch, dass die Privatwirtschaft sich selbst das Geld druckte, um die nötigen Investitionen bezahlen zu können. Jede Währung wäre schnell ruiniert. Unsere Banknoten sind nur dann etwas wert, wenn sie knapp gehalten werden.

Bei der amerikanischen Immobilienkrise spielte die Geldversorgung eine zentrale Rolle. Erst die neu geschöpften, zusätzlich in den Kreislauf geschossenen Billionen entfalteten jene Kräfte der Beglückung und später der Zerstörung, an denen die Weltwirtschaft bis heute leidet. Es war so, wie Professor Mason im September 2008 vor dem Senat aussagte: »Keine der angewandten Finanzierungsmethoden war neu, einmalig, unbekannt. Das, was die Krise ausmachte, war die schiere Größe der Operation.« Die Subprime-Kredite waren von weniger als eine Billion Dollar in den späten 90er Jahren auf knapp zehn Billionen Dollar in 2008 gestiegen. Wenn Banken und Staat die Zündschnüre gelegt haben, dann lieferte die US-Notenbank tonnenweise das Dynamit.

An dieser Stelle hat Alan Greenspan seinen Auftritt. Der Notenbankchef, der 1987 zum Vorsitzenden der US-Notenbank ernannt wurde, startete eine regelrechte Offensive zur Flutung der Märkte. Er setzte den Zinssatz, der im historischen Durchschnitt der vorherigen drei Jahrzehnte bei 6,6 Prozent gelegen hatte, auf bis zu einem Prozent herunter. Aber das war nur sein Eröffnungsspielzug. Es folgte eine Serie von Zinssenkungen, bis jedermann verstanden hatte, dass es nun zur Staatsräson gehörte, sich mit billigem Geld zu versorgen. Die Zukunft war käuflich geworden: So schien es. So sollte es scheinen.

Greenspan lieferte das, was der Präsident von ihm erwartete: billiges Geld, erst recht, nachdem der Terroranschlag vom 11. September 2001 die Nation erschüttert hatte. Mit frisch gedruckten Dollarnoten wollte man die Amerikaner trösten. Die Hochhaustürme waren gekippt, jetzt sollte die Stimmung nicht noch hinterherkippen. Als erste Waffe im Einsatz gegen die Terroristen – Guantanamo und die Massenvernichtungswaffen des Irak waren noch nicht erfunden – wurde die Geldpolitik eingesetzt. Wenn Wall Street sich in den folgenden Jahren in ein Kasino verwandelt hat, dann war es die Federal Reserve Bank, die Lastwagen voller Jetons in das Land hinausschickte.

Greenspan stellte den Banken das Leihgeld für ihre Hauskredite nahezu kostenlos zur Verfügung, das heißt mit einem Zinssatz unterhalb der Inflationsrate. Die Leitzinsen sanken bis 2003 auf ein Prozent und verharrten auf diesem Niedrigstniveau bis zum September 2004, also nahezu drei Jahre. Nie zuvor seit Gründung der Federal Reserve Bank blieben Zinsen für so lange Zeit auf so niedrigem Niveau.

Solange die Preise auf dem Immobilienmarkt schneller stiegen als die Zinsbelastung der Schuldner, konnten diese den Hauskredit noch um einen Autokredit, einen Möbelkredit, einen Ausbildungskredit, einen Kreditkartenkredit und, jetzt oder nie, um einen weiteren Hauskredit erweitern. So entstand ein Schuldenturm, der mit jedem Tag höher und wackeliger wurde. Ein Jahr vor der Pleite des Bankhauses Lehman und dem Zusammenbruch des Immobilienmarktes erreichte die private Verschuldung der US-Haushalte mit 139 Prozent eines durchschnittlichen Jahreseinkommens den höchsten je gemessenen Wert. Ein immer höherer Anteil der privaten Einkommen floss nun in die Bedienung der Schulden. Viele Amerikaner waren in Zinsknechtschaft geraten.

Die Banker aber glühten vor Geschäftstüchtigkeit. Allein die

Boni der fünf größten Wall-Street-Banken – Goldman Sachs, Morgan Stanley, Merrill Lynch, Bear Stearns und Lehman Brothers – steigerten sich von 16 Milliarden Dollar in 2004 auf über 25 Milliarden Dollar in 2005 und schließlich auf 36 Milliarden Dollar in 2006. Auch im ersten Krisenjahr 2007 wurden noch 38 Milliarden Dollar an Boni ausgezahlt.

Gab es in den 1980er Jahren ungefähr drei Millionen Hausverkäufe pro Jahr, waren es in den 90er Jahren bereits zwischen vier und fünf Millionen. In 2005 wurden dann sieben Millionen Häuser verkauft, und das zu Preisen, die im Durchschnitt um fast 100 Prozent über denen des Jahres 1995 lagen. Der Boom nährte den Boom. Der Kreditzyklus trieb den Konjunkturzyklus.

Die Armen und Mittellosen erkannten ihre Bankmanager gar nicht mehr wieder. Für Menschen, die geringfügig beschäftigt waren oder arbeitslos oder krank, oder arm oder drogenabhängig oder alles zusammen, gab es in normalen Zeiten ein mitleidiges Achselzucken, aber keinen Kredit für Hauseigentum. Oft gelang es diesen Menschen nicht einmal, ein Bankkonto zu eröffnen.

Jetzt aber wurden sie hofiert. Man lud sie auf eine Tasse Kaffee ein. Man ersparte ihnen jede Anzahlung, und selbst die Tilgung war verhandelbar, in den ersten Jahren wurde oft nicht einmal der Zins bedient. Sogar der lästige Papierkram, die Bonitäts- und Liquiditätsprüfung, der Nachweis des festen Arbeitsplatzes und ein Schriftstück zum letzten Jahreseinkommen, entfielen plötzlich oder wurden auf das Format eines Bierdeckels geschrumpft. Galt in den 80er Jahren, bevor Clinton die konservative Kreditvergabe der Banken kritisierte, eine Anzahlung von 30 Prozent als Grundvoraussetzung für einen Hauskredit, gab es nun de facto 105 Prozent des Kaufpreises auf Pump. Die Bank übernahm nicht nur den kompletten Hauskauf, sondern zahlte auch Makler, Notar und Steuern für den Käufer.

In den Banken gründete man für die mittellosen Käufer eine eigene Abteilung, die sich »Subprime Mortgages« nannte, das bezeichnete den Immobilienkredit für nicht erstklassige Schuldner. Der Erfolg einer Bank bemaß sich plötzlich daran, dass man möglichst viel Geld an einen möglichst großen Kreis nicht kreditwürdiger Menschen vergab.

Die Banken hatten natürlich eine Ahnung des Kommenden. Auch deshalb gingen sie dazu über, die Risiken in ihren Büchern möglichst schnell an Dritte, am besten an Ahnungslose, weiterzuverkaufen. Das international verfügbare Sparkapital – in Deutschland, Japan und China liegen die Sparraten deutlich über denen der USA – bot sich geradezu an, um die Risiken vom Mittleren Westen der USA über New York nach Übersee zu transferieren.

Vor allem die große Gruppe der sogenannten Fixed Income Manager, also jene Fondsverwalter, die nicht mit Aktien oder Rohstoffen handeln, sondern – wie der Name »Fixed Income« sagt – mit Staats- und Firmenanleihen, die einen Festzins abwerfen, waren die ideale Zielgruppe für das neue Produkt. Sie brauchten hochprozentige Papiere, um die bei Lebensversicherungen und Pensionsfonds zugesagten Minimalverzinsungen zu erzielen. Die Niedrigzinspolitik der US-Notenbank aber war dabei, ihren bisherigen Anlageliebling, die Staatsanleihe, unattraktiv zu machen. Die »Mortgage-backed Securities« galten auch deshalb als der letzte Schrei, weil sie deutlich oberhalb der Staatsanleihe rentierten. Diese Papiere stiegen zur neuen »Staatsanleihe« des beginnenden 21. Jahrhunderts auf. Das monetäre Perpetuum mobile schien erfunden. Aus dem Nichts der Mittellosen war in einer großen Teamleistung von Regierung, Notenbank, Banken und Ratingagenturen ein hochkomplexes, vermeintlich werthaltiges Produkt entstanden, das reißenden Absatz fand.

Sage keiner, der Staat wusste nicht, was eine »Mortgage-backed Security« ist. Er wusste es deshalb so gut, weil er es selbst erfunden hatte. Das Bündeln und Verschneiden verschiedener Hauskredite zu einem jederzeit handelbaren Wertpapier ist nicht die Erfindung geldgieriger Wall-Street-Banker. Ihre Gier wollen wir ihnen nicht absprechen, wohl aber die hier zur Rede stehende Innovation. Es war die staatliche Bausparkasse »Government National Mortgage Association« (auch »Ginnie Mae« genannt), die diese hypothekenbesicherten Wertpapiere schon 1968 erfunden hat.

Damals ging es darum, die Risiken der regionalen Immobilienfinanzierung, die durch die Pleite eines großen lokalen Arbeitgebers entstehen konnte, zu minimieren. Also bündelte man die Risiken verschiedener Regionen zu einem Wertpapier, das zwar nicht wertvoller als die Summe seiner Teile war, aber schwankungsfreier und risikoärmer.

Wall Street entwickelte diese »Ginnie Mae«-Erfindung später weiter. Die Verwandlung von hochriskanten amerikanischen Immobilienkrediten in ein nach China und Deutschland exportierbares Wertpapier mit Top-Rating der Güteklasse A war ein revolutionärer Schritt, wie Nouriel Roubini zu Recht schreibt. Er war sogar doppelt revolutionär: Denn die Immobilie hatte plötzlich ihre Immobilität verloren. Sie war weltweit handelbar geworden. Und: Das Risiko war wie durch Hexerei aus den Büchern der Kreditgeber verschwunden. Im Markt für regionale Immobilienkredite herrschte eine nie zuvor erreichte Liquidität. Das Verrückte war: In der perfekten Welt der damaligen Zeit, mit steigenden Immobilienpreisen, niedrigen Zinsen und hoher Beschäftigung, funktionierten die neuen Wertpapiere jahrelang. Es gab überall auf der Welt nur zufriedene

Gesichter. Die Hauseigentümer genossen ihr kleines Glück, die Politiker konnten Wahlerfolge verbuchen, die Fixed-Income-Manager schliefen wieder ruhig, Notenbank-Chef Greenspan wurde als Magier verehrt, und an der Wall Street rieb sich jeder Hilfsassistent die Hände.

In den 80er Jahren war der Markt für »Mortgage-backed Securities« noch weitgehend unbekannt, zu Beginn des 21. Jahrhunderts wies er einen Wert von einer Billion Dollar aus, im Jahr 2006 erreichte er bereits einen Wert von 400 Billionen Dollar. Der amerikanische Blogger Barry Ritholtz (www.ritholtz.com/blog/), der sich als ironischer Beobachter der Finanzszene einen Namen gemacht hat, sagt: »Von 2002 bis 2006 schien es, als ob Manna vom Himmel fiel.«

Auch wenn es modern ist, wirtschaftliche Großkatastrophen wie die Subprime-Krise einer Person – am liebsten Greenspan oder Bush – oder wenigstens einer Institution – Wall Street oder der Fed – und, wenn das nicht hilft, der Spieltheorie oder den Algorithmen der Computer in die Schuhe zu schieben: Das funktioniert hier nicht. Die Schuhe sind immer zu klein. Subprime ist die erste Krise, die in Kollaboration von Politikern, Notenbankern und Investmentbankern vorbereitet worden ist. Diese Vorgänge, die schließlich die tiefste Rezession seit der Großen Depression auslösten, hatten mehr Mittäter, als auf ein Fahndungsplakat passen. Und sie hatten mehr Opfer, als in allen Sportstadien der Welt Platz nehmen könnten.

Die Zahl der Mahner aber war kleiner als klein. Selbst viele Wissenschaftler feierten die Geschehnisse auf dem Immobilienmarkt der USA als Durchbruch zu einer neuen Ära der Gerechtigkeit. Professor Harvey S. Rosen von der Princeton University beispielsweise sagte: »Die wichtigste Errungenschaft, die der Immobilienmarkt in den letzten 30 Jahren hervorgebracht hat, ist die, dass nun auch die Ausgeschlossenen hineingelassen werden: die Jungen, die Diskriminierten, die Menschen, die nicht viel Geld besitzen, um eine Anzahlung zu leisten.«

Selbst als dunkle Wolken über dem Subprime-Markt aufzogen, als die Preise zu fallen und die Zahl der Zwangsversteigerungen zu steigen begann, hielten Banken und Politiker einander die Treue. Niemand Geringerer als der neue, im Februar 2006 ins Amt gekommene Fed-Chef Ben Bernanke sprach auf der Konferenz der Federal Reserve Bank of Chicago am 17. Mai des Jahres 2007 den Investmentbanken sein volles Vertrauen aus.

Natürlich war Bernanke nicht entgangen, dass die Immobilienpreise zu fallen begonnen hatten und viele der mittellosen neuen Hauseigentümer vor den Trümmern ihres Traumes standen. Aber für ein Eingreifen der Aufsichtsbehörden sah er keine Veranlassung:

»Innovative Kreditmärkte haben Kaufgelegenheiten für viele Haushalte geschaffen. Märkte können natürlich übertreiben, aber am Ende werden Marktkräfte jeden Exzess beenden. Für manche Beobachter kommt diese Phase der Selbstkorrektur zu spät und zu verhalten. Ich aber glaube, Märkte leisten bei der Verteilung von Kredit bessere Arbeit als Aufsichtsbehörden.«

Gegenseitig befeuerten sich Politiker und Finanzelite, nur ja keine Krisenstimmung aufkommen zu lassen. Dabei war die sich anbahnende Katastrophe absehbar. Der Autor dieses Buches schrieb in seinem im Frühjahr 2006, also 30 Monate vor der Lehman-Pleite, erschienenen Buch »Weltkrieg um Wohlstand«:

»Ein in sich geschlossener Kreislauf der wundersamen Geldvermehrung ist entstanden. In den Bankbilanzen ist das ganze Ausmaß der Selbsttäuschung zu besichtigen. Mit Fug und Recht kann man heute sagen: Die Wirtschaftskrise, die der Welt ins Haus steht, ist die bestprognostizierbare der neueren Geschichte.«

Der Autor ist nun wahrlich kein Hellseher, aber er hatte mit vielen Experten, darunter Männern wie Josef Ackermann (CEO Deutsche Bank), Sandy Weill (CEO Citigroup) und Henry Paulson (CEO Goldman Sachs), über den Sachverhalt gesprochen. Es gab überall ein Gefühl für die Größe der entstandenen Lawine, auch wenn die Beteiligten damals hofften, sie würde sich nicht mit derartiger Urgewalt ins Tal stürzen, und – auch um Panik zu vermeiden – keinerlei Vorkehrungen trafen. Sandy Weill sagte im Februar 2007, als ich ihn in der Citigroup-Zentrale zum Interview traf: »Das Problem ist: Was passiert mit diesen riesigen Handelspositionen, wenn unvorhergesehene Ereignisse das Marktgeschehen verändern oder wenn der Geldzufluss austrocknet? Dann wird es schwer, sich in Sicherheit zu bringen.«

Im Frühsommer 2007 trat genau dieser Fall ein. Die Lawine löste sich. Zunächst erreichte sie Bear Stearns und bald darauf die Immobilienfinanzierer Freddie Mac und Fannie Mae, die alle drei durch den Staat vor der Pleite gerettet werden mussten. Im Spätsommer 2008 geriet auch Lehman Brothers, die mit 28 000 Mitarbeitern und einer Bilanzsumme von 691 Milliarden Dollar zehntgrößte US-Bank, in Schwierigkeiten. Am 15. September 2008 meldete das von deutschen Auswanderern im Jahr 1850 gegründete Geldhaus Konkurs an.

Richard Fuld, der letzte Vorstandsvorsitzende, ging als der Mann in die Geschichte des Subprime-Booms ein, der das Schlusskapitel schrieb. Niemand hatte ihm die Hilfe gewährt, die er zur Rettung benötigt hätte, keine andere US-Großbank und auch nicht die Regierung in Washington. Seine letzte E-Mail an die Mitarbeiter war die kleinlauteste, die wohl je ein Mann der Wall Street verschickt hat: »Die letzten Monate waren eine extreme Belastung, die darin gipfelte, dass wir Konkurs anmelden mussten. Ich fühle mich deswegen schrecklich.«

Doch die Schuld an dieser Jahrhundertpleite ist zu groß, um sie allein diesem Mann und seinem Team zuzuschreiben. Barry Ritholtz kommt der Wahrheit am nächsten. In einem erfundenen Brief der Wall Street an das politische Establishment beschreibt der Blogger und Buchautor das Zusammenwirken von Staat und Bankenwelt:

»An: Washington, D.C.
Von: Wall Street
Betreff: Kreditkrise

Liebes Washington D.C.,

wir haben wirklich eine Menge Mist gebaut hier in Wall Street. Fannie und Freddie stehen unter Denkmalschutz, Investmentbanken stecken tief in Schwierigkeiten, AIG wurde verstaatlicht. Danke auch für den neuen Drei-Billionen-Scheck zu unserer Stützung. Wir hier an der Wall Street haben wirklich allen Grund, uns mitverantwortlich zu fühlen für das, was da passiert ist. Wir haben Kredite vergeben auf Teufel komm raus, wir waren verwickelt in haltlose Spekulationen, wir haben uns ausschließlich auf kurzfristige Profite konzentriert und dabei die Nachhaltigkeit komplett aus dem Auge verloren. Wir haben nicht nur unseren Firmen geschadet, sondern auch das internationale Finanzsystem destabilisiert und der Weltwirtschaft einen kräftigen Schlag verpasst. Und wir haben für all das auch noch dicke Boni kassiert.

Aber hier ist eine Nachricht, D.C., die dich interessieren dürfte: Nichts davon hätten wir ohne dich tun können. Wir waren betrunken, aber du warst der große Helfer im Hintergrund. Die Entscheidungen deines Parlaments, deiner Regierung und deiner Verwaltung haben all das erst möglich gemacht. Wir bestreiten nicht unsere Schuld. Aber wir wollen dich daran erinnern, dass unsere Verantwortungslosigkeit nur Dank deiner Hilfe diese Ausmaße erreichen konnte.

In tiefer Verbundenheit,
deine Wall Street«

Wer rettet wen? – wie die »Rettungspolitiker« die Gesetze von Marktwirtschaft und Demokratie außer Kraft setzen

Die Pleite von Lehman Brothers war nicht der Beginn einer Entflechtung von Staat und Finanzmarkt, sondern im Gegenteil der Auftakt zu einer neuen Kooperationstiefe, die alles Bisherige in den Schatten stellte. Die Wesensveränderung im marktwirtschaftlichen Organismus, die wir »Bastardisierung« genannt haben, erlebte nun einen neuen Schub.

Der Staat stellte sich nicht nur schützend vor die Finanzinstitute, sondern erwarb nun direkt Anteile an ihnen, beteiligte sich an AIG, Citigroup und Bank of America. In Deutschland gingen Hypo Real Estate, Commerzbank und Aareal Bank komplett oder teilweise in Staatshand über. In Frankreich und Großbritannien das gleiche Spiel. In rund 100 Geldinstitute weltweit wurden rund 1,3 Billionen Dollar an Steuerzahlergeld injiziert.

So ist inmitten der Marktwirtschaft eine Sonderwirtschaftszone entstanden, die nun auch offiziell nach anderen Gesetzmäßigkeiten funktioniert. Es ist ein Geschäft auf Gegenseitigkeit, bei dem die ehemaligen Gegenspieler Regierung und Finanzwelt nun für jedermann sichtbar gemeinsame Sache machen. Die Banken werden vom Staat gestützt und, wo nötig, gerettet und erhalten in hoher Dosis jene Geldbeträge, die zur Aufrechterhaltung ihres Betriebes notwendig sind. Die Staaten halten damit den fleißigsten Aufkäufer ihrer Schuldentitel liquide. Denn bebt die Bankenlandschaft, wackelt die seit den 70er Jahren gängige Staatsfinanzierung.

Seit Ausbruch der Bankenkrise flossen rund eine Billion Euro an direkter Staatshilfe und 2,5 Billionen Euro von den Notenbanken in das Finanzsystem. Für die Banken hatte der Staat damit die Funktion einer kostenlosen Rückversicherung übernommen, die im Schadensfall ohne Prüfung der Schuld auszahlt. Das senkt die Kosten der Geldindustrie und erhöht ihren Risikoappetit – bis heute.

Die Banken danken es den Staaten, indem sie wiederum das Geld bei privaten Investoren einsammeln und es dem Staat zu günstigen Konditionen überlassen. Beide leben gut damit: Die Bank verdient an den Zinsen für die Staatsanleihen. Der Staat wiederum verfügt somit über ein scheinbar unbegrenztes Reservoir an flüssigem Geld, das nicht nur für die laufende Staatsfinanzierung eingesetzt werden kann, sondern auch für die Stimulierung der Wirtschaft.

Wann immer die Marktwirtschaft Zeichen von Schwäche zeigt, spritzt der moderne Politiker ihr einen Stimuluscocktail, bis die Wirtschaft zu florieren und der Bürger zu halluzinieren beginnt. Obamas Regierung habe einen Regenbogen an den wolkenverhangenen Himmel der Weltwirtschaft gezaubert, sagte der Politologe Larry Sabato. Die Geldschöpfung, im Politikbetrieb »Stretching the Dollar« genannt, befriedigt das Geschäftsinteresse der Banken genauso wie das Wählerbeglückungsinteresse der Politik. Die Banken tauschen Geld gegen mehr Geld, die Regierungen Geld gegen Wahlerfolge. Die Rechnung für diese Zusammenarbeit, das ist für die Akteure das Praktische, wird erst zeitversetzt zugestellt. Sie landet, so hoffen die Beteiligten, bei Menschen im Briefkasten, die erst noch geboren werden müssen.

Kam im Jahr 1960 jedes Baby in Deutschland mit Schulden in Höhe von 2400 Euro zur Welt, werden die Babys des Jahres 2012 bereits mit einem Minus von 24 850 Euro Schulden geboren. Im Jahr 2050 würde der Fehlbetrag pro Baby – unterstellt, das Verschuldungsstempo würde beibehalten – bereits bei 200 000 Euro liegen. In Japan, dem am höchsten verschuldeten Industrieland der Welt, beträgt der Fehlbetrag schon heute rund 50 000 Euro. 2050 werden es unter der gleichen Annahme bereits 400 000 Euro sein.

Halten wir also fest: Die westliche Wachstumsschwäche in den 70er und 80er Jahren führte zur Politik des lockeren Geldes, betrieben von Regierungen und Notenbanken. Die staatliche Politik des lockeren Geldes und die neue Laxheit bei der Kreditvergabe der privaten und öffentlich-rechtlichen Banken befeuerten in den USA einen historischen Immobilienboom, der in der dortigen Immobilienkrise gipfelte. Vom US-Immobilienmarkt brannte die Zündschnur weiter in Richtung Bankenwelt, bis das Geldhaus Lehman Brothers 2008 implodierte. Aus der Wachstumsschwäche der amerikanischen Volkswirtschaft war damit über die Immobilienkrise eine US-Bankenkrise geworden. Nun brannte die Zündschnur weiter, von New York in Richtung Europa.

Denn das Wesen der Immobilien- und Finanzmärkte besteht darin, dass sie verflochten sind. Echte oder befürchtete Liquiditätsengpässe im Bankensystem schüren ein Misstrauen, das sich nicht an die Grenzen von Nationalstaaten und Währungsgebieten hält. Also mussten nun auch die bis dahin Unbeteiligten in Paris, London, Berlin, Athen, Rom und den anderen Staaten der Eurozone reagieren.

Sie taten, was jetzt alle Regierungen weltweit taten: Sie führten ihrem wackelig gewordenen Bankensektor ohne Prüfung der Bedürftigkeit frisches Geld zu, sie nahmen Teile der Bankschulden in die eigenen Bücher und verbürgten sich mit der Bonität der Steuerzahler für deren Rückzahlung. Und sie legten kostspielige Konjunkturprogramme auf, um die sozialen Folgen des Bankenbebens für die bisher ahnungslose Bevölkerung zu dämpfen.

Viele denken, dass die Staatsschuldenkrise in Europa und die Immobilienkrise in den USA miteinander nichts zu tun haben. Aber das stimmt nicht. Die europäische Staatsschuldenkrise ist eine uneheliche Tochter der US-Subprime-Krise. Es war der gleiche Mutterschoß, dem sie entkrochen sind. Der Name »Euro-Krise« soll diese Verwandtschaft, das gemeinsame bastardisierte Milieu ihrer Herkunft, nur verschleiern.

Natürlich hatten in Athen, Lissabon und Dublin die Vorarbeiten eigenhändig stattgefunden. Schon vorher waren die dortigen Gesellschaften kreditsüchtig. Aber erst die Ereignisse in den USA führten dazu, das man von der hohen Staatsverschuldung in die Überschuldung rutschte. Es war wie überall: Staaten retteten Banken, Banken retteten Staaten, nur dass Staaten und Banken im Süden Europas diesen Prozess bereits in geschwächter Verfassung antraten.

Aber zunächst wollte niemand diese Schwächung wahrnehmen. Die Führer der westlichen Welt, namentlich die Regierungschefs in Paris, London und Berlin, drängten die Südländer, sich nur ja an der Kollektivrettung mittels Bankenrekapitalisierung und Konjunkturprogrammen zu beteiligen.

Die Bastardökonomie geriet nach dem Abgang der Lehman Brothers nicht ins Grübeln, sondern in Ekstase. Die Glückstechnik der vergangenen Jahrzehnte, die großzügige Selbstgewährung von Kredit, kam nun im Weltmaßstab zum Einsatz. Der Philosoph Hans Jonas hat einst gesagt: »Die Komplementärgröße zur Macht muss Verantwortung sein.« Doch in den Monaten nach der Lehman-Pleite, ja bis heute, kann man den

Eindruck gewinnen, Politiker und Banker seien angetreten, diese Verantwortungsethik zu widerlegen.

Problem und Lösung hören heute auf denselben Namen: Kredit. Der Schuldenlawine wurde eine noch größere hinterhergeschickt. Die Welt trat in einen »Debt Supercycle« ein, wie die Amerikaner es nennen, einen Zyklus neuerlich enthemmter Verschuldung.

Unter dem Banner »Der Staat kehrt zurück« bekannte man sich nun in demonstrativer Öbszönität zur Intimverbindung mit der Bankenwelt. Der Staat warf sich in Retterpose. Mit einer Inszenierung, die als absurdes Theater auf den Beifall des Fachpublikums hätte hoffen dürfen, feierte man den Rückkehrer Staat, der, wie wir wissen, nicht nur nie verschwunden war, sondern das ganze Desaster initiiert hatte. Dass die Rettung, zu welcher der Staat sich unter Aufbietung weiterer geliehener Milliarden bereit erklärte, vor allem eine Selbstrettung war, muss hier nicht erläutert werden.

Den Preis für die beste Pointe in dieser Inszenierung verdient das Duo Merkel/Steinbrück, das am 5. Oktober 2008 vor den TV-Kameras erschien, um in Vertretung eines hoch verschuldeten Staates (damals minus 1,65 Billionen Euro) den besorgten Sparern (plus 1,65 Billionen Euro) die Sicherheit ihrer Einlagen zu garantierten. Dass diese Garantie im Fall der Fälle mit nichts anderem als dem Geld der Guthabenbesitzer hätte beglichen werden können, die Sparer sich also selbst ausbezahlt hätten, darf in einer schon bis dahin an Ironie reichen Vorführung als tragikomischer Höhepunkt begriffen werden. Der hoffnungslose Schuldner tritt in der Stunde seiner größten Verzweiflung als Gönner vor das Publikum. Carl Zuckmayer hätte an dieser modernen Interpretation seines »Der Hauptmann von Köpenick« mit Sicherheit große Freude gehabt. Jener Bewunderungssatz, der dem arbeitslosen Wilhelm Voigt zu Teil wurde, nachdem er mit einer geliehenen Hauptmannsuniform sich Respekt und Autorität verschafft hatte, könnte man problemlos an Merkel und Steinbrück weiterreichen: »Ist ja großartig. Das fährt einem in die Knochen, da steht man vor sich selber stramm.«

Dass der zurückgekehrte Staat nicht überall in Europa so maskulin war, wie er behauptet hatte, zeigte sich kurze Zeit später. Im Süden unseres Kontinents klappte der Retterstaat bald schon ermattet zusammen. Er hatte sich verhoben. Seine behauptete Potenz war den tatsächlichen Möglichkeiten vorausgeeilt.

Pendelte die griechische Staatsschuld in den Jahren vor der Pleite des Bankhauses Lehman um die 100 Prozent, gemessen an der Wirtschaftskraft, waren es 2011 bereits 165 Prozent, 2013 wird sie ohne weiteren Schuldenerlass in Richtung 190 Prozent steigen. Überall in Südeuropa sehen wir das gleiche Bild. Vor der Lehman-Pleite lag die Staatsschuld in Spanien bei rund 30 Prozent der Wirtschaftskraft. Drei Jahre und zahlreiche Rettungspakete später hatte sie sich verdoppelt.

Nirgendwo lässt sich der Einfluss der Bankenkrise auf die Staatlichkeit so deutlich nachweisen wie in Irland. Das Land war bis zum Tag der Lehman-Pleite kaum verschuldet. Nur Gelder in Höhe von 25 Prozent der Wirschaftsleistung standen in den Kreditbüchern des Staates. Aber der Bankensektor spielt in Irland eine große Rolle, zu groß, wie sich jetzt zeigen sollte.

Der Staat rettete seine in Bedrängnis geratenen Banken – und brachte sich selbst damit in die Todeszone. Die Staatsverschuldung vervierfachte sich binnen dreier Jahre. Am Ende war der Staat zahlungsunfähig und musste mit europäischem Geld ebenfalls gerettet werden, das die anderen Regierungen, die Europäische Zentralbank und – einmal mehr – der internationale Kapitalmarkt zur Verfügung stellten.

An die im Maastricht-Vertrag vorgeschriebene Gesamtstaatsschuld von maximal 60 Prozent hielt sich schon vorher kaum jemand. Jetzt wurde diese Schuldenbremse de facto ausgebaut.

Dass diese Art Staatsverträge am laufenden Band nicht nur gebrochen, sondern folgenlos gebrochen wurden, derweil die Politessen in Paris und Berlin jedem Falschparker nachstellen, gehört zu den Alltäglichkeiten einer Bastardökonomie, die sich über den Bürger erhoben hat. Sie lebt ein Leben außerhalb der regulären Staatlichkeit. Ihre Freiheit ist vielleicht nicht grenzenlos, aber die Grenze liegt deutlich außerhalb der Demarkationslinien, die durch Staatsverträge, Parlamentsbeschlüsse und Gerichtsurteile gezogen wurden. Die ekstatische Bastardökonomie ist eine Mutation unseres bisherigen Systems, die wir zwar mit bloßem Auge nicht erkennen können, aber ihre Spur zieht sich durch die Budgets und Bilanzen aller Unternehmen, Institutionen und Staaten.

Es kam zu einer Kettenreaktion, bei der die Rezession und die plötzliche Labilität des Bankensektors in der Logik einer Weiter-So-Politik immer neuer Milliardenspritzen des Staates erforderten. Da dieser, wie eben erwähnt, nirgendwo auf einem Schatz, sondern überall nur auf einem Schuldschein sitzt, mussten die Staaten die weltweiten Finanzmärkte anzapfen. In den zwei Jahren nach dem Ausbruch der Finanzkrise wurden von privaten Investoren drei Billionen Euro aktiviert, um sie in der Bankenrettung und zur Finanzierung der Konjunkturprogramme einzusetzen.

Doch allmählich keimte bei den Geldgebern ein böser Verdacht: Was ist, wenn diese Gelder nie mehr zu ihrem Ursprung zurückkehren? Was passiert, wenn nicht nur Staaten, sondern der gesamte Staatenverbund der Eurozone im wörtlichsten aller Sinne den Geist aufgibt, und man plötzlich wieder Peseten, Lira und Drachme in den Händen hält? Wird die »Verdünnung unseres Geldes«, vor der Erhard so leidenschaftlich gewarnt hatte, zu erhöhter Inflation und damit zur Entwertung des umlaufenden Geldes führen?

Der Zustand der Investoren aus Fernost und Amerika bewegte sich seit dem Auftauchen dieser Fragen zwischen Angststarre und Verlustpsychose, bis dann auch noch jene Spezies auf den Plan trat, die in einem derartigen Klima so prächtig gedeiht. Wir nennen sie vereinfachend »die Spekulanten«. Denn wo die Nervosität groß ist, lassen sich Angstzuschläge kassieren. Die Aussicht auf Extrarenditen versetzt diese Berufsgruppe in Erregungszustände, weshalb sie alles tut, die Angst zur Panik aufschießen zu lassen.

Je höher das echte oder auch nur vermeintliche Risiko eines Währungskollapses – und damit einer nahezu vollständigen Entwertung der bisher investierten Gelder –, desto saftiger die Angstzuschläge. Die Renditen der südeuropäischen Staatsanleihen, die vor der Lehman-Pleite zwischen 4,5 und 4,8 Prozent für die zehnjährige Staatsanleihe gelegen hatten, stiegen nun auf bisher nicht gekannte Höhen: Plötzlich verlangten die Investoren für weitere Kredite an Griechenland 17 Prozent, dann 23 Prozent und für kurze Zeit sogar 48 Prozent. Aber auch die Portugiesen mussten einen Risikoaufschlag von bis zu 16,2 Prozent zahlen. Insgesamt erhöhte sich das Zinsniveau in Südeuropa spürbar, auch für Spanien und Italien, die nun in der Spitze einen 7-Prozent-Risikoaufschlag zu zahlen hatten, um eine zehnjährige Staatsanleihe platzieren zu können.

Ein solches Zinsniveau kann nur der Schuldner bedienen, der schneller wächst, als er zahlen muss. Alle anderen aber beginnen jetzt mit dem Substanzverzehr. Es kommt, so nennen es die Ökonomen, zur Kontraktion. Bei schrumpfender Volkswirtschaft – wie wir sie in Griechenland, Spanien und Portugal seither sehen – fällt die Wirtschaftsleistung und mit ihr auch die Fähigkeit, die alten Schulden zu bedienen. Ein immer größerer

Anteil des erzeugten Wohlstands muss an die Banken abgeführt und dem nationalen Konsum entzogen werden. Oder aber mit den erhöhten Zinsen steigt der Kreditbedarf. In beiden Fällen verschlechtert sich die Position des Schuldners, weil sich das Verhältnis der Gesamtschuld zur Gesamtwirtschaftskraft zugunsten der Schulden verschiebt. So erhält der Spekulant immer neuen Stoff für seine Angsterzählung. Und am Ende wird, was als Übertreibung begann, in die Wirklichkeit überführt, sodass der Spekulant als der große Seher dasteht.

Ohne die Notenbank geht in dieser Situation nicht viel. Denn die Bastardökonomie neigt dazu, sich doppelt zu überschätzen. Sie produziert eine Staatsschuldenkrise, weil Regierungen sich mit Kredit vollstopfen, auch wenn sie ihn sich schon lange nicht mehr leisten können. Und sie produziert bei den Banken eine Liquiditätskrise, weil diese mehr Kredit ausreichen, als ihrer Bilanz guttut. Die Staaten haben am Ende zu viele Schulden und die Banken zu wenig Eigenkapital, um sich ihren gemeinsamen Exzess weiter leisten zu können.

So schmilzt in beiden Fällen das Vertrauenskapital, das zwar nicht in der Bilanz ausgewiesen wird, gleichwohl aber die Grundvoraussetzung für das Weiterleben bedeutet. Staaten, die das Vertrauen ihrer Schuldner verlieren, werden durch hohe Zinsniveaus schlussendlich vom internationalen Kapitalmarkt ausgeschlossen. Genau das ist den Griechen passiert.

Banken aber, die das Vertrauen ihrer Kunden und ihrer Aktionäre verlieren, sind nicht besser dran. Ihnen droht ein »bank run«, also das kollektive Leerräumen der Einlagen durch verunsicherte Sparer. Angesichts der Tatsache, dass die Ausleihungen selbst bei einer solide geführten Bank die Ersparnisse im Verhältnis 1:10 übersteigen, führt der Ansturm der Sparer binnen kürzester Zeit zu dem Ergebnis, das diese zuvor fürchteten. Die Bank rutscht tatsächlich in die Zahlungsunfähigkeit.

Der Albtraum wird, wenn er massenhaft geträumt wird, allein schon deshalb wahr.

Der Rückzug der Aktionäre wirkt in dieser aufgeheizten Situation wie ein Fanal. Er verunsichert die Sparer, und er schneidet der Bank den einzig denkbaren Weg zur Selbstrettung ab, weil sie nun aus eigener Kraft keine Kapitalerhöhung mehr durchführen kann. Wer wollte das sinkende Schiff noch besteigen? Eine Bank, deren Aktienkurs systematisch fällt, hat ihr Vertrauenskapital überstrapaziert. Von irgendwoher muss ihr nicht nur Geld, sondern vor allem Vertrauen injiziert werden. Dafür braucht sie erneut die Notenbank.

Die Aktien der europäischen Banken fielen im Gefolge der Immobilien-Finanz-Euro-Staatsschulden-Krise auf ein Niveau, das nur noch 40 Prozent des Vor-Krisen-Stands entspricht. Sie haben also mehr als die Hälfte ihres Wertes eingebüßt. Die internationalen Investoren ließen sich, auch das kann man daraus lesen, nicht von den unterschiedlichen Namen für ein und denselben Sachverhalt irritieren. Die Krise war und ist für sie eine Bankenkrise, von allem Anfang an. Die Mutation der Finanzwirtschaft war denen, die in ihr und mit ihr arbeiteten, nicht entgangen. Oder wie das Vorstandsmitglied einer europäischen Großbank im Schutz der Anonymität bereitwillig einräumt: »90 Prozent unserer Produkte braucht kein Mensch.«

Wenn diese Produkte – und die mit ihnen erzielten Umsätze, Gewinne und Bonuszahlungen – einer braucht, dann sind es die Banken selbst, die ihr altes Spiel gern fortsetzen würden. Die Politik lässt sie gewähren. Sie braucht diese Produkte zwar nicht. Aber sie braucht die Banken, weil die ihr weiterhin helfen sollen, die Staatshaushalte zu finanzieren. Und beide zusammen sind einmal mehr auf den dritten in ihrem Bunde angewiesen.

Die Europäische Zentralbank in Frankfurt und die Federal Reserve Bank in Washington sind in der fortgeschrittenen

Bastardökonomie unerlässlich. In einer Welt des großen Bluffs, in der Überschuldung von Staaten und die Unterdeckung von Banken einander bedingen, sind sie die letzte vertrauenswürdige Instanz. So wie die Inkas dem geheimnisvollen Sonnengott huldigten, so betrachten die westlichen Regierungen ihre Notenbanken als Lebensquelle mit transzendenter Kraft. So wie der Sonnengott für das Schöne und Ewige stand, stehen die Notenbanken für das Stabile, das Unfehlbare und auch für das Großzügige. Die Menschen sündigen, aber die Notenbank verzeiht.

Sie vergibt Schuld, indem sie Schulden übernimmt. Sie spendet Lebenszeit dadurch, dass sie Liquidität und Vertrauenskapital zur Verfügung stellt. Sie druckt jene geheimnisvolle Substanz, die Staat und Banken so dringend benötigen: Geld – in all seinen hybriden Darreichungsformen. Die Niedrigzinspolitik, der Aufkauf von Staatsanleihen durch die eigene Notenbank und die Hebelung der diversen europäischen Rettungsschirme dienen allesamt nur einem einzigen Zweck: der wundersamen Geldvermehrung.

Notenbanken, die in unseren Lehrbüchern noch als »Währungshüter« bezeichnet werden, hat man dadurch zu Gelddruckmaschinen umprogrammiert. Es scheint, als seien die Staaten von der Gold- über die Geld- zur Illusionswährung übergegangen. Es ist nicht ausgeschlossen, dass jene Schwarzmaler Recht behalten, die bei der Abschaffung des Goldstandards mutmaßten, die Kaufkraft des neuen Papiergelds werde früher oder später seinem inneren Wert entsprechen, also in Richtung Null tendieren. Peter Sloterdijk brachte die in gleicher Weise pekuniären wie illusionären Ereignisse auf den Punkt: »Die Regierungen verpfänden die Luft über ihrem Staatsgebiet, und Banken atmen tief durch.«

Der Bürger spielt in dieser Dreiecksbeziehung – Staat, Banken, Notenbank – nur eine untergeordnete Rolle, auch wenn ihn alle ständig beim Namen rufen. Er war an der Hervorbringung der neuen Verhältnisse nicht beteiligt. Er hat sie weder verlangt noch abgesegnet. Er hat ja schon Mühe zu verstehen, was da in seinem Namen geschieht.

In den Bahnen der Weltwirtschaft zirkuliert seither das künstlich geschaffene Zentralbankgeld, das durch keinerlei Waren aus der Welt der Fabriken gedeckt ist. Die Bilanzsumme der Fed hat sich seit der Lehman-Pleite verdreifacht, die der EZB verdoppelt. Die EZB ist – mit einer Bilanzsumme doppelt so groß wie die der Deutschen Bank – heute die mit Abstand größte Bank Europas. Das Pfand, das in ihrem Innersten schlummert, sind die Spargroschen und der Fleiß der europäischen Bürger. Denn die transzendente Kraft der Notenbank erwächst ihr aus der tatsächlichen Kraft der sie umgebenden Gesellschaft. In deren produktivem Kern, wo Fabriken und Dienstleistungsfirmen zuhause sind, die allein in Deutschland rund 41 Millionen beschäftigen, entsteht jene geheimnisvolle Energie, von der auch die EZB lebt.

Derart mit ökonomischer Legitimation ausgestattet, stellen die beiden großen westlichen Notenbanken den Geschäftsbanken zu Minimalzins unbegrenzte Liquidität zur Verfügung. Sie bieten Billionen von Euro und Dollar – und jeder nimmt sich, was er brauchen kann. Hunderte von Banken und auch die Finanzierungsgesellschaften der Autokonzerne haben allein bei den letzten beiden Aktionen der EZB – die auf den Namen »Long Term Refinancing Offering« hörten – über eine Billion Euro abgerufen.

Dank des für sie geschöpften Geldes können auch jene Banken, die das Vertrauen ihrer Kunden längst verloren haben, überleben. Und es kommen jene Staaten über die Runden, die derzeit kein privater Investor refinanzieren würde. So bekämpfen in der Bastardökonomie die Akteure die Auswirkungen der von ihr hervorgerufenen Krise mit jenen Methoden, die uns dorthin geführt haben. Der Schuldenberg wächst, die Abhängigkeit zwischen Staat und Geldindustrie nimmt immer weiter zu, die großen Banken werden noch größer. Alles sieht nach Stabilität aus, aber es ist eine Stabilität auf Abruf.

Andererseits sollten wir die aggressive Vitalität der Bastardökonomie nicht unterschätzen. Bisher erweist sich die neue Spezies als stärker als alle Staatsverträge, die man den Parlamenten vorgelegt hat. Sie setzt sich mit einer Rigidität und Rücksichtslosigkeit über das Erklärte und Unterschriebene hinweg, als wollte sie damit ihre Macht noch einmal dokumentieren. Die Verschuldensobergrenzen des Maastricht-Vertrags beispielsweise, die eine jährliche Neuverschuldung von drei Prozent der Wirtschaftskraft eines Landes und eine Gesamtstaatsschuld in Höhe von 60 Prozent vorschreiben, haben Banken und Regierungen gemeinsam außer Kraft gesetzt. 13 von 17 Euro-Staaten verletzen diese Regeln seit Jahren. Die durchschnittliche Neuverschuldung im Jahr 2011 lag um 37 Prozent über der Zielmarke. Die Gesamtstaatsschuld in der Eurozone übertrifft die in Staatsverträgen festgelegte Vorgabe um 50 Prozent.

»Hätten die Staaten das Recht zur Begrenzung der Staatsschulden beachtet, gäbe es diese Schuldenkrise nicht«, sagt der ehemalige Verfassungsrichter Paul Kirchhof. Die kollektive Missachtung staatlich fixierter Verschuldungsgrenzen ist umso beachtlicher, wenn man sie mit anderen Gesetzesüberschreitungen vergleicht. Das Verbot des Alkoholverkaufs an Jugendliche unter 16 Jahren beispielsweise bindet in sehr eindeutiger Weise alle Seiten – den Barbesitzer, den Jugendlichen und die Erziehungsberechtigten. Der Kneipier kann seine Lizenz, die Eltern ihre Erziehungsberechtigung und der jugendliche Säufer immerhin seinen Verstand verlieren.

Es gibt keinen einzigen Bereich des Rechtsstaates, wo zwei Geschäftspartner, ohne eine entsprechende Ausnahmegenehmigung vorweisen zu können, die geltenden Regeln außer Kraft setzen dürfen. Vereinfacht gesagt: Würden Banker behandelt wie ein Barbesitzer, der vorsätzlich und nachweislich an Jugendliche Alkohol ausschenkt, hätten sie allein durch die immer weitere Kreditausreichung an Griechenland, Italien und Irland die Lizenz zum Führen ihrer Bank verwirkt.

Auch Deutschland fühlt sich an die Staatsverträge nicht mehr gebunden. Die Gesamtverschuldung wird in 2013 voraussichtlich um 30 Prozent übertroffen. Gleichzeitig sind die Politiker dabei, offenbar in das Volk beruhigender Absicht, an die Stelle der ausgebauten europäischen Schuldenbremse eine nationale Schuldenbremse einzubauen. Doch in der Wirklichkeit läuft die Verschuldung weiter. Trotz guter Wachstumszahlen, großer Exporterfolge und der Rekordsumme von über 600 Milliarden Euro, die der Steuerzahler 2012 beim Staat ablieferte, werden auch 2013 neue Schulden aufgenommen. Die Berliner Republik will von Maßhalten nicht allzuviel wissen. Kaum rückt ein ausgeglichener Staatshaushalt in Sichtweite, findet sich jemand, der eine neue Ausgabe erfindet.

Die Rechnung für dieses die Demokratie und den Rechtsstaat überschreitende Treiben wird später dann dem Bürger auf den Tisch gelegt. Geldgewerbe und Staaten haben gar keine andere Wahl, als die steuerliche Leistungskraft der Leistungsfähigen und die Ersparnisse der Sparwilligen anzuzapfen. Und wenn der Politik der direkte Transfer von Schulden zu Steuern nicht gelingt, wird die Inflation die Menschen heimsuchen. Sie ist von allen Formen der Geldvernichtung die heimtückischste, weil sie ohne Vorwarnung und ohne Parlamentsbeschluss die Arbeitseinkommen, die Renten und die Spareinlagen zusammendampft. Derweil das in Beton und Stahl geronnene Eigentum an Häusern und Fabriken die Inflationszeit in aller Regel »unbeschadet übersteht, wird das Bargeld entwertet.« »Inflation ist«, so hat es ein amerikanischer Komiker formuliert, »wenn die Brieftaschen immer voller und die Einkaufstüten immer leerer werden.«

Die neuzeitliche Bastardökonomie steht nicht im Wirtschaftslehrbuch, weshalb das Unverständnis der hybriden Verhältnisse weitverbreitet ist. Deshalb streiten Marktfundamentalisten und Staatsgläubige, Konservative und Progressive, Christ- und Sozialdemokraten so leidenschaftlich an der Sache vorbei. Ihre wechselseitigen Schlachtrufe – Hände weg vom Markt!, verlangen die einen, gebt uns das Primat der Politik zurück!, die anderen – sind das Echo einer vergangenen Zeit. Dabei müssen heute Markt- und Staatsversagen zusammen gedacht werden.

Die Raffinesse der Bastardökonomie besteht ja gerade darin, dass man Hand in Hand arbeitet, ohne dass die Hände sich öffentlich berühren. Der Deutschen Bank hat man erst jüngst eine 500-köpfige Einsatztruppe ins Haus geschickt, die mit Maschinenpistolen im Anschlag eine Durchsuchung durchführte. Und überm Dach kreiste der Helikopter. Aus Sicht der Politik war das eine gelungene Verwirrveranstaltung, weil sich die Nähe von Regierung und Bankenspitze, das unauflösbare Band, das Kreditgeber und Schuldner verbindet, auf diese Art dementieren ließ. Und dass der Co-Chef der Deutschen Bank Jürgen Fitschen auch noch den hessischen Ministerpräsidenten anrief, um ihm angesichts eines martialischen Polizeiaufgebots sein Missfallen kundzutun, gab den Politikern die Möglichkeit, mediale Nebelkerzen zu werfen. Der »böse Bube« ist wieder der andere.

So geht das seit Jahren: Im Scheinwerferlicht der TV-Kameras bespottet, verachtet und bekämpft man sich, sodass niemand, und zuweilen nicht einmal die Beteiligten selbst, auf die

Idee käme, sie würden gemeinsame Sache machen. In Wahrheit aber greift diese neue Spezies, der ökonomische Bastard, die nie erklärte Allianz von Regierungspolitikern, Notenbankgouverneuren und Mitgliedern der Hochfinanz, die Grundlagen unseres Wohlstandes an. Es ist der friedlichste Angriff der Weltgeschichte, ein Angriff ohne Angriffsplan, eine Verschwörung ohne Verschwörungstheorie mit dem nie verabredeten, aber gleichwohl konsequent verfolgten Ziel, unseren Wohlstand, der ein »Wohlstand für alle« sein sollte, zu schmälern und die Marktwirtschaft in ihrer bisher gültigen Form zu beschädigen. Konfrontieren wir die heutige Wirklichkeit mit den Lehrsätzen unserer Studentenjahre, fallen vier Unterschiede ins Auge:

1. Der Staat ist für die Schwachen da, hieß es damals. Heute können wir Sloterdijk kaum widersprechen, der nach serieller Bankenrettung feststellt: »Der Staat bietet Sozialismus für die Großen«.

2. Risiko und Verantwortung sind untrennbar miteinander verbunden, das sei das Wesen der Marktwirtschaft. So hieß es gestern. Heute gibt es von Beamten geführte Listen, auf denen steht, welches Geldhaus als »systemrelevant« gelten darf und damit freien Zugang zu den Schatzkammern der Steuerzahler besitzt. Verantwortung und Risiko sind entkoppelt – jedenfalls für die Geldwirtschaft.

3. Die unabhängige Notenbank garantiert die Stabilität des Geldes, und sonst gar nichts. So steht es noch heute in den Statuten der Europäischen Zentralbank. Doch die hält sich nicht mehr daran. Die Finanzierung von Staaten durch Aufkäufe von ansonsten unverkäuflichen Staatsanleihen und die Bereitstellung unbegrenzter Liquidität an Geldhäuser mit Bilanzproblemen zählen zu den neuen Selbstverständlichkeiten.

4. Das Budgetrecht, also das Recht, über Einnahmen und

Ausgaben des Staates zu befinden, liegt seit Bismarcks Zeiten beim Parlament. Man nennt es das »Königsrecht der Abgeordneten«. Heute teilen sich die Parlamentarier dieses Königsrecht mit dem in Luxemburg angesiedelten Rettungsschirm ESM, der über das vielfache Kapital eines Staatshaushaltes verfügt.

Nicht wenige haben Mühe, diesen Staat noch als den ihren zu erkennen und zu akzeptieren, nachdem er Banker und Bürger so erkennbar unterschiedlich behandelt. Das herrschende Wirtschaftssystem ist, freundlich formuliert, ethisch unscharf geworden, seit nicht mehr für alle die gleichen Regeln gelten. Die Bastardökonomie, mit ihrem direkten Zugriff auf die Staatskasse, sichert für den Moment zwar Stabilität. Aber sie riskiert das in Jahrzehnten aufgebaute Vertrauenskapital. Und sie verzehrt Zukunft. Sie ist zur Zeit der größte Feind unseres Wohlstands.

Warum die Bastardökonomie die Marktwirtschaft verformt

Es klingt absurd, aber so ist es derzeit: Die Verformung der Marktwirtschaft legt man der Marktwirtschaft selbst zur Last. Man hält ihr vor, dass sie geschändet wurde. Die bildungsfernen Schichten in den Handelssälen der Investmentbanken, die außer Hörweite des Sozialen ihren Geschäften nachgehen, werden in eins gesetzt mit dem Unternehmer, der forscht, herstellt und verkauft. »Die Linke hatte Recht«, rief kürzlich Charles Moore, Biograf und Gefolgsmann von Maggie Thatcher. Viele stimmten ihm zu.

Die innere Abkehr von der Marktwirtschaft ist keine deutsche Besonderheit. Überall im Westen werden wir Zeitzeugen, wie die einst innige Beziehung der Eliten zu dem sie umgebenden Wohlstandssystem erodiert. Abfällig spricht man bereits von der »Marktdemokratie«, womit eine Demokratie zweiter Klasse gemeint ist. Die Chancen, dass unsere Wohlstandsordnung ihren inneren Verletzungen erliegt, sind nicht gering einzuschätzen. Sie ist nicht halb so robust, wie man es ihr nachsagt. Sie ist sogar ein höchst sensibles Gebilde, ein natürliches Ungleichgewichtssystem, das von einer Instabilität zur nächsten eilt.

Schon ist man dabei, den Begriffskanon der Marktwirtschaft – Gleichgewicht, Selbstregulierung, Effizienz, rationale Erwartungen, Preissignal – zu denunzieren, indem man die Turbulenzen der vergangenen Jahre gegen die Marktwirtschaft aufmarschieren lässt. Dabei verspricht die Marktwirtschaft diese idyllischen Zustände gar nicht, sondern strebt sie nur an. Das ist ein wichtiger Unterschied. Es gibt auf den Märkten kein Gleichgewicht, nur den ewigen Versuch, es zu erreichen. Preissignale sind keine Preisbefehle, die von Roboterhand bestimmte Ergebnisse zeitigen. Selbstregulierung ist ein Mechanismus, der schon allein dadurch zu fortwährender Turbulenz führt, dass wir in Wahrheit im Plural, also von Selbstregulierungen sprechen müssen, von einem System miteinander konkurrierender, sich wechselseitig verstärkender und abschwächender Tendenzen, deren Ergebnis durch kein Computerprogramm ermittelt werden kann. »Selbstregulierung« ist zuweilen nur ein anderes Wort für »Zufall«.

Dysfunktionalitäten lassen sich also zuhauf gegen unser Wirtschaftssystem ins Feld führen. Es gibt von allem immer zu wenig und immer zu viel. Alles ist ausreichend da, Geld wie Nahrungsmittel, nur chronisch am falschen Ort. Alle Schmährufe sind insofern berechtigt und absurd zugleich. Angesichts von Hunderttausenden von Scheidungen und einer nicht enden wollenden Serie von Gewalt in Beziehungen könnten wir mit gleichem Erregungspegel gegen die Idee von der Liebe zu Felde ziehen. Mit gleichem Recht ließe sich auch die Vision vom Weltfrieden diskreditieren – über 100 Kriege mit 135 Millionen Toten allein im 20. Jahrhundert, und auch im 21. Jahrhundert sind bereits eine Million Kriegstote zu betrauern. Sogar der menschliche Körper, dieses fehlerhafte Etwas, das am laufenden Band Zellen entarten, Geschwüre wachsen, Metastasen sich bilden, Organe ausfallen und Blut verklumpen lässt, wäre dann kein bewundernswerter Ausdruck der Evolution mehr, sondern eine Fehlerquelle auf zwei Beinen.

Unsere Wirtschaftsordnung ist ebenfalls eine Ordnung, die zur Unordnung neigt. Schon Wilhelm Röpke wusste, dass die Marktwirtschaft die Voraussetzungen, die sie zum Leben braucht, nicht selbst hervorbringen kann. Sie ist schutz-, pflege- und permanent korrekturbedürftig. Sie ist, wir haben es vorhin bereits erwähnt, ein Verfahren zur Annäherung an ein Ideal, ohne dieses je erreichen zu können.

Aus Unverständnis über das wahre Wesen unserer Wirtschaftsordnung, aus Lust an der Negation, aus dem natürlichen Hang vieler Intellektueller und der Medien zum Katastrophismus, aus Bequemlichkeit und Wahrheitsscheu kommt es zur Umdeutung der für ein Funktionieren der Marktwirtschaft zentralen Kategorien. Leistungswille wird mit Gier übersetzt, Erfolg mit Unbarmherzigkeit, und das Scheitern einzelner Marktteilnehmer – das gestern als Teil der Fortschrittsmechanik galt, weil das Bessere über das Schlechtere triumphiert – gilt nicht mehr als Bestätigung, sondern als Widerlegung des marktwirtschaftlichen Systems. Der Einsatz von Computerprogrammen bei der Kundenakquise und im Hochfrequenzhandel der Börse wird ins Monsterhafte verzerrt. Ein Nebenkriegsschauplatz erlebt den Aufstieg zum medialen Gefechtsfeld.

Die Fortschrittsgeschichte der Menschheit, die aus Aufstieg und Fall, aus Versuch und Irrtum besteht und immer bestanden hat, wird umgeschrieben in eine Bedrohungssaga. Das staunende Publikum sieht seine Ängste bestätigt: Das Krisengewitter unserer Tage, was von Immobilienblasen, Bankenpleiten, Staatsschuldenkrisen übergangslos zur Euro-Turbulenz überging, hat das zerstört, was als moralische Fundierung unserer Wirtschaftsordnung unverzichtbar ist: Vertrauen. Schwankt das Fundament, zeigt das Haus Risse.

Die moralischen Quellen, aus denen die Marktwirtschaft einst so reichlich schöpfte, drohen zu versiegen. Die große Errungenschaft des 19. Jahrhunderts, dass der Einzelne nicht mehr nur für sich und seinen Eigenverbrauch, sondern für den Markt und also für andere produziert, erscheint im Licht des Dubiosen. Auch der Lohn des Tüchtigen wird als Raubgut empfunden, wirtschaftlicher Erfolg macht nicht mehr glücklich, sondern schuldig. Was einst als gerechter Zusatzverdienst für den Fleißigen erfunden wurde – der Bonus, die Prämie, das Deputat, die Provision, das Spitzengehalt –, steht nun unter dem Generalverdacht, ein Instrument illegaler oder zumindest unangemessener Bereicherung zu sein.

Die bisherigen Helden der Marktwirtschaft, »der Leistungsträger« und »der Aufsteiger«, sind für viele zum Feindbild geworden. Man spricht den Wirtschaftseliten, indem man sie mit den Geldeliten gleichsetzt, die Fähigkeit ab, sich in andere einfühlen zu können. Der Spitzensteuersatz erscheint in der neuen dubiosen Ausleuchtung als Entschädigungszahlung für an der Gesellschaft begangene Gräueltaten. Seine Erhöhung wird so zur Ehrensache. Einen Spitzensteuersatz von 75 Prozent hat der neue französische Präsident François Hollande seinen Wählern versprochen.

Selbst da, wo die Marktwirtschaft beeindruckende Erfolge

zu verbuchen hat, werden sie nicht mehr als solche anerkannt. Die 41 Millionen Beschäftigten schreibt ihr keiner gut. Die drei Millionen Arbeitslosen kreidet man ihr an. Ihre historisch unerreichte Großzügigkeit dankt ihr niemand. Die Zahl von mittlerweile sieben Millionen Hartz-IV-Beziehern dient nicht als Ausweis von Barmherzigkeit, sondern als Beleg von Grausamkeit.

Der fundamentale Unterschied zwischen der bedrohten Marktwirtschaft des 21. Jahrhunderts und dem gescheiterten Kapitalismus in den 30er Jahren des vorigen Jahrhunderts ist folgender: Der Kapitalismus ging an sich selbst zugrunde. Er verstarb, weil man seinen wahren Charakter durchschaut hatte. Die Marktwirtschaft dagegen leidet, weil man ihren wahren Charakter manipuliert hat.

Kapitel 5

Neustart. Wie sich die Bastardökonomie beenden und unser Wohlstand erhalten lässt

Eine Entflechtung von Staat und Banken ist geboten – und möglich. +++ Das Parlament hat sein Königsrecht, das Budgetrecht, verwirkt und soll die Entscheidungen über Ausgaben und Einnahmen dem Bürger überlassen. +++ Wie die Banken wieder zu Dienstleistern werden. +++ Warum Europa ein neues Konzept braucht, und warum Marktwirtschaft und Freiheit zusammengehören.

Die Bastardökonomie – eine Schadensbilanz

Die hier vorgelegte Weltwohlstandsgeschichte hat das Tun und Treiben der Feinde unseres Wohlstands in helles Licht gerückt. Die Bilanz der Bastardökonomie fällt überall im Westen ernüchternd bis erschütternd aus. Die Verformung unserer Marktwirtschaft ist Europa und Amerika nicht gut bekommen.

Der Wohlstand aller westlichen Staaten wurde durch die Turbulenzen im Grenzbereich von Staat und Finanzwirtschaft geschmälert, nicht gemehrt. Die Hypothek gegenüber künftigen Generationen wurde nicht verringert, sondern vergrößert. Die internationale Position der westlichen Volkswirtschaften gegenüber den Wettbewerbern aus Asien hat sich verschlechtert, nicht verbessert. In China werden Überschüsse erzielt, im Haushalt und in der Leistungsbilanz. Die USA, Großbritannien und der überwiegende Teil der Eurozone fallen dagegen durch hartnäckige Leistungsbilanzdefizite und schnell wachsende Haushaltsdefizite auf.

Auch die drei westlichen Währungen Dollar, Yen und Euro wurden in Mitleidenschaft gezogen. Die Rettung mit der Notenpresse hat ihrer Glaubwürdigkeit geschadet. China arbeitet an einer multipolaren Währungswelt, um die Abhängigkeit von den westlichen Währungen zu verringern, und das Neue ist: Die Steuerzahler in Europa und Amerika haben ein Interesse an der Verwirklichung dieser Vision. Nur durch Druck von außen wird es gelingen, die Europäische Notenbank in Frankfurt und die Federal Reserve Bank in Washington wieder aus der Umklammerung der politischen Augenblicksinteressen zu entlassen.

Mit Missvergnügen erlebt der steuerzahlende Bürger, wie sein Wohlstand umverteilt wird an Banken und Banker. In grotesker Verkehrung des Leistungsprinzips retten die soziologische Mitte und der unternehmerische Mittelstand die Elite der Finanzwirtschaft. Ausgerechnet der domestizierte Kapitalismus tritt seinen Bürgern in wölfischer Absicht gegenüber. Nur dass diesmal der Staat, gewissermaßen als Anwalt der großen Leute, die Umverteilung von der Mitte nach oben organisiert. Vor Gericht würde man von Mandantenverrat sprechen.

Das Publikum lässt sich von der stolz geschwellten Retterbrust der Politiker nicht mehr beeindrucken. Die Permanenz der europäischen Sondergipfel flößt Misstrauen ein; die tiefen Ränder unter den Augen der Angela Merkel sind nicht länger das Symbol von mütterlicher Fürsorglichkeit, sondern das weithin sichtbare Zeichen deutscher Überforderung.

Das währungspolitische Kartenhaus Europa, an dem Merkel, wenn auch erkennbar widerwillig, mitbaut, ist keine Behausung, die Vertrauen erweckt. Dafür werden Deutsche, Italiener, Franzosen und die anderen europäischen Völker ihre Nationalstaaten, trotz der dortigen Enge, wohl niemals freiwillig verlassen.

Die ökonomische und politische Schadensbilanz liegt vor, die gesellschaftliche steht noch aus. Wie sich die Vorgänge im Herzen unserer Volkswirtschaft auf die Köpfe der Gesellschaft auswirken, kann bisher nur vermutet werden. Niemand weiß genau zu taxieren, wie viel vom Vertrauenskapital unserer Wohlstandsordnung bereits abgeschmolzen ist. Spürbar ist, der Furor gegen die Marktwirtschaft wächst. »Es bedrückt mich sehr, in welchem Maße die Marktwirtschaft in unserer Bevölkerung an Akzeptanz verloren hat. Während sie noch vor 15 Jahren mehrheitlich mit Wohlstand und Aufstiegschancen assoziiert wurde, dominiert heute die Assoziation mit Ungleichheit,

Ausgrenzung und Egoismus«, sagt der ehemalige Chef der Wirtschaftsweisen Bert Rürup.

Wir sollten den Zorn der vielen als das verstehen, was er auch ist: ein Auftrag zur Aufarbeitung der Ereignisse, die sich da im Innersten unserer Volkswirtschaft ereignet haben. Die Gesellschaft hat ein Recht darauf, dass dieser Auftrag von ihren Eliten angenommen und abgearbeitet wird. Die Verantwortlichen von Regierung, Finanzwirtschaft, Notenbank und die großen Köpfe der Wissenschaft sind nach den krisenhaften Ereignissen der letzten drei Jahre erklärungspflichtig.

Bei den Untersuchungsausschüssen in Großbritannien, den Senatsanhörungen auf Capitol Hill und den Vorladungen zur Sitzung des Finanzausschusses in Berlin geht es nicht nur um Spektakel und Schikane, wie einige der betroffenen Banker meinen, sondern um die notwendige Einmischungsarbeit. Wir wissen heute mehr über das Treiben des jungen Thronfolgerpaares in Buckingham Palace als über das Treiben in den Händlerräumen der Deutschen Bank. Die umgekehrte Erkenntnissituation wäre der Gesellschaft bekömmlicher.

Ein Untersuchungsausschuss des Deutschen Bundestags zur »Aufklärung von Banken- und Staatsschuldenkrise – Ursachen, Wirkungen, Schlussfolgerungen« ist nach Paragraf 44 des Grundgesetzes jederzeit möglich. Politisch wäre er überfällig. Die Ereignisse im Zentralbereich von Marktwirtschaft und Staatlichkeit sind aufklärungswürdig und aufklärungsfähig. Die Verantwortlichen haben Namen und Gesicht.

Gemessen an so mancher Nebensächlichkeit, die es aus parteitaktischen Gründen zum Gegenstand eines Untersuchungsausschusses gebracht hat, wartet hier ein komplexer Fall auf seine Ausleuchtung. Auch in der Reihe der großen, die deutsche Nachkriegsgeschichte prägenden Untersuchungsausschüsse, wie denen zur Flick-Affäre, zum Fall Guillaume und zur

Pleite des gewerkschaftseigenen Wohnungsbaukonzerns Neue Heimat, kann sich die kombinierte Banken- und Staatsschuldenkrise sehen lassen. Parteipolitisches Kapital lässt sich aus ihrer Aufklärung vermutlich nicht schlagen. Deshalb findet sich bisher auch keine Mehrheit, einen solchen Untersuchungsausschuss einzusetzen. Es wirkt, als habe das Gros der Parlamentarier ein Schweigegelübde abgelegt.

Vor allem die wilden Jahre zwischen 1990 und 2008 gehören aufgeklärt, auch unter Einbeziehung der Staatsanwaltschaften. Wenn das Recht »als das Immunsystem des Gesellschaftssystems« (Peter Sloterdijk) funktionieren soll, muss der Rechtsstaat mit all seinen Antikörpern zum Einsatz ausrücken. Bis zum Beweis des Gegenteils sollten wir davon ausgehen: Die Keller der Banken sind voller Leichen.

Zu viele Fragen sind offen, als dass man mit dem Aktionismus der CDU-Kanzlerin und dem eilig verfassten 10-Punkte-Plan des SPD-Kanzlerkandidaten zur Tagespolitik übergehen dürfte: Wie konnte es sein, dass Zinssätze wie der Euribor und der Libor, die für Millionen von Finanzprodukten, darunter auch den normalen Hauskredit, als Richtgröße gelten, über Jahre manipuliert wurden? Warum haben die Vorgesetzten der Manipulateure nichts gemerkt? Und wo war der Staat mit seinen Überwachsungsinstanzen?

Wieso durften normale Händler überhaupt Milliardenrisiken eingehen, und wenn sie es nicht durften, wie konnten dann die Sicherheitssysteme so kläglich versagen? Wie gerieten jene derivativen Produkte in Umlauf, die durch keinerlei Leistungen gedeckt waren? Warum muss jeder Autohersteller Garantieansprüche übernehmen, derweil die emittierenden Banken mit einem Schulterzucken davonkommen?

Wie erklärt es sich, dass hoch bezahlte Bankvorstände und deren Forschungsabteilungen die Risiken von Ländern wie

Griechenland und von Banken wie Lehman Brothers, Bear Stearns und Hypo Real Estate nicht gesehen haben? Dieselbe Frage geht auch an den Finanzminister und das ihn umgebende Ministerium. Man kann dieses Nichterkennen einer solchen Jahrhundertverwerfung durch das Finanzministerium auch als unfreiwilligen Vorschlag der Ministerialräte zum Bürokratieabbau verstehen. Die Bundesregierung braucht keine Grundsatzabteilung, die das Grundsätzliche nicht erkennt.

Entflechtung jetzt!

Die wichtigste Aufgabe der kommenden Jahre wird die Entflechtung von Staat und Finanzsektor sein. Die bastardisierte Marktwirtschaft hat sich als Sackgasse der ökonomischen Evolution erwiesen. Beim Zusammenspiel der zwei ungleichen Partner wurden auf beiden Seiten Kontrollfunktionen durch Abhängigkeitsbeziehungen ersetzt. Die Großzügigkeit der Geldgeber haben die Geldnehmer durch Blauäugigkeit erwidert. Und als alles schiefging, wurde die Unvernunft der Banken nicht beendet, sondern verstaatlicht. Neben dem Master of the Universe hatte nun der staatliche Bankenretter seinen Auftritt. Der eine glaubte, er darf alles riskieren. Der andere glaubt, er kann alles retten.

Diese symbiotische Beziehung von Staat und Finanzwesen haben wir deshalb auf den Namen »Bastardökonomie« getauft, weil eine derartige Nähe von Staat und Finanzwirtschaft im Genotyp der Marktwirtschaft nicht vorgesehen ist. Beide sollten eine Arbeitsbeziehung unterhalten, aber nicht ineinander verschmelzen. Jetzt, wo es passiert ist, müssen die beiden wieder Arbeitspartner werden und ihre verhängnisvolle Affäre beenden. Die Marktwirtschaft braucht natürlich beide – die

Ordnungsmacht Staat und ein Finanzsystem, das die Brücke schlägt zwischen Geldbesitzern und Ideenbesitzern, das Investitionen ermöglicht, Spargelder verzinst und gegen Währungsrisiken absichert. Aber sie braucht beide in getrennter Formation. Nicht der Staat und die Banken sind von Übel, sondern ihre Zusammenarbeit ist von bedenklichem Charakter, weil beide die Risiken, die sie eingehen, nicht tragen können. Beide brauchten nachweislich und nun bereits mehrfach einen Dritten – die Notenbank – und in Wahrheit noch einen Vierten – als Kreditgaranten der letzten Instanz, als »Lender of Last Resort«, den Steuerzahler –, um ihre Zusammenarbeit fortsetzen zu können. Das Rad, das da gedreht wird, ist zu groß. Es wird, wenn wir es ihnen nicht wegnehmen, vieles unter sich zerstören, auch unseren Wohlstand.

Das Entflechten der Beziehung von Staat und Bankensystem wird ein schwieriger Prozess, denn diese Beziehung ist keine platonische. Staat und Bankenwelt sind an vielen Stellen regelrecht miteinander verwachsen. Viele können sich ein Leben ohne die Nähe des anderen gar nicht mehr vorstellen. Die Banker in Frankfurt, London und Paris reden über das Steuerzahlergeld, als hätten sie es selber gedruckt. In Washington werden Finanzminister und Wirtschaftsberater des Präsidenten mittlerweile mit derart lässiger Selbstverständlichkeit an der Wall Street rekrutiert, dass man meinen könnte, die Bankhäuser seien die Lehrwerkstätten der Regierung. Und auch die EZB führt ein Mann von Goldman Sachs, als seien Investment- und Notenbank zwei Abteilungen ein und derselben Firma.

Nun verdanken wir Charles Darwin die Erkenntnis, dass nicht nur der Einzelne sterblich ist, sondern auch die Art, der er angehört, sich wandeln und verschwinden kann. Das war ein veritabler Schock für alle Zeitgenossen Darwins, weil die göttliche Schöpfungsgeschichte im Augenblick der Darwin'schen Erkenntnis als Fantasterei dastand, als ein Erwachsenenmärchen ohne Wirklichkeitsbezug.

Uns Nachgeborenen aber bietet Darwins Enthüllung stillen Trost, denn die Natur verfügt offenbar über Wege und Möglichkeiten, das Gefährliche und Unpraktische, das Selbstzerstörerische wie das Sinnlose wieder aus dem Angebot zu nehmen. Die Natur geht dabei im Übrigen behutsam vor, sie merzt nicht aus und würgt nicht ab, aber sie lässt auslaufen und ausklingen, was sich nicht bewährt hat.

Für unsere bastardisierte Ökonomie bedeutet das: Was wie Kai aus der Kiste in unser Leben sprang, kann auch wieder in der Kiste verschwinden. So stehen wir denn hier nicht vor einer Unmöglichkeit, sondern vor einer Notwendigkeit, auch wenn Staat und Banken das bestreiten werden. Aber das darf uns weder hindern noch wundern: Kai will nicht in die Kiste zurück. Wer will ihm das verdenken.

Um den Rückzug des Staates aus der Geldwirtschaft und den Rückzug der Geldwirtschaft aus dem Gemeinwesen zu organisieren, würde ein Entflechtungsgesetz gute Dienste leisten. Die dann vom Bundestag einzusetzende Entflechtungskommission würde die nötige Aufarbeitung der jüngeren Wirtschaftsgeschichte vorantreiben, damit für jedermann deutlich wird, wie da eine Struktur entstehen konnte, die außerhalb der Wettbewerbsordnung ein parasitäres Leben lebt.

Die Alliierten des Zweiten Weltkrieges haben nach ihrem militärischen Sieg die segensreichen Wirkungen einer Entflechtungspolitik vorgeführt. Ihnen ging es darum, den im Dritten Reich eingeschlagenen Entwicklungspfad, der vom »capitalism« zum »cartelism«, vom Kapitalismus zum Kartellismus, geführt hatte, wieder rückgängig zu machen.

Im Potsdamer Abkommen wurde festgeschrieben, dass die exzessive Konzentration von wirtschaftlicher Macht, die Ausschaltung der Marktwirtschaft, die Organisation der Wirtschaft in Kartellen und Syndikaten, dem Wohlstand und der Demokratie nicht bekömmlich waren und daher rückabgewickelt gehörten. Wörtlich hieß es in den »Wirtschaftlichen Grundsätzen« des Abkommens:

»In kürzester Frist ist das deutsche Wirtschaftsleben zu dezentralisieren mit dem Ziel der Vernichtung der bestehenden übermäßigen Konzentration der Wirtschaftskraft, dargestellt insbesondere durch Kartelle, Syndikate, Trusts und andere Monopolvereinigungen.«

Auf dieser Basis wurden in der von den USA und Großbritannien gebildeten Besatzungszone (Bizone) zwei Verordnungen über das »Verbot der übermäßigen Konzentration deutscher Wirtschaftskraft« erlassen und mit der Entflechtung der IG Farben und der Ruhrindustrie begonnen. Vorbild für derartige Eingriffe in die Wirtschaftsordnung war das amerikanische Anti-Monopolgesetz, der Sherman Antitrust Act, der zuerst gegen das Rockefeller-Imperium, später dann gegen AT&T, IBM und United Fruit, in unserer Zeit gegen den Softwaregiganten Microsoft zum Einsatz kam. Dabei geht es nicht nur um das Verhindern von Monopolen, sondern um das Bekämpfen jedweder Strukturen, die der Wettbewerbsordnung zuwiderlaufen.

Zur Verabschiedung eines deutschen Entflechtungsgesetzes kam es nicht. Der beginnende Kalte Krieg absorbierte früh schon die Aufmerksamkeitsreserven der Amerikaner.

Immer wieder wurde im Nachkriegsdeutschland die Einführung einer Entflechtungsmöglichkeit im Gesetz gegen Wettbewerbsbeschränkungen gefordert. 1961 schlug der erste Präsident des neu geschaffenen Bundeskartellamtes Eberhard Günther vor: »Es sollte erwogen werden, marktbeherrschende Stellungen, die einen erheblichen Störungsfaktor im Marktmechanismus darstellen, zu entflechten.« Zuletzt führte Rainer Brüderle als Bundeswirtschaftsminister die Debatte weiter. Ihm ging es vor allem darum, die Giganten ihrer Branche, die Stromkonzerne, aber auch Telekom und Post, im Bedarfsfall zum Verkauf von Teilaktivitäten zwingen zu können.

Im Fall der Bastardökonomie geht es nicht um die Entflechtung einer Branche, sondern einer Beziehung. Das macht die Angelegenheit nicht leichter. Es geht um die Überprüfung aller Spezialregeln, die der Staat im eigenen Interesse gesetzt hat, um zum Beispiel Versicherungen und Banken auf den Kauf von Staatsschuldscheinen Appetit zu machen.

In einem geordneten Verfahren wäre der Rückzug der Geldwirtschaft aus der Staatsfinanzierung zu organisieren. Eine Schuldenbremse, wie sie neuerdings in der Verfassung steht, wird nicht ausreichen. Denn sie ist die Erlaubnis, den Schuldenberg weiter wachsen zu lassen, wenn auch in gebremstem Tempo. Doch es muss um die Rückführung der Haushaltsdefizite und der Staatsschuld in den Sozialkassen gehen, gerade vor dem Hintergrund der demographischen Problemberge. Die aber steuert die Bundesregierung derzeit so kraftvoll an wie der Kapitän der Titanic den Eisberg. Kein Exporterfolg wird Deutschland retten, wenn die Alterspyramide schließlich auf dem Kopf steht.

Im Gegenzug muss der Rückzug des Staates aus der Bankenwelt eingeleitet werden. Derzeit befinden sich 43 Prozent der Bilanzsumme deutscher Banken unter öffentlicher Kontrolle, durch Teilverstaatlichung wie im Falle der Commerzbank oder durch den Ausbau ehemaliger Förderbanken wie der Kreditanstalt für Wiederaufbau (KfW) zu einem vollwertigen Geldhaus. Mittlerweile ist die KfW die drittgrößte und profitabelste deutsche Bank.

Das Entflechten von Banken und Staat setzt auf Seiten der

Regierung eine Besonderheit voraus, über die wir uns im Klaren sein müssen. Sie muss sich ändern wollen. Normalerweise erzwingt der Staat Verhaltensänderungen durch Gesetze und Verordnungen, die er erlässt. Das ist für uns Normalsterbliche ein geübtes Verfahren. Wir sind trainiert, unsere Hunde je nach Stadtteil mit oder ohne Leine auszuführen, unsere Arbeitszimmer nach den Vorgaben des Steuergesetzbuches einzurichten, und auf der Autobahn braucht man uns nur eine Zahl zurufen, schon geht der Fuß vom Pedal.

Der Staat aber ist gänzlich ungeübt in derartiger Unterwürfigkeit. Er müsste es sich im Falle seiner Kreditsucht selbst untersagen, über die Verhältnisse zu leben.

Das fällt ihm naturgemäß schwer. Er hat es bei der Einführung des Euro versucht; als es darum ging, den Verdacht vorsätzlicher Maßlosigkeit zu zerstreuen, setzte er sich Obergrenzen für die Verschuldung. Das Ergebnis dieses Selbstversuchs ist bekannt: Der Rechtsbruch ist mittlerweile notorisch. Und weil das so ist, wird auf Bestrafung, die der Vertrag von Maastricht ausdrücklich vorsah, verzichtet. Die Schwere der Tat begründet den Freispruch.

Der Blick nach Amerika zeigt, dass die europäische Nonchalance keine Singularität für sich beanspruchen kann. In den USA, wo bereits im Jahr 1917 ein Schuldenlimit in der Verfassung verankert wurde, wird dieser Anker ein ums andere Mal über den Boden der Tatsachen geschleift – der jeweils neuen Verfassungsobergrenze für die Staatsschuld entgegen.

Unter dem Beifall der Wall Street, die Sparsamkeit mit Rezession übersetzt und damit das Land regelmäßig in Angst und Schrecken versetzt, haben Kongressabgeordnete, Senatoren und das Weiße Haus es zum Jahreswechsel 2013 wieder getan. Es war das 95. Mal, dass der Wille der Verfassungsväter gebrochen und die Schuldenobergrenze ins Bequeme verschoben wurde.

Das ist ein so alltäglicher wie verstörender Vorgang: Der Staat setzt sich sein Recht selbst, auch da, wo man es ihm eigentlich entzogen hat.

Trotz dieser Schwierigkeiten des Staates mit der Selbstbescheidung muss das Gespräch zwischen Öffentlichkeit, Banken und Regierung gesucht werden. Feigheit ist kein guter Ratgeber. Die erste Bürgerpflicht besteht darin, den Verantwortlichen ihre fortgesetzte Verantwortungslosigkeit übel zu nehmen. Vater Staat und das Finanzsystem müssen einander entflechten.

Alle Macht dem Volke – warum das Parlament sein Budgetrecht verwirkt hat

Das Parlament hat sich – nicht nur in Deutschland, aber auch in Deutschland – als unfähig erwiesen, die hybriden Verhältnisse zu beenden. Zuweilen beschleicht einen das Gefühl, die Abgeordneten haben schon Schwierigkeiten, das Fatale dieser Beziehung überhaupt zu erkennen.

Eine parteiübergreifende Unempfindlichkeit hat sich über die Schulden-Jahrzehnte herausgebildet, und es gibt bisher keinerlei Anzeichen einer Re-Sensibilisierung. Wir kennen das ansonsten aus dem Alltagsleben: Ausgerechnet das Idiotische und Ignorante weist jene zählebige »Nachhaltigkeit« auf, die wir uns ansonsten so dringend wünschen.

Der real existierende Parlamentarismus zweifelt die Regierung nicht an, sondern hält ihr den Steigbügel. Der Souverän ist frei nur darin zu entscheiden, ob die Abgeordneten der Regierung den Bügel von links oder von rechts halten. Schon Karl Jaspers hatte in seinem 1966 erschienenen Buch »Wohin treibt die Bundesrepublik« den parlamentarischen Parteien vorgeworfen, sie hätten sich von »Organen des Volkes« zu »Organen des Staates« entwickelt. Sie würden die Wirksamkeit des Volkes »demokratiekonterkarierend minimieren«.

Appelle an die Vernunft der Abgeordneten hat es seither reichlich gegeben. Sie wurden gehört, aber nicht verstanden. Was uns zu dem radikalen, aber in seiner Konsequenz logischen Schritt führt, den Abgeordneten das Edelste ihrer Rechte, das Budgetrecht, wieder zu entreißen. Sie haben es durch ihr Tun ohnehin verwirkt.

Das Budgetrecht war einst als das entscheidende Instrument gegen staatliche Willkür gedacht. Die Engländer setzten es 1689 in ihrer »Glorious Revolution« durch. In der »Bill of Rights« rangen sie König William das Zugeständnis ab, dass künftig die Parlamentarier das letzte Wort haben sollten, wenn es um die Staatsfinanzen geht, die Verabschiedung des Haushalts, das Erheben von Steuern und Abgaben. Auch in der US-Verfassung fand das Budgetrecht seinen prominenten Niederschlag: »No taxation without representation« – keine Besteuerung ohne Zustimmung der Volksvertreter. So lautet das eiserne Versprechen. Die Vernunft sollte Einzug halten in der Staatlichkeit, wo bis dahin Prestigedenken, Kriegslüsternheit und Prunksucht die Staatsfinanzen oftmals ruiniert hatten.

In Deutschland war das Budgetrecht erst in der Zeit von Reichskanzler Otto von Bismarck eingeführt worden. Heute manifestiert sich dieses Recht in Artikel 110 des Grundgesetzes. Ihm zufolge »legt das Parlament per Gesetzesbeschluss den Haushaltsplan fest, in dem sämtliche Ausgaben des Bundes offengelegt werden müssen. Nur mit der Mehrheit des Parlaments ist die Regierung ›bei Kasse‹ und damit handlungsfähig«, heißt es auf der Homepage des Deutschen Bundestages. Es geht beim Haushaltsplan also um die in Zahlen gegossene Politik. Will eine Regierung mehr ausgeben, als ihr von den

Abgeordneten bewilligt wurde, muss sie einen Nachtragshaushalt einbringen.

Die Abgeordneten können sich die Empörung über den Vorschlag, ihnen das Budgetrecht zu entreißen, sparen. In Wahrheit haben sie es durch ihr Finanzgebaren der letzten Dekaden, als kein Steuerrekord hoch genug ausfiel, um nicht doch einen neuen Kredit zu bestellen, selbst zur Disposition gestellt. Der Horizont der Abgeordneten war systematisch zu kurz gespannt. Sie dachten an die kommende Wahl, wo sie an das Wohl des Landes hätten denken sollen. Sie sahen nicht das große Ganze, nur ihr Karo darin. Sie haben, um es in der Sprache des Alten Testamentes zu sagen, die Talente, die man ihnen gab, nicht gemehrt, sondern verprasst.

Das darf nicht folgenlos bleiben. Denn das Budgetrecht enthält, wie alle anderen Rechte, eine eingebaute Pflicht. Diese Pflicht hätte darin bestanden, der notorischen Verschuldung Einhalt zu gebieten. Stattdessen wurde jedes politische Ereignis, dessen man habhaft werden konnte, die Ölpreise-Krise, die Deutsche Einheit, der Aufbau Europas, die Lehman-Pleite, die Euro-Turbulenz, der tatsächliche wie der nur befürchtete Konjunktureinbruch, zum Anlass genommen, bei den Banken Nachschub zu bestellen. In den Flachbauten der Parteipolitik sind heute nur zwei Sorten von Schuldenmachern zu besichtigen: Die einen tun es lustvoll und aus Prinzip, die anderen schamvoll und mit schlechtem Gewissen. Den roten Zahlen sieht man diese Charakterunterschiede später nicht an.

Bleibt noch die Frage zu klären: Wenn die Abgeordneten das Budgetrecht, also das letzte Entscheidungsrecht über die Staatsfinanzen, verlieren sollen, wer dann wird es an ihrer Stelle wahrnehmen?

Die Regierung scheidet aus den bekannten Gründen aus. Sie kann und darf sich nicht selbst kontrollieren. Ihre Neigung, die Kreditsucht zu bekämpfen, ist ohnehin unterwickelt. Wer die schubweise Entwicklung der deutschen Staatsverschuldung betrachtet und sie den jeweiligen Kanzlern zuordnet, der wird keinerlei parteipolitische Unterschiede erkennen. Die Schuldenpolitik der Kanzler Schmidt und Brandt wurde von der damaligen CDU-Opposition hart kritisiert. Als man dann selbst die Führung des Landes übernahm, gaben sich Kohl und Merkel alle Mühe, den Weg in den Schuldenstaat beschleunigt fortzusetzen. Die Kreditsucht scheint parteilos.

Die Bundesbank besitzt die fachliche Eignung, das Budgetrecht sachgerecht zu handhaben, aber nicht die demokratische Legitimation. Auch ein neues Gremium der weisen Männer ist nicht zu empfehlen, da die Parteipolitik sich binnen kürzester Zeit seiner bemächtigen würde.

Nur einer kommt in Frage, der mit seiner praktischen Vernunft die Kraft besitzt, hier ordnend einzuschreiten: der Souverän selbst. Er verfügt über die Autorität und die Expertise, die erforderlich sind. Und er ist es gewohnt, in Dekaden zu denken. Sein Ziel ist nicht die Wiederwahl, sondern die Stabilität der Verhältnisse. In einem Meer der Augenblicksinteressen und politischen Nebengedanken ist er der Festlandsockel, der nicht schwankt und nicht nachgibt. Der Souverän, das ist sein großer Vorteil, untersteht einzig seinem Gewissen, derweil der handelsübliche Parlamentarier sich diese Freiheit vom Parteienstaat und den verschiedenen Lobbygruppen hat abkaufen lassen.

Man hört die Abgeordneten sogleich knurren, die hier geäußerten Vorstellungen seien »nicht hilfreich«, da das Volk mit der Aufstellung von Haushaltsplänen überfordert sei, dass es der parlamentarischen Expertise bedürfe, um einen Jahresetat zu verabschieden. Doch das ist nur der in allen Hauptstädten vorhandene Reflex zur Geringschätzung des Volkes. Der Abgeordnete vergisst gern, dass er der Vertreter der Bürger ist, nicht ihr Vormund.

Die Bürger ihrerseits, die Deutschen zumal, haben in den vergangenen Jahrzehnten bewiesen, dass sie in eigener Sache sehr wohl mit Geld umgehen können, und zwar besser als jene Körperschaften, die sich ihnen überlegen fühlen. Auch unsere Schweizer Nachbarn belegen mit jeder Volksabstimmung, dass man einem mündigen Volk die Mündigkeit ruhigen Gewissens zutrauen darf.

Würde der Finanzminister so wirtschaften wie der durchschnittliche Deutsche, hätte er Jahr für Jahr Überschüsse zu melden und nicht Rekordschulden. Selbst in konjunkturell schwieriger Zeit halten die Deutschen ihre Sparquote hoch. Sie schwankt zwischen 10 und 14 Prozent des Jahreseinkommens. In keinem einzigen Jahr seit Bestehen der Bundesrepublik befanden sich die Deutschen in der Schuld ihrer Banken. Wenn es in der Finanzkrise einen stabilisierenden Faktor gab, dann den deutschen Sparer.

Auch die amerikanischen Privathaushalte sind besser als ihr Ruf. Schon beim ersten Gewitterdonner der Finanzkrise begannen sie mit der Sparsamkeit. Die negative Sparquote, die 2005 zeitweise registriert wurde, schoss schon vor der Lehman-Pleite wieder in den schwarzen Bereich. Mittlerweile sparen die Amerikaner etwa halb so viel von ihrem verfügbaren Einkommen wie die Deutschen. Hätte die Regierung in Washington sich ähnlich verhalten, wäre die Haushaltslage heute entspannter, und die neuerliche Verschiebung der in der Verfassung vorgeschriebenen Verschuldensgrenze hätte unterbleiben können.

Nun kann der Bürger in der Tat nicht alle Haushalte von Bund, Land und Kommunen selber aufstellen. Aber das muss er auch nicht. Die Pflicht zur Budgetaufstellung liegt auch heute bei der Verwaltung, die Notwendigkeiten und Machbarkeiten zu taxieren hat. Worum es geht, ist nicht die Ausarbeitung der Pläne, die ja auch der Abgeordnete heute nicht selbst erstellt, sondern die Festlegung von Leitlinien für die Verabschiedung in den Parlamenten. Es geht um das berühmte letzte Wort.

Die finalen Fragen nach der verantwortbaren Höhe des Kreditbedarfs, der richtigen Besteuerung der Arbeitnehmer und Angestellten, das Maß an ausgereichten Subventionen und dem notwendigen Betrag, der für Investitionen in die Zukunft gebraucht wird, kann der mündige Bürger sehr wohl entscheiden. Zumal das Internet hier neue Möglichkeiten der Information und der Mitsprache bietet. Alle Firmen, Verbände und Parteien, jedes Medienhaus und nahezu jeder Haushalt und auch die meisten Vereine nutzen sie. Nur die Staatlichkeit weigert sich, die technischen Partizipationschancen durch das alle verbindende Internet überhaupt zur Kenntnis zu nehmen. Dabei bietet sich hier eine neue, bisher nicht gekannte Direktverbindung zwischen Staat und Souverän an. Sie nicht zu nutzen, wird der Demokratie mittelfristig schaden.

Viele Wege führen zur Gelddemokratie, die den mündigen Bürger zum Ausgangs- und Endpunkt der finanziellen Entscheidungsprozesse macht. Dafür braucht er neben den Instrumenten der Partizipation vor allem Information. Ein erster Schritt könnte darin bestehen, dass die Regierung ihre Beziehungen zu den Banken offenlegt. Das Stichwort, das die Beteiligten frösteln lässt, lautet: Transparenz.

In einem Logbuch ihrer gemeinsamen Reise würden die Bundeskanzlerin, die Ministerpräsidenten und die Bürgermeister für die ihnen anvertrauten Teile der Staatlichkeit Rechenschaft über den Stand ihrer Bankbeziehungen ablegen. Wir würden wenigstens einmal im Jahr erfahren, welches Geldhaus welchen Privatisierungsauftrag erhielt, wer welche Tranche an Staatsanleihen platziert hat, bei wem der Staat mit welcher Summe im

Soll steht – und was der Steuerzahler dafür an wen an Zinsen zahlt. So wie einmal im Jahr der Subventionsbericht vorgelegt wird, wo die Regierung auflisten muss, wen sie alles subventioniert, würde der »Bericht zum Stand der Bankbeziehungen« den Bürger mit der nötigen Klarsicht versorgen. Die Beziehung von Finanzsektor und Regierung wäre mit einem solchen Report noch nicht entflochten, aber sie wäre der Heimlichkeit entrissen.

Die Transparenz-Offensive lässt sich nach Belieben erweitern. So wie Patienten ihren Blutzucker kontrollieren und ihr Gewicht überprüfen, so wie Studenten ihr Girokonto und Geschäftsreisende ihr Meilen-Deputat bei der Lufthansa im Blick haben, so könnten wir auch unseren Status als Staatsbürger in Augenschein nehmen. Der Finanzminister bräuchte nur eine Seite im Internet einzurichten, wo der aktuelle Stand von Einnahmen und Ausgaben als Säulendiagramm, das sich jeden Tag bewegt, mitgelesen werden kann. Übersteigen die Ausgaben den Planansatz, färbt sich die Säule rot. Bleibt alles im verabredeten Lot, leuchten die Säulen grün. So hat der Bürger seine Parlamentarier und die von ihm finanzierte Verwaltung jederzeit im Blick.

Unser Parlament würde dadurch geschwächt, das stimmt. Aber die Demokratie würde gestärkt. Und in der Sache hätten wir Gutes zu erwarten. Der Bürger beherrscht die vier Grundrechenarten. Er weiß zwischen brutto und netto zu unterscheiden. Und zu den kreditgebenden Banken steht er – anders als die Regierung und ihre Vasallen in den jeweiligen Regierungsfraktionen – in einer angeborenen Distanz. Nie klang das Wort »Basisdemokratie« so verführerisch wie in diesen Tagen, wo die Vertreter der angeblichen Profipolitik sich all die Unseriositäten leisteten, die man der Basisdemokratie immer nachsagte.

Natürlich wird jeder halbwegs pfiffige Abgeordnete ein Dutzend Gründe vortragen, warum diese Fragen dem Bürgerlein gefälligst entzogen gehören. Nicht gescheit genug! Zu faul! Der Datenschutz! Diese Komplexität! Europa!

Wir sollten nachsichtig sein mit unseren Volksvertretern. Sie sind nicht bösartig, nur verunsichert. Sie haben sich ein anderes Bild von ihrem Volk gemacht. Sie wollten dem Bürger etwas bieten, und sei es auf seine eigenen Kosten. Aber vielleicht liegt da ja der Denkfehler. Wir sollten unseren Wahlkreisabgeordneten in der nächstbesten Bürgersprechstunde aufsuchen, ihn in den Arm nehmen und beruhigen. Lieber Volksvertreter, wir erwarten von Dir gar keine neuen Haltlosigkeiten. Nun lass uns doch erst mal die bisherigen abbezahlen.

Dann wird er uns verständnislos anschauen nach all den Jahrzehnten, in denen er glaubte, uns beglücken zu müssen. Wenn er tief Luft geholt hat, können wir ihm davon erzählen, wie wir Bürger mit Geld umgehen, wie wir emsig sparen, wie wir Versicherungen für später und für die Kinder abschließen, wie wir das Haus abstottern und es nicht mit immer neuen Krediten bezahlen. Der rollierende Hauskredit scheint ein Finanzprodukt, das nur Bundespräsidenten in Anspruch nehmen.

Wenn der Abgeordnete uns dann noch immer keinen Glauben schenkt, sollten wir ihm ein paar Zahlen mitbringen, zum Beispiel diese: In denselben 60 Jahren Bundesrepublik, in denen der Abgeordnete und seine Kollegen das Konto unseres Gemeinwesens um rund zwei Billionen überzogen, haben wir Bürger auf den Sparkonten ungefähr dieselbe Summe als Guthaben angehäuft.

Natürlich wird in einem solchen Gespräch auch über den Unsinn der Selbstsubventionierung zu reden sein. Es macht Sinn, dass die Reichen den Armen geben. Es ist sozial fair, dass die Bemittelten den Minderbemittelten unter die Arme greifen. Aber der Kreisverkehr der Subventionen, wo man morgens Steuern zahlt, um abends Kindergeld zu erhalten, wo der Mittelständler einen Teil seines Unternehmergewinns an den Staat überweist, um gleich hinterher als Bittsteller einen Antrag zur Mittelstandsförderung auszufüllen, wo das arme Mütterchen ihre karge Rente mit der Hilfe der Mehrwertsteuer aufgebessert bekommt, die sie zuvor selbst beim Kaufmannsladen gezahlt hat, wo der Autofahrer an der Zapfsäule für die Sozialversicherung zahlt, die ihm anschließend einen Scheck ausstellt, wo wir staatliche Hilfe bekommen, wenn wir unsere Kinder in den Kindergarten bringen, und dasselbe Geld auch bekommen, wenn wir sie zu Hause lassen. Es besteht der begründete Verdacht, dass unser Staat, der mittlerweile jeden vierten Arbeitsplatz mit einem Staatsdiener besetzt hält, sich in eine Umverteilungsmaschine verwandelt hat, die so manche Milliarden auch in die eigene Tasche schaufelt. Ein derartiger Staat begrenzt dadurch beides – unsere Finanzen und unsere Freiheit. Die Selbstbestimmung erlahmt, derweil der Bürokrat triumphiert. Und die, die wir wirklich brauchen – den Polizisten auf Streife, den unbestechlichen Staatsanwalt, die fleißigen Bankenaufseher, den sachkundigen Lebensmittelkontrolleur, die motivierte Lehrerin und den gut ausgebildeten Kindergärtner, den fürsorglichen Krankenpfleger und die wache Ärztin im Nachtdienst –, werden kurz gehalten. Zu kurz! Mit dem angemessenen Gehalt wird ihnen oft auch der Respekt verweigert.

Mit dem Volkseigentum geht unser Staat nicht besser um. Lieber brummt er uns eine Haushaltsgebühr für ARD und ZDF auf, als bei den Internet-Giganten Google und Facebook eine Steuer für die Nutzung der mit Steuergeld verlegten Kabelnetze zu erheben. Lieber lässt er die Infrastruktur verfallen, als auch nur eine Bank abzuwickeln. In den vergangenen 60 Jahren hat der Staat die Substanz seiner Straßen und Schulen, seiner Kanalisation und Bahnhöfe erst aufgebaut, und nun bröckelt vieles vor sich hin.

Die Bürger haben in der gleichen Zeit dagegen Substanz aufgebaut. Allein der Wert der privaten Häuser beträgt mittlerweile fünf Billionen Euro. Derweil die Staatlichkeit erfindungsreich vor allem beim Geldausgeben ist und daher nach dem Prinzip einer afrikanischen Großfamilie von der Hand in den Mund lebt, wurde in den deutschen Familien gespart: 250 Milliarden Euro sind in Aktien und 1,4 Billionen in Lebensversicherungen angelegt. »Maßhalten«, das große, alle anderen Worte des Ludwig Erhard überragende Wort, hat der Bürger nicht verlernt. Es bildet den Grundwert seiner Bürgerlichkeit, nicht nur im Finanziellen.

Ganz gefahrlos ist dieses Gespräch mit dem Wahlkreisabgeordneten freilich nicht. Wir müssen aufpassen, dass unsere hohen Rücklagen auf unseren Volksvertreter nicht zu verführerisch wirken. Sonst brummt er uns noch auf der Türschwelle eine Sparschweinsteuer, eine Aktiensteuer und eine weitere Immobiliensteuer auf.

Ihr müsst euer Leben ändern – wie die Banker wieder zu Dienern der Gesellschaft werden

Der Finanzsektor steht heute wie benommen da. Die stolzesten Institute, wie die Deutsche Bank oder die Allianz, sind darauf angewiesen, dass die schwachen Geldhäuser und die überschuldeten Staaten weiter ihren Stabilisierungscocktail gespritzt bekommen. Denn alle sind mit allen verbunden. »Selbst das Schweizer Banksystem, für viele Jahrzehnte der Inbegriff von Stabilität und Solidität, wäre ohne Staatshilfen dem Untergang geweiht«, sagt Ifo-Präsident Hans-Werner Sinn. Eine neuerliche Finanzkrise würden viele Banken und Versicherungen des Westens in ihrem derzeitigen Erschöpfungszustand nicht überleben.

Der in etlichen Banken, namentlich der Commerzbank, der Deutschen Bank und der UBS in Zürich, angekündigte Prozess eines »Kulturwandels« sollte in die Tat umgesetzt werden, nicht nur schnell, sondern auch radikal: von der Wurzel her kommend. Im Moment hören wir von der Verfehlung Einzelner, die aufgearbeitet gehöre. Aber das ist zu klein gedacht. Das Versagen war ein systemisches, kein individuelles. Wenn junge Händler Milliarden verspekulierten, wenn Männer des mittleren Managements Zinssätze manipulieren konnten, dann sprechen die Bankenaufseher zu Recht von »Organisationsversagen«.

Der Finanzsektor hatte aufgehört, sich für das Wohlergehen der Gesellschaft zu interessieren. Er wollte nicht mehr tertiärer Sektor, nicht mehr Dienstleister sein. Das Eigeninteresse der Institution und, als ein Derivat dieser Haltung, das Eigeninteresse des in ihr beschäftigten Bankers, standen jahrzehntelang an der Spitze der Prioritäten und des Selbstverständnisses. Das Kundeninteresse war eine untergeordnete Größe, brauchbar vor allem als Leerformel für die Werbung. Die Kreditvergabe an kleine und mittlere Firmen wurde von vielen Großbanken als lästiges Überbleibsel der Vergangenheit angesehen, als es noch die vornehmste Aufgabe einer Bank war, zwischen Sparern und Kreditnehmern zu vermitteln.

Bereits der ehemalige Chef der Deutschen Bank Rolf Breuer nannte dies »unser altes Geschäftsmodell«. Das neue Geschäftsmodell besteht darin, die Risiken aus der Bank heraus in die Kundschaft oder zu anderen Geldhäusern zu verlagern. Bei lang laufenden Kreditbeziehungen zu Unternehmen, die das Bankengeld in Förderanlagen, Maschinenparks oder ein neues Verwaltungshochhaus investieren, ist das nur schwerlich möglich. Scheitert das Unternehmen, leidet die Bank. Keiner hat das neue Geschäftsmodell dem Autor so einprägsam erklärt wie Goldman-Sachs-Chef Lloyd Blankfein: »Echtes Geld für echte Investitionen in echte Fabriken? Das ist zu riskant für mich. Wir wollen unser Geld zurück – und zwar jede Nacht.«

Der Aktienmarkt und seine Derivate, das Wetten auf Rohstoff- und Nahrungsmittelpreise, das Bündeln und Verschneiden von Immobilienkrediten zu Wertpapieren sind in dieser Denkschule attraktiver als das klassische Bankgeschäft. Denn anders als im Kreditgeschäft gibt es deutlich weniger Ausfallrisiken, zumindest für die Bank. Im neuen Geschäftsmodell funktioniert das Geldhaus als Hersteller und Verkäufer von Finanzmarktprodukten, deren Risiko vor allem beim Kunden liegt. Dadurch war es möglich, mit wenig Eigenkapital die Bilanz in bis dahin unerreichte Dimensionen auszuweiten. Die Bilanzsumme der Deutsche Bank ist – zur Erinnerung sei es hier wiederholt – allein zwischen 1990 und 2010 um real 650 Prozent gewachsen.

Die enormen Steigerungsraten der Geldindustrie wurden nie als Ausdruck eines Problems, sondern als Ausdruck einer neuen Zeit gedeutet. In den siebziger Jahren war der Wert aller Währungsgeschäfte doppelt so groß wie der Wert des realen Handelsvolumens. Im Jahr 2010 übertraf die Währungsspekulation den Handel um das 20-Fache. Der Wert aller Zinsderivate betrug 1995 rund 18 Billionen Dollar, im Jahr 2010 dagegen waren es 400 Billionen Dollar. Obwohl das globale Weltinlandsprodukt sich in dieser Zeit nur verdoppelt hatte, hatte sich das ausstehende Volumen der Zinsspekulationen verzwanzigfacht. Die täglichen Geschäfte mit Öl-Optionen entsprachen 1990 an den größten Handelsplätzen noch ungefähr dem Wert des tatsächlich produzierten und konsumierten Öls. Mittlerweile übersteigt das Spekulationsvolumen den tatsächlichen Wert der Ware um das Zehnfache.

Das Finanzgeschehen habe sich von der Wirklichkeit gelöst,

sagt der Börsenaufseher der britischen Regierung Lord Turner. Es besitze die Kraft, den Wohlstand anderer Industrien und ganzer Völker zu zerstören. Die Krise, sagt er, sei nicht nur eine Krise einzelner Banken, sondern auch eine Krise des intellektuellen Denkens. Unsere Vorstellung, dass Preise wichtige Informationen transportierten, dass Märkte sich rational verhielten und sich im Falle von Irrationalität selbst korrigierten, sei in Frage gestellt. Nur wer sich diese bitteren Wahrheiten zumute, werde bei der Suche nach Lösungen erfolgreich sein können.

Doch viele im Investmentbanking Beschäftigten wollen sich diese Wahrheit nicht zumuten. Auch deshalb nicht, weil mit der Explosion des Spekulativen die Explosion ihrer Einkommen einherging. Allein im Jahr der Lehman-Pleite wurden an der Wall Street 17,6 Milliarden Dollar an Boni ausgeschüttet. Nach der kurzen Einkommensdelle der Jahre 2009 und 2010 ging es sogleich wieder bergauf: In 2012 wechselten in New York rund 20 Milliarden Dollar den Besitzer – von den Bankkunden zu den Bankmitarbeitern.

Die Ausweitung des Finanzsektors war von Anfang an auch eine Ausweitung ins Halb- und Illegale, wie wir heute wissen. Der Insiderhandel blühte. Die Kursmanipulation kam in Mode. Selbst die öffentlichen Indizes, die zur Berechnung von Zehntausenden von Finanzprodukten benötigt werden, waren nicht mehr heilig. Im Skandal um den manipulierten Zinssatz Libor gibt sich die Morbidität der Branche offen zu erkennen.

Bob Diamond, der ehemalige Chef der Investmentbank Barclays, sagte zwar, dass die Manipulateure sich außerhalb der Barclays-Kultur bewegt hätten. Aber genau das muss bezweifelt werden. Der Libor-Skandal sollte rückblickend als das Spiegelbild einer Bankenkultur gesehen werden, die sich aggressiv gegen den Kunden gewandt hatte, dessen Dienstleister sie einst war. Der Staat spielte seine Rolle dadurch, dass er keine spielte. Er war nicht der gestrenge Marktaufseher, sondern der wegschauende Komplize.

So kam es über die Jahre zur Umkehrung der bis dahin gültigen marktwirtschaftlichen Verhältnisse. Für den Investmentbanker war es plötzlich normal, dass er ein Vielfaches seines Kunden verdiente. Für ihn war es selbstverständlich, dass er mit einem Mausklick Milliarden um die Welt schickte, ohne nach den realwirtschaftlichen Folgen zu fragen. Er hatte sich daran gewöhnt, seine Moralvorstellungen an eine schläfrige Regulierungsbehörde zu delegieren: Erlaubt war, was nicht auffiel.

Im Gegenzug fing der Banker an, sich all jene Dinge, die in der realen Wirtschaft, die Güter herstellt oder Dienstleistungen anbietet, als Selbstverständlichkeit gelten, abzugewöhnen. Garantieleistungen für fehlerhafte Produkte lehnt man im Banksektor ab. Hat sich sein Kunde wie der griechische oder irische Staat überschuldet, reicht man die Rechnung umgehend an den Steuerzahler weiter. Dass ein großes Bankhaus insolvent wird, empfinden die Banker in New York, London und Frankfurt nicht als marktwirtschaftliche Normalität, sondern als historischen Fehler des Staates. Man glaubt sich im Besitz einer staatlichen Überlebensversicherung, die sich von der herkömmlichen Versicherung vor allem dadurch unterscheidet, dass sie auch bei grober Fahrlässigkeit und selbst bei Vorsatz zahlt.

Die Banken müssen nicht nur ihr Auftreten, sie müssen ihr Leben ändern. Wenn sie es nicht ändern, werden sie es womöglich verlieren. Die demokratische Gesellschaft erträgt es nicht, dass in ihrer Mitte internationale Geldnomaden kampieren, die sich und ihr Umfeld als eine exterritoriale Sonderwirtschaftszone begreifen – mit eigener Moral, eigenem Lebensstil, eigenen Bezahlsystemen und einer staatlichen Ausfallgarantie für den Fall, dass es wieder anders kommt als gedacht.

Noch fehlt vielen Bankern das Verständnis für die historische Situation, in der sie leben. Sie wollen nicht wahrhaben, dass ihr Geschäftsmodell zur Disposition gestellt ist. Ihnen geht es derzeit ähnlich wie der deutschen Energiewirtschaft, die sich ein Verbot der Kernenergie in ihren wildesten Albträumen nicht vorstellen konnte. Deutschland als rohstoffarmes Land brauche die Atomenergie, sagten und glaubten die Vorstände aller deutschen Energiekonzerne. Das Restrisiko eines Atomunfalls müsse die Gesellschaft zu tragen bereit sein. Eine Lösung für die Frage der Endlagerung werde sich finden.

Die Vorstände irrten. Und sie irrten nicht in ihrer Einschätzung der Energiesituation. Sie irrten in der Einschätzung der gesellschaftlichen Situation. Ohne auch nur ein Rechtsgutachten eingeholt zu haben, beendete die konservative Kanzlerin nach dem Atomunglück im japanischen Fukushima das bis dahin gültige Geschäftsmodell aller großen Energieversorger. Zum ersten Mal seit der Nachkriegszeit werden in Deutschland wieder im großen Stil industrielle Anlagen demontiert.

In der Demokratie, das ist die Lektion, die es zu lernen gilt, bedürfen Geschäftsmodelle nicht nur der Zustimmung des Aufsichtsrates, sondern sie müssen zum Gegenzeichnen auch der Gesellschaft vorgelegt werden. Die Kanzlerin handelte in diesem Fall nur als Notar des Volkes.

Deutschland braucht mindestens eine global aktive Großbank, sagen die Männer von der Deutschen Bank. Aber die Tatsache, dass sie Recht haben, wird ihnen nicht viel nützen. Schon aus Gründen des Selbsterhalts geht die politische Klasse auf Distanz. Die Erosion des Vertrauens in Kreisen der Kundschaft ist ebenfalls weit fortgeschritten. Ein Finanzsektor, der seinen Kunden Sicherheit und Teilhabe an den Chancen der globalen Finanzwelt versprach, hat die selbst erzeugten Erwartungen enttäuscht. Alle in den Filialen ausgehängten Slogans – »Wir machen den Weg frei«; »Leistung aus Leidenschaft«, »Die Bank an Ihrer Seite« – haben sich in der Stunde der Krise selbst widerlegt. Der Weg war nicht frei, die Leistung wurde zur Fehlleistung, die Bank war überall, nur nicht an der Seite ihrer Kunden.

Dafür kündigte man den Banken nicht das Konto, wohl aber die Freundschaft. Die Gemüter der Bürger sind seither in schwankendem Zustand: Man braucht die Banken, aber man will sie eigentlich nicht mehr. Man schätzt den Filialleiter um die Ecke, aber man hält die Investmentbanker in New York oder London für Scharlatane. Zerschlagungs- und Enteignungsfantasien kursieren, in London unter der Überschrift »Nationalization« ebenso wie in der deutschen Debatte, wo sie sich notdürftig als Regulierungsideen tarnen.

Die westliche Wirtschaftsgeschichte ist seit Längerem schon eine Geschichte, in der nicht der Markt allein entscheidet. Zu Beginn des vorigen Jahrhunderts führten der Anstieg der häuslichen Gewalt und die gleichzeitige Einführung des Frauenwahlrechts in den USA zur Durchsetzung der Prohibition. Herstellung, Transport und Konsum von Alkohol waren per Verfassungsänderung zwischen 1920 und 1933 verboten. Dabei hatten beide Parteien, Demokraten und Republikaner, das Thema in den Wahlkämpfen gemieden, da sie selbst in Fraktionen – »wet and dry« – gespalten waren. Auch die Unterstützung durch den damaligen Präsidenten Woodrow Wilson nutzte der Getränkeindustrie nicht viel, sie verlor ihr wichtigstes Produkt an Schwarzbrenner, Hehler und die überall entstehende Alkohol-Mafia.

Die Tabakindustrie kam damals ungeschoren davon, dafür ist sie nun ins Zielfernrohr des Staates geraten. Die westlichen Regierungen greifen mit der Härte von Steuergesetz, Genussmittelverordnung, Werberichtlinien und Polizei gegen sie durch. Der Verweis der Tabakmanager auf die kulturelle Dimension des Gebrauchs von Genussstoffen, auf das Selbstbestimmungsrecht der Bürger, auf die ebenfalls nicht ganz unerheblichen Todeszahlen der Alkohol- und Autoindustrie erwies sich als wenig überzeugend. Der Staat, der die Mehrheit seiner Bürger in dieser Frage hinter sich weiß, hat der Tabakindustrie einen Strick um den Hals gelegt. Tabak wird nicht verboten, aber zu Tode reguliert.

Die Gentechnologie, die durch Nutzung der Kenntnisse aus der Molekularbiologie Eingriffe in das Erbgut von Pflanzen und Tieren vornimmt, hat gute Gründe auf ihrer Seite – aber nicht die deutsche Bevölkerung. Es ist den Managern der Pharmafirmen und Nahrungsmittelkonzerne nicht gelungen, die Mauer der Ablehnung zu durchbrechen. Sie waren von der Richtigkeit ihrer Argumente so überzeugt, dass sie die Kommunikation darüber vergaßen. Ihr Geschäftsmodell war beendet, bevor es sich in Deutschland entfalten konnte.

Ist die Gesellschaft einmal in innere Aufregung versetzt, geht es nicht nur rational zu. Im Sommer 1982 wurde per höchstrichterlichem Beschluss ein Verbot der Peepshows in Deutschland durchgesetzt. Damals urteilte das Bundesverwaltungsgericht in Berlin, das Zurschaustellen nackter Frauenkörper verstoße gegen die »guten Sitten« und verletze die Würde der Frau. Peepshows seien daher in Deutschland nicht genehmigungsfähig. Es kam zur Schließung dieser klebrigen Etablissements.

Das Kuriose war nur: Die Prostitution überlebte den richterlichen Furor. Das kommerzielle Vorzeigen des entblößten Frauenkörpers ist seither verboten, sein Totalverkauf nicht. »Wenn sich die Wucht richterlichen Urteilens allein gegen ein groteskes Randphänomen richtet, kann und muss man sich betrogen fühlen – das Peepshow-Urteil als weißes Brusttuch auf dem gänzlich befleckten Anzug«, urteilte damals der Sexualwissenschaftler Eberhard Schorsch im »Spiegel«. Doch es blieb bis heute bei der Halbmoral.

Die Banken sind bereits in eine Phase eingetreten, wo sie nicht mehr selbst ihre Geschäftspolitik bestimmen können. Hinter jedem Bankvorstand stehen ein Staatsanwalt und zwei Dutzend Regulierer. Rund die Hälfte seiner Arbeitszeit, bekannte jüngst ein Vorstandsmitglied der Deutschen Bank, verbringe er nicht mehr mit Geschäftspartnern, sondern mit Anwälten.

Die Bank der Zukunft wird nicht nur anders auftreten, sie wird vor allem anders denken müssen als das heutige Institut gleichen Namens. Den öffentlichen Auftrag, den die Banken bei der Geldversorgung der Volkswirtschaft de facto erfüllen, müssen sie auch als solchen begreifen. Das klingt harmlos, aber es bedeutet die Abkehr von einem Geschäftsmodell, das die Gewinne für die Bank zu maximieren versucht, derweil die Risiken auf Kunden und Staat übergehen. Die Bank der Zukunft wird – wie die Energieversorger – sich ihres öffentlichen Auftrags erinnern müssen. Den Nachweis ihrer Nützlichkeit für die Gesellschaft muss sie neu erbringen. Von ihr wird erwartet, dass sie mithilft, das Verschuldungsniveau der Staaten zu senken, anstatt es weiter zu erhöhen. Eine neue Geldkultur sollte die Probleme der Staats- und Unternehmensfinanzierung lösen, nicht wie im Falle Griechenlands, im Fall der Kirch-Gruppe oder im Fall der norddeutschen Reeder verschärfen.

Das Zeitalter des »Deleveraging«, des weltweiten Schuldenabbaus, erfordert die Kunst des geordneten Rückzugs. Das Dauerrisiko unserer Tage kann nur reduziert werden, wenn das Geldsystem seine Komplexitätsdynamik bremst. Auch dafür ist es notwendig, die Schicksale von Staat und Geldgewerbe wieder zu entkoppeln. Die Banken sollten die zentrale Notwendigkeit einer Entflechtung von Staat und Finanzwirtschaft nicht erdulden, sondern aus eigenem Antrieb und im eigenen Interesse vorantreiben. Sie werden anschließend kleiner sein, dafür aber stabiler.

Aus Verkaufsmaschinen sollten wieder Geldaufbewahrungs- und Geldberatungsfirmen werden, die dem Kunden zuhören und ihm helfen, seine Pläne umzusetzen. Der Grad der Kunden-Zufriedenheit und des Klienten-Erfolgs muss über die Bezahlung des Bankers entscheiden und nicht die Tatsache, ob es ihm gelingt, sein Gegenüber mit möglichst vielen Aktienfonds, Optionsscheinen, Versicherungen und einer Überdosis Kredit zu versorgen. Die Banken sollten wieder das werden, was sie waren: Dienstleister für Bürger, Unternehmen und Staaten, Teil des tertiären Sektors eben.

Das Risiko des Vertriebs von Finanzmarktprodukten gehört wieder zum Produkthersteller, also zu Banken und Versicherungen. Der Hersteller haftet. Das wiederum hat Folgen für das Eigenkapital der Geldhäuser. Denn wer kein oder kaum Eigenkapital vorhält, der besitzt nichts, womit er im Fall der Fälle haften könnte. Eigenkapital ist Haftungskapital und muss deshalb spürbar erhöht werden. Ifo-Präsident Sinn sagt zu Recht: »Wer kein Eigenkapital hat, haftet nicht, wer nicht haftet, zockt.«

Die neuen, in Basel verabredeten Eigenkapitalanforderungen tragen dieser Erkenntnis noch immer nicht ausreichend Rechnung. Eigenkapital sei teuer, klagen die Banken. Eine Bank ohne ausreichend Eigenkapital aber ist für die Gesellschaft nachweislich teurer, sollten wir ihnen erwidern. Es führt deshalb kein Weg an dieser Erkenntnis vorbei: Wer die Einsturzwahrscheinlichkeit einer Bank reduzieren will, muss ihre Einlagen erhöhen und damit die Bilanzsumme verkürzen.

Der Eigenhandel gehört verboten, weil er das Casinohafte in sich trägt; Leerverkäufe zum Zwecke der Spekulation ebenso wie Rohstoff-Wetten, die nicht der Absicherung realer Rohstoffgeschäfte dienen. Regulierung allein aber kann die Bereinigung des Produktportfolios nicht bewerkstelligen. Es braucht Banker, die ihre Berufsehre neu definieren.

Dass dies gelingen kann, zeigen Industriezweige, die durch einen ähnlichen Prozess des Kulturwandels gegangen sind. Stromgiganten wie Eon und RWE setzen nach staatlicher Initialzündung mittlerweile beherzt auf den Ausbau der erneuerbaren Energien. Der ehemalige Atomkraftkonzern Siemens führt als »green company« ein zweites Leben. Die Autoindustrie, die einst gegen den Katalysator zu Felde zog, schaltete von spritschluckend auf ressourcenschonend um. Die Hersteller von Farben und Lacken eliminierten nach der Lindan-Affäre die gesundheitsschädlichen Stoffe aus ihren Produkten. Die moderne Kosmetikindustrie kommt ohne Tierversuche aus. Die renommierten Unternehmen der Lebensmittelindustrie anerkennen mittlerweile, dass ihre Verantwortung für die Volksgesundheit der Verantwortung für die Aktionäre gleichgestellt ist. Und auch die moderne Pharmaindustrie hat Lehren aus der Vergangenheit gezogen. Ihr Lehman Brothers hieß Contergan.

Für diesen Kulturwandel müssen die Banken auch nicht, wie Kanzlerkandidat Steinbrück neuerdings meint, in eine Investmentbank und eine Kundenbank zerschlagen werden. Denn die Universalbank ist weitaus besser in der Lage, die Risiken zu tragen, die sie eingeht. Und Risiken soll sie ja wieder selbst tragen. Derweil im Innern der typischen Investmentbank nur Wettscheine lagern, verfügt die Universalbank über vorzeigbare und im Fall der Fälle belastbare Einlagen.

Auch die tägliche Zusammenarbeit von Traditions- und Investmentbankern ist in ihrer disziplinierenden Wirkung nicht zu unterschätzen. Erst durch das Aufeinandertreffen von Produkterfindern und Filialleitern, die diese Finanzprodukte vertreiben müssen, entsteht eine Kultur, die stärker auf Stabilität und Seriosität beruht. Die Gründung reiner Zockerbanken hat sich in Amerika nicht bewährt, weshalb die im Glass-Steagall Act der Roosevelt-Ära vorgeschriebene Aufspaltung der Bankenlandschaft wieder rückgängig gemacht wurde. Auch die jüngere Geschichte hat Steinbrücks Idee widerlegt: Lehman Brothers und Bear Stearns, die Pleitebank und die Beinahe-Pleitebank der USA, waren reinrassige Investmentbanken, keine Universalbanken.

Der SPD-Kandidat kennt die Vorteile der Universalbank, bis vor Kurzem schätzte er sie auch: »Das deutsche Universalbankensystem hat sich als robuster und resistenter herausgestellt als das amerikanische Bankensystem. Dort landet man jetzt bei dem Konstrukt von Universalbanken, das wir längst haben«, so sprach er am Tag nach der Lehman-Pleite im Deutschen Bundestag. Der Meinungsumschwung kam mit der Kandidatenwerdung. »Wahlkämpfe sind keine Festivals der Wahrhaftigkeit«, wusste schon Helmut Schmidt zu berichten.

Die deutsche Finanzwelt ist – trotz aller Übertreibungen des Systems – ein Vermögenswert, dessen Grundsubstanz erhalten gehört. Die Privathaushalte wissen das dichte Filialnetz vor Ort zu schätzen. Ohne eine nationale Kreditversorgung stünde der Mittelstand schlechter da. Auch Großindustrie und Staat bleiben auf die Kapitalbeschaffung in effizienten Finanzmärkten angewiesen.

Ziel aller Reformen muss es daher sein, dem deutschen Finanzsektor das Exzesshafte auszutreiben und ihn aus der symbiotischen Beziehung zum Staat zu lösen. Die Banken sollen ihr Leben ändern, aber sie sollen es nicht verlieren.

Warum wir die Vereinigten Staaten von Europa bauen sollten

Die europäische Idee ist von allen Ideen, die dieser Kontinent in den letzten 100 Jahren hervorgebracht hat, die wertvollste. Die Verschuldungskrise ist trotz aller Dramatik von allen europäischen Verwerfungen der vergangenen 200 Jahre die harmloseste. Es gibt viele Gründe, mit dem heutigen Europa zu hadern, aber keinen einzigen, die europäische Idee im Ordner der gescheiterten Visionen abzuheften.

Zuweilen hat man das Gefühl, manche unserer Zeitgenossen fürchten sich vor dem Falschen. Das Neue ängstigt sie, dabei bildet das Alte und der Gedanke, es könnte zurückkehren, die eigentliche Bedrohung. Das Europa der vielen verschiedenen Währungen, der unzähligen Interessen und Armeen, der mannigfaltigen Egoismen, in dem die Teile nie ein Ganzes ergaben, war für den Wohlstand der Völker keine gewinnbringende Veranstaltung. Auch deshalb wird dieses Europa jetzt transformiert. Wir tun das, damit wir nicht die Biografien unserer Eltern und Großeltern nachspielen müssen.

Wer sich die Fähigkeit bewahrt hat, durch den Nebel der Tagespolitik hindurchzuschauen, kann an guten Tagen die Vereinigten Staaten von Europa bereits erkennen. In den Zeitungen steht zwar täglich das Wort »Krise«. Aber vielleicht ist das ein Übersetzungsfehler. Womöglich wäre es treffender, das Wort »Geburtsanzeige« an seine Stelle zu setzen.

Geburtstage sind lustig, Geburten sind es nicht. Im Kreißsaal wird nach Kräften geschrien und gestöhnt, trotz moderner Medizin lauert hinter jedem Herzton das Risiko. Das Neugeborene landet meist blutverschmiert in den Armen der Eltern.

Die Entstehung von Staaten und Staatenbünden verläuft nicht weniger archaisch. Zu besichtigen ist ein Vorgang, bei dem die Prozesse der Geschichte wirken, die sich politisch beeinflussen, aber nicht steuern lassen. So gesehen ist die Griechenland-Krise eine einzige große Presswehe. Die Portugal-Krise eine zweite Wehe, die Spanien-Krise eine dritte und so fort. Die europäische Vielvölkerfamilie ist Augenzeuge eines nicht ganz einfachen Geburtsaktes, bei dem das Kind mit den Füßen zuerst nach draußen drängt.

Nun darf Optimismus kein anderes Wort für Naivität sein. Die europäische Idee ist im Kern keine romantische. Das Versprechen an die europäischen Völker war ein umfassendes. Im Zentrum standen drei große Worte: Wohlstand, Frieden und Freiheit.

Der Frieden scheint garantiert, nur um die Erreichung der beiden anderen Ziele muss derzeit gebangt werden. Im politischen Raum hat man rund 500 Millionen Europäer zu Zuschauern gemacht. Alles kann man in unseren Breiten mittlerweile wählen, seine Brotsorte, seine Fluggesellschaft, seinen Ehepartner, den Bürgermeister und wer möchte, sogar sein Geschlecht. Nur bei der Besetzung des Brüsseler Hofstaates hat der mündige Bürger den Mund zu halten. Die 27 Kommissare und neuerdings auch die Verantwortlichen der diversen Rettungsschirme kommen so jungfräulich ins Amt wie das Jesuskind in die Maria. Hohe Staatsämter werden empfangen, aber nicht durch Wahlen vergeben. Nirgendwo ist man so weit von Europa weg wie in Brüssel. Es scheint, als seien mit den Staatsdefiziten auch die Demokratiedefizite noch gewachsen, die Ralf Dahrendorf schon vor Jahrzehnten moniert hat.

Wir bewundern die Menschen, die sich in Ägypten gegen ihren scheinbar vom Schicksal entsandten Präsidenten Mubarak erhoben. Abend für Abend standen sie auf dem Tahrir-Platz, bis dieser Monolith von Machtmensch sich endlich in Richtung Ausgang bewegte. Unser Mubarak heißt José Manuel Barroso.

Durch freie Wahlen kann man ihn nicht loswerden, was für ein Spitzenamt dieser Güteklasse ungebührlich ist. In Brüssel hat sich die europäische Obrigkeit ihren eigenen Staat geschaffen, der auch als Recyclinghof für abgehalfterte Minister, Parteichefs und Regionalfürsten gute Dienste leistet. Mit Demokratie hat diese Staatsform nicht viel gemein. Wenn Europa ein Staat wäre, würde man ihm derzeit die Aufnahme in die EU verweigern müssen, sagte kürzlich Martin Schulz, der Präsident des Europäischen Parlaments.

Eine Verlagerung von noch mehr Kompetenzen an den Brüsseler Hofstaat, wie von Barroso gewünscht, würde unter den heutigen Bedingungen das Demokratiedefizit und damit die Anfälligkeit Europas für Havarien aller Art weiter vergrößern. Die Gesellschaft der Geheimräte und Bürokraten ist nicht die Fortsetzung der Bürgergesellschaft, sondern ihr Vorläufer. Europa sollte kein Tarnwort für die Errichtung neo-feudaler Verhältnisse sein.

Mit der Vermehrung des Wohlstands will es derzeit ebenfalls nicht so recht klappen, er geht sogar in einigen Südländern zurück. Wenn es nur die Staatsschulden alleine wären, die daran schuld sind. Aber zehn von 17 Euro-Staaten weisen ein Doppeldefizit aus: Diese Staaten konsumieren mehr, als sie einnehmen, und die Wirtschaft importiert mehr, als sie exportiert. Beide Teile des Ganzen – Privatwirtschaft und Staat – saugen also Wohlstand von anderswo ab, lassen sich von den Finanzmärkten und den Importeuren aushalten.

Spanien führt pro Werktag für 190 Millionen Euro mehr Waren ein, als es selbst verkauft. Im wesentlich kleineren Griechenland sind es pro Werktag 110 Millionen Euro, in Portugal 60 Millionen Euro. Damit die Bürger nicht merken, wie ihre Volkswirtschaften an Leistungskraft verlieren, springt der Staat in die Bresche. Der leiht sich Geld, um das Wohlstandsniveau halbwegs zu halten. So gehen steigende Leistungsbilanzdefizite mit steigenden Haushaltsdefiziten Hand in Hand. So verschärft die Bastardökonomie die unhaltbaren Verhältnisse, die sie selbst herbeigeführt hat.

Allein in diesem Jahr werden in der Eurozone neue Schulden in Höhe von 240 Milliarden Euro aufgenommen, zum größten Teil, um alte Schulden zu bedienen. Diese Schuldenumwälzanlage ist ein einziges Ärgernis, weil sie die Volkseinkommen vernichtet, weil sie von allein immer größer wird, weil sie die politische Macht und die Finanzmärkte scheinbar auf ewig miteinander verbindet. Wohlstand kann unter diesen Bedingungen nicht gedeihen.

Viele glauben nun, die Deutschen könnten an Stelle der Finanzmärkte die Rolle des Big Spenders für Südeuropa übernehmen. Und in der Tat: Die Idee, deutsche Steuermilliarden (rund 600 Milliarden Euro jährlich) und deutsche Spargutha-ben (rund zwei Billionen Euro insgesamt) für andere Staaten und Banken anzuzapfen, liegt in der Logik des Bisherigen. Der Süden Europas befindet sich auf der Intensivstation, wo er nun mit Geldinfusionen aller Art versorgt wird. Der deutsche Wohlstand würde, so sagen die Befürworter eines »größeren deutschen Engagements«, in verflüssigter Form auf den Patienten wie ein Aphrodisiakum wirken.

Doch in diesen Saugrüssel gehört ein Knoten. Europa braucht eine Ärmel-hoch-Kultur und keine Philosophie, bei der jeder nach dem größeren Wohlstand des Nachbarn trachtet, solange dieser ihn noch besitzt. Europa kann zu den Bedingungen Griechenlands, Portugals und Spaniens nicht existieren, weil ja schon Griechen, Portugiesen und Spanier nicht zu diesen Bedingungen existieren können. Arbeit und Anstrengung lassen sich auf Dauer nicht durch Konsum und Kredit ersetzen. Wer Europa will, muss mit der Anerkennung dieser Realität beginnen.

Gleichwohl bedarf der Süden Europas der helfenden Hand, auch die der Deutschen. Die derzeitige Politik ist zu stark auf die Rolle des Staates fixiert. Die Probleme Griechenlands aber – und vieler anderer Schuldenstaaten – wurzeln im Privatsektor.

Die derzeit angewandte Therapie erinnert in vielem an das, was der US-Bevollmächtigte Jeffrey Sachs und seine Chicago-Boys im Russland des Boris Jelzin ausprobierten: hastige Deregulierung, Fließband-Privatisierung und tiefe Einschnitte im Staatshaushalt: Sie schufen jenen Wildwest-Kapitalismus, der die russische Gesellschaft bis heute in Milliardäre und Habenichtse spaltet. Sachs, der sich damals als »Dr. Schock« einen Namen machte, hat sich bei den Russen später entschuldigt.

Die Rolle des Dr. Schock ist auf die vielen Griechenland-Retter in Brüssel, Berlin und Paris übergegangen. Erneut sind Finanzartisten am Werk, die viel von Umschuldung, Kreditbeziehungen und Hebelwirkungen verstehen, aber wenig von der Kunst, eine Volkswirtschaft und die in ihr arbeitenden Menschen zu stimulieren. Die Nachfolger von Dr. Schock verbreiten Ohnmachtsgefühle, nicht Optimismus. Sie entziehen der Wirtschaft Geld, anstatt Investitionen zu ermöglichen. Sie drücken das Land von der Rezession in die Depression. Muskeln aber kann man sich nicht anhungern.

Wären wir Deutsche mit den Bürgern in der DDR so verfahren wie mit den Griechen, die Menschen dort würden noch immer Trabant fahren und auf die Bananen der Importeure warten. Alles, was wir in der DDR richtig gemacht haben – der Schuldenerlass für die Betriebe, die Anreizprogramme für den zunächst nicht vorhandenen Mittelstand, die stufenweise Anhebung der Löhne zur Schaffung von Kaufkraft –, machen wir in Griechenland falsch. Wer nicht sät, kann keine blühenden Landschaften hervorbringen.

Die Idee von der Aufspaltung der Währungsunion in einen Süd- und einen Nord-Euro konnte nur im Treibhausklima der deutschen Talkshows keimen. In der wahren Wirklichkeit würde dieses Vorgehen nicht die Linderung der Probleme, sondern ihre Potenzierung bedeuten. Die Refinanzierung der südeuropäischen Staatsschuld würde noch teurer als heute. Der Risikoaufschlag für einen Süd-Euro würde die Leistungskraft der ohnehin leistungsschwachen Wirtschaften überfordern – und somit Banken und Staaten in eine noch engere Umklammerung zwingen. Griechenland und die anderen Südeuropäer blieben vom Kapitalmarkt vermutlich auf ewig ausgeschlossen.

Auch für die deutsche Exportindustrie, die Waren im Wert von jährlich immerhin rund 110 Milliarden nach Südeuropa liefert, verhieße ein Ende der bisherigen Währungsunion nichts Gutes. Deutschland würde mit Exportrückgängen und steigender Arbeitslosigkeit bezahlen. Zur Erinnerung: Seit Gründung der Währungsunion haben sich die deutschen Exporte auf über eine Billionen Euro pro Jahr verdoppelt, auch dank der kreditfinanzierten Kauflust der Südeuropäer.

Die deutschen Banken und der heimische Steuerzahler würden bei einem Auseinanderbrechen der Eurozone nicht befreit aufatmen, sondern – ganz im Gegenteil – mit Griechen, Portugiesen und Spaniern mitleiden: »Die Kredite, die Deutschland an überschuldete Euro-Staaten gegeben hat, würden sich über Nacht in sichere Verluste verwandeln«, sagt Rürup. Die Folge wären weitere Steuererhöhungen in Deutschland – oder neue Schulden.

Hilfreicher als der Süd-Euro oder die Rückkehr der Griechen zur Drachme wäre ein erneuter Schuldenerlass. Der ist, so wie die Dinge liegen, sowieso unvermeidlich. Griechenland hat sich gründlich verhoben. Und das übrige Europa half dabei kräftig mit. Ein Schuldenerlass würde nur die Tatsache anerkennen, die längst anerkannt gehört: Griechenland ist zahlungsunfähig.

Die bisherige sogenannte Griechenland-Hilfe war und ist in Wahrheit eine Hilfe für die Banken, die das Geld, noch bevor es griechischen Boden berührt, in ihre Kassen schleusen. So kann die Illusion einer Schuldenbedienung durch die in Wahrheit zahlungsunfähige Regierung in Athen aufrechterhalten werden. Diese Hilfe dient der Halluzination, nicht der Heilung.

Den griechischen Schuldenberg hat diese Art der Hilfe enorm vergrößert. Er betrug vor Ausbruch der Krise 262 Milliarden oder 112 Prozent der Wirtschaftskraft. In diesem Jahr werden die Schulden 346 Milliarden Euro oder 180 Prozent der Wirtschaftskraft ausmachen. Und das trotz des Schuldenschnitts, und obwohl in Athen eine Sparrunde die nächste jagt.

Dass die griechische Bevölkerung das Gefühl nicht loswird, hier werde hinter ihrem Rücken ein anderes, größeres Spiel gespielt, sollten wir ihr nicht verdenken. Das Gefühl ist richtig. Derweil die eigenen Geldeliten ihre Schätze in London und anderswo in Sicherheit bringen, wird Griechenland mit jedem Tag, an dem die Rettungsaktion anhält, ärmer. So rettet man das Land zu Tode.

Zum Erfolg wird ein Schuldenerlass allerdings nur dann führen, wenn gleichzeitig – wie einst in der DDR – private Investitionen angelockt werden. Die Kiste mit den Ködern ist reich gefüllt. Vom beschleunigten Genehmigungsverfahren über die Investitionszulage bis zu staatlich ausgewiesenen Sonderwirtschaftszonen reicht das Instrumentarium, das bereits in jenen Weltregionen, die früher Dritte Welt hießen und heute ehrfürchtig Emerging Markets genannt werden, seine Wirkung unter Beweis gestellt hat.

Für die Finanzierung eines Aufbau-Süd-Programms sollte

nicht erneut staatliches, sondern vor allem privates Geld mobilisiert werden. Eine fest verzinste Investitionsanleihe ließe sich problemlos in Europa platzieren. Die privaten Haushalte in Deutschland, Italien, Frankreich und anderswo sind potent genug, sie zu zeichnen. Die griechische Elite könnte ihren Patriotismus unter Beweis stellen und ihre Milliarden aus dem Ausland zurückholen, um sie in der darbenden Heimat zu investieren.

Diese Investitionsanleihe würde einem Investitionsfonds, nennen wir ihn »Europe Invest 2030«, zufließen, der seinerseits ein eigenes Management unterhielte. Industriekapitäne aller Länder, auch solche, die den aktiven Dienst bereits quittiert haben, könnten sich hier nützlich machen. Ihre Aufgabe wäre es, das Geld in profitable Geschäftsfelder zu leiten, bestehende Firmen zu unterstützen und neue Unternehmungen gegen eine Beteiligung zu finanzieren. »Europe Invest 2030« würde nicht nur Geld, sondern auch industrielle Erfahrung und globale Netzwerke zur Verfügung stellen. Dem trostlosen Regime der Rettungsschirme wäre das Alleinstellungsmerkmal genommen. Im Süden Europas könnte wieder über Wachstum und Wohlstand gesprochen werden. »Hätten wir aus eigenem Antrieb Marshallhilfen organisiert, wären wir die Helden«, sagt Sinn.

George C. Marshall war jener bemerkenswerte US-Militär, der ein milliardenschweres Hilfsprogramm für Europa entwarf, das der Friedenssicherung durch ökonomischen Wiederaufbau diente. 125 Milliarden Euro flossen bis heute aus dem Fonds dieses Programms von den USA in Richtung Deutschland. Mit seiner nur zwölfminütigen Rede vom 5. Juni des Jahres 1947, gehalten an der Harvard-Universität, veränderte Marshall bis heute den Blick der Europäer auf die Siegermacht Amerika, die nun mit ausgestreckter Hand dem Kriegsbeginner und Kriegsverlierer Deutschland begegnete: »Die Vereinigten

Staaten müssen alles, was in ihrer Macht steht, unternehmen, um zu der Rückkehr normaler wirtschaftlicher Verhältnisse beizutragen, denn ohne diese sind eine politische Stabilität und ein gesicherter Friede unmöglich. Unsere Politik richtet sich nicht gegen irgendein Land oder eine Anschauung, sondern gegen Hunger, Armut, Verzweiflung und Chaos. Ihr Ziel ist die Wiederbelebung einer leistungsfähigen Weltwirtschaft, die das Entstehen politischer und sozialer Zustände, in denen freiheitliche Einrichtungen gedeihen können, ermöglichen soll. Jede Hilfe, die unsere Regierung in Zukunft gewähren mag, sollte Heilung und nicht bloß Linderung bringen.«

Auch Südeuropa braucht ein solches Aufbauwerk, das nicht bloß Linderung, sondern Heilung bringt. Aber dafür darf das Hilfsgeld nicht an Banken und in den Staatshaushalt fließen, sondern muss die Privatwirtschaft zur Investition und die Privathaushalte zur Mitfinanzierung anregen. Nur so lassen sich wettbewerbsfähige Strukturen aufbauen, wie es die Türkei, Irland, die ehemalige DDR und selbst die vor Kurzem noch im Steinzeit-Kommunismus lebenden Chinesen zu Wege gebracht haben. »Geldgeschenke erzeugen immer nur Lebensstandard unter Vernichtung von Wettbewerbsfähigkeit«, sagte jüngst ein griechischer Minister im Interview mit der »Frankfurter Allgemeinen Zeitung«.

Alle politischen Großvisionen, von der Aufnahme weiterer EU-Mitglieder bis zur Errichtung einer Wirtschaftsregierung und der Verabschiedung einer europäischen Verfassung, sollten für die Dauer dieser wirtschaftlichen Kraftanstrengung ruhen. Die Stabilisierung der vor den USA größten Wirtschaftsmacht der Welt – denn das ist das heutige Europa – ist keine Nebenbeschäftigung. Die Lehre aus der hastigen Beitrittspolitik kann nur lauten, das Tempo zu reduzieren. Gründlichkeit hat jetzt Vorrang vor Schnelligkeit. Man kann den Weg nach Europa auch verstolpern.

Das Wohlstandsversprechen der europäischen Gründungsväter lässt sich mit der Fortsetzung einer kreditfinanzierten Staatsfinanzierung ohnehin nicht erreichen. Die Symbiose von Banken und Staaten hat die Südeuropäer in den Schlamassel geführt; sie ist das Problem, nicht die Lösung. Sie muss begrenzt, nicht expandiert werden.

Eine die Menschen aktivierende Marktwirtschaft, so wie die Deutschen sie nach dem Zweiten Weltkrieg zusammen mit den Amerikanern entwickelten, wäre die richtige Antwort auch für Südeuropa. Die neuen Amerikaner könnten die Deutschen sein. Aber wo hält sich unser General Marshall versteckt?

Die Wirtschaftswissenschaften müssen sich selbst neu denken

Um die Wirtschaftswissenschaften ist es nicht gut bestellt. Viele Weltökonomen haben heimlich den Beruf gewechselt. Von Wissenschaftler wurde auf Geschäftsmann umgesattelt. Die gelegentliche Lehrtätigkeit in Harvard, Stanford oder Columbia dient weniger der Forschung als der Camouflage.

Das Geschäftsmodell vieler Ökonomie-Professoren, nicht nur in Amerika, aber dort vor allem, beruht auf der Wiederholung des bereits zuvor Wiederholten, weil das den Autor als den Verkünder eines ökonomischen Evangeliums positioniert. Die Prominenten im wirtschaftspolitischen Debattenzirkus wie Paul Krugman und Joseph Stiglitz wissen, was hier gemeint ist. Sie liefern mit jedem Buch einen weiteren Beleg für die Richtigkeit ihrer Argumentation im vorherigen Werk. Selbstzweifel gelten als geschäftsschädigend und haben deshalb zu unterbleiben. Unversehens werden hoch geschätzte Wissenschaftler zu nicht minder hoch bezahlten Mitarbeitern einer Klischeefabrik.

Ausgerechnet jene Zunft, die der Erkenntnis und dem Fortschritt verpflichtet ist, verdingt sich damit als Handlanger der Verhältnisse. Die neu entstandene Bastardökonomie hat von den amerikanischen Wirtschaftsdeutern derzeit nicht viel zu befürchten. Die einen prügeln den Staat, die anderen attackieren den Markt, sodass für den großen Graubereich dazwischen, da wo Regierungen und Finanzinvestoren konspirieren und kooperieren, keine Aufmerksamkeitsreserven verbleiben.

Die Spielaufstellung ist seit Jahren unverändert: Linke Ökonomen machen die Funktionsweise des modernen Kapitalmarktes – seine Sucht nach größtmöglicher Hebelwirkung, das in Mode gekommene Verpacken und Weiterreichen von Risiken, das Denken in Quartalszahlen, die Bonuskultur – für die weltweite Krise verantwortlich. Konservative Ökonomen zeigen mit dem gleichen Finger in die andere Richtung – auf den Staat, der durch die Teilnahme der halb staatlichen Immobilienfinanzierer am Subprimemarkt und die Versorgung der Finanzmärkte mit billigem Notenbankgeld die Hauptschuld an der Misere trage. Doch die Wesensveränderung, die im Charakter unserer Marktwirtschaft stattfand und weiter stattfindet, die ja gerade darin besteht, dass Markt und Staat ihre Fehler gemeinsam begehen, dass der eine als Komplize des anderen auftritt, wird mit dieser Schwarz-Weiß-Brille nicht erfasst.

Die Tatsache, dass Regierung, Notenbank und Finanzwirtschaft gemeinsam die Verhältnisse hervorgebracht haben, an denen die Weltwirtschaft leidet, findet keine angemessene Beachtung. Dabei gilt in der wahren Wirklichkeit: Ohne Staatsversagen kein Marktversagen und umgekehrt. Ohne das billige Zentralbankgeld und die oberflächliche Aufsicht hätte es die weltweite Hyperspekulation nicht geben können. Andererseits hätten das viele Geld und der wegschauende Staat kein Unheil angerichtet, wenn im Bankengewerbe nicht der tradierte Standard suspendiert und der einst langweilige Bankangestellte durch den Investmentbanker ersetzt worden wäre, der keinen Schreck mehr bekommt, wenn er das Wort »Risiko« hört, sondern einen Erregungszustand.

Richtig ist: Der Bankensektor wurde zum Casino umgebaut. Aber genauso richtig ist: Die Lizenz zum Umbau und die Jetons für den laufenden Spielbetrieb kamen vom Staat. Staat und Markt sind in Täterschaft vereint.

Es ist vielleicht kein Zufall, dass nicht ein Ökonom, sondern ein Rechtsgelehrter wie Richard A. Posner, oberster Richter beim Bundesgerichtshof und Lehrbeauftragter an der University of Chicago Law School, die gemeinsame Stoßrichtung der angeblichen Antipoden thematisiert: »Die Regierung drückte in Richtung niedrigerer Standards beim Geldverleihen. Aber sie drückte auf eine bereits geöffnete Tür.« Auch Männer wie Rürup und Sinn sind vom Vorwurf der Einseitigkeit freizusprechen. Beide sehen – trotz unterschiedlicher Schlussfolgerungen aus der Finanzkrise – nicht nur eine enthemmte Geldindustrie auf der Anklagebank, sondern auch den Staat, der die Enthemmung erst ermöglichte. Die Regierungen waren »nicht unschuldig«, sagt Rürup.

Männern wie Krugman, Stiglitz und auch Colin Crouch würde eher die Hand abfallen, als dass ihnen ein kritisches Wort zur Rolle des Staates über die Lippen käme. Er ist ihre Gottheit, der dem Teufel, also dem Markt, den Garaus machen soll. »Der Markt ist amoralisch«, sagt Crouch. Dass der Staat den »Bonusbankern« in Wahrheit die Tür aufhält, traut er sich nicht zu denken.

Auffällig ist, dass vor allem jene Ökonomen mit besonderem Furor zu Werke gehen, deren Überzeugungen sich nie in praktischer Politik niederschlagen durften. Der unausgesprochene Vorwurf, den sie an das herrschende System richten, ist nicht der, dass es zu kapitalistisch ist, sondern dass es sie zu wenig beachtet hat. Stiglitz, Krugman und Co. waren – bei aller Unterschiedlichkeit im Detail – die Minderheit der Reagan-, Clinton- und Bush-Jahre. Ihnen ging es unter republikanischen wie demokratischen Präsidenten nicht besser als den Hofnarren in den Schlössern der europäischen Feudalherren. Sie durften sagen, was sie wollten. Aber die Mächtigen hielten sich die andere Meinung nur zur Bestätigung ihrer eigenen.

Wenn Krugman vor »Marktradikalismus« warnte, wusste Dick Cheney, was er nicht denken wollte. Wenn Stiglitz die Clinton'schen Arbeitsmarktreformen attackierte, konnte Clinton mit dem guten Gefühl ins Bett gehen, in der Mitte der Gesellschaft angekommen zu sein.

Nach der Krise kam die Revanche. Die Hofnarren von einst übernahmen die Macht, zumindest in der öffentlichen Meinungsbildung, und ziehen nun der Reihe nach die alten Kaninchen aus dem Hut – mehr Regulierung, Einführung eines Trennbankensystems, Konjunkturprogramme und eine scharfe marktfeindliche Rhetorik. Es gibt nahezu keine Forderung der 80er und 90er Jahre, die nicht mit großer Leidenschaft neu vorgetragen würde. Wenn die ökonomische Post-Krisen-Debatte ein Fernsehprogramm wäre, könnte man meinen, jemand hätte den Schalter »Autorepeat« gedrückt. So offenbart die Krise der Weltwirtschaft auch eine Krise jenes Berufsstandes, der zur Erklärung der Zustände in besonderer Weise aufgerufen wäre.

»Die Ereignisse wurden durch die rücksichtslose Gier der Banken verursacht«, schreibt Crouch in »Das befremdliche Überleben des Neoliberalismus«. »Ganz offensichtlich versagen Märkte, wenn sie sich selbst überlassen werden«, sekundiert Stiglitz in seinem Krisenbuch »Im freien Fall«. Als ob es zu Lebzeiten von Stiglitz auch nur einen Tag gegeben hätte, an dem Märkte sich selbst überlassen waren. Der Subprime-Markt im Besonderen war nicht sich selbst überlassen, sondern folgte dem von Politik und Banken gemeinsam entwickelten Design. Hier befand sich, wie wir in Kapitel 4 gesehen haben, das Exerzierfeld der Bastardökonomie, die eine neue Sozialpolitik – jedem sein Eigenheim – und eine vermeintlich kostenlose Konjunkturpolitik mit den Methoden des Kapitalmarktes zu bewerkstelligen versuchte.

Vater Staat hat nicht weggeschaut, wie Steglitz meint, er hat hingeschaut und hat all die Enthemmungen der Finanzwelt persönlich herbeigeführt. Die Finanzwelt wurde vom Staat dereguliert; sie hat es nicht selbst getan. Und der Staat hat es getan, weil er hoffte, durch diese Entfesselung seine eigene Reichweite erhöhen zu können.

Daraus ziehen nun viele den Republikanern nahestehende Ökonomen den Schluss, der Staat sei der Alleinschuldige und die Banken das Opfer der Verhältnisse. Die linke Einseitigkeit wird mit rechter Einseitigkeit erwidert. Das hört sich dann in der Argumentation von Michael Bloomberg, Unternehmer und Bürgermeister der Bankenmetropole New York, so an:

»Nicht die Banken haben Schuld an der Hypothekenkrise. Schuld war der Kongress, der die Banken zwang, Hypotheken an Personen zu vergeben, die keine Sicherheiten mitbrachten. Er hat Fannie und Freddie gezwungen, viele riskante Kredite zu vergeben. Er hat die Banken gezwungen, jedem Geld zu geben. Und jetzt sollen die Banken die Bösen sein.«

Dieser Freispruch des privaten Geldsektors ruft dann sogleich die anderen Einäugigen auf den Plan, allen voran Paul Krugman. Er erwidert Bloombergs Schuldspruch an die Adresse des Staates mit dessen Freispruch: »Diese Geschichte, die dem Staat die Schuld an der Krise in die Schuhe schiebt, ist bei den Rechten längst zum Dogma avanciert. Aus Sicht der Republikaner ist sie das Wort Gottes zur Finanzkrise. Die Geschichte ist natürlich falsch.« Das sei »hohles Gewäsch« und eine »große Lüge«, schreibt Krugman in seinem Buch »Vergesst die Krise. Warum wir jetzt Geld ausgeben müssen«: Schuld an den Verwerfungen der Weltwirtschaft seien »entfesselte Märkte und das ungebremste Streben nach Gewinn und Reichtum«.

Die amerikanische Einseitigkeit findet in Deutschland ihre Nachahmer. Auch Peter Bofinger, Professor für Volkswirtschaftslehre an der Universität Würzburg und Mitglied im Sachverständigenrat, glaubt, die Mehrfachkrise unserer Tage sei dadurch entstanden, »dass man den Staat nach dem Ende des Kommunismus möglichst klein gehalten« habe. Die Märkte hätten die Gesellschaft dominiert, derweil dem Staat durch Steuersenkung und Deregulierung nach und nach die Lebensgrundlage entzogen worden sei. »Die Anhänger des Marktes haben in ihrer Verblendung nicht erkannt, welch selbstzerstörerisches Potenzial einem völlig ungezügelten Markt innewohnen kann«, so Bofinger.

Dabei ist der Rückzug des Staates ein modernes Märchen. Im fraglichen Zeitraum von 1990 bis 2008 wurde in Deutschland die Staatsquote – der Anteil der staatlichen und staatlich bedingten wirtschaftlichen Aktivität an der wirtschaftlichen Gesamtleistung der Volkswirtschaft – um 1,1 Prozent gesenkt, was vor allem der zunächst stark expandierenden und dann leicht schrumpfenden Ostförderung geschuldet ist. In den USA ging die Staatsquote im selben Zeitraum um 1,5 Prozent nach oben. Im Durchschnitt aller OECD-Staaten stieg sie um 0,7 Prozent. Von einem Zeitalter des staatlichen Rückzuges kann keine Rede sein. Der Staat blieb ein gleichgewichtiger Spieler, aber er hat – auf Wachstum und privat finanzierte Sozialpolitik hoffend – den regulatorischen Spielraum der Finanzhäuser bewusst erweitert. Er wollte nicht ihnen, er wollte sich selbst damit einen Gefallen tun.

Die Märkte waren nicht zügellos. Sie liefen am lockeren Zügel einer Geldpolitik, die bewusst auf Expansion der Geldmenge gesetzt hatte. Die neuen Finanzierungsmodelle für Hausbesitzer und deren Kreditgeber waren staatlich gewollt und gefördert. Auch wenn es widersprüchlich klingt, die Deregulierung war auch ein Staatsprogramm.

Doch die Behauptung vom schwächlichen Staat wird in der Schwarz-Weiß-Logik gebraucht, um so den Ruf nach einem »handlungsfähigen Staat« zu legitimieren, wie Bofinger ihn fordert. Dieser Staat soll seine Schuldpositionen nicht ab-, sondern aufbauen: »Mit der Schuldenbremse legen sich Bund und Länder selbst an die kurze Kette«, klagt Bofinger. Oder wie Krugman formuliert: »Jetzt investieren. Später bezahlen.»

Heiner Flassbeck, einst Staatssekretär im Finanzministerium des Oskar Lafontaine und mittlerweile Ökonom bei der UNCTAD, der United Nations Conference on Trade and Development, geht noch einen Schritt weiter. Er will dem Staat nicht nur mehr Geld, sondern auch mehr Machtbefugnis zukommen lassen. Der Staat müsse »in jeder Hinsicht konsequent darüber entscheiden, ob überhaupt der Markt eine vernünftig Lösung erwarten lässt«. Er empfiehlt den Deutschen »ein System, in dem der Markt vielleicht nur noch die Minderheit ist«.

Es wäre an der Zeit, den religiösen Charakter der bisherigen Wirtschaftswissenschaft abzustreifen und mit der Säkularisierung des Faches zu beginnen. Eine neue Wissenschaftlergeneration ist gefordert, die Komplexität nicht bis zur Stupidität zu reduzieren. Wenn die Wirtschaftswissenschaft den Menschen nützlich sein will, muss sie neue Ideen entwickeln und Althergebrachtes verwerfen; Fortschritt findet nicht als Endlosschleife des Bisherigen statt. Oder um es mit Krugman zu sagen: »Wissenschaftlicher Fortschritt vollzieht sich vor allem durch Beerdigungen.«

Wohlstand oder Wachstum? Plädoyer für eine Politik der Entschleunigung

Eine neue Generation von Wirtschaftswissenschaftlern sollte den bisherigen Wohlstandsbegriff, auch den, der diesem Buch zugrunde liegt, überdenken. Wohlstand in seiner in Zahlen gefassten Form ist nicht viel mehr als eine Bilanz mit vielen Additionszeichen; Brot und Kleidung, Haus und Auto, Diamant und Motorjacht summieren sich zu einer Landschaft des Materiellen, besiedelt von einer Gesellschaft des Habens und des Habenwollens. Das Wort »genug« ist in dieser Umgebung heimatlos.

Wer den Wohlstandsbegriffs derart verkürzt, führt ein Leben jenseits und womöglich sogar unterhalb seiner Fähigkeiten und Bedürfnisse. Wir haben in der Europadebatte erlebt, wie sich das Materielle gegen die Vision von der europäischen Einheit erhob. Nach der Finanzkrise war es das Primat des Finanziellen, das die Politik hinderte, ihren Kreditgebern, also den Banken, auch nur das Geringste zuzumuten.

Die Vulgärinterpretation von Wohlstand, die ihn mit kreditgetriebenem Wachstum gleichsetzt, steht heute der notwendigen Trennung von Staat und Geldwirtschaft entgegen. Solange die Regierungen glauben, sie schulden ihren Wählern möglichst hohe Wachstumsraten, werden sie auf den Kredit als Wachstumsbeschleuniger nicht verzichten wollen. Wahlkämpfe werden heute im Wesentlichen von den Mächten des Materiellen organisiert. Was sich Sozialpolitik nennt, ist oft nur getarnte

Machterhaltungspolitik, die mit einem leistungslosen Wohlstandsversprechen das Wahlverhalten der Menschen zu beeinflussen sucht.

Angela Merkel klang in ihrer Regierungserklärung vom 10. November 2009 so, wie ihre Kollegen anderer Länder auch klingen: »Ich will, dass wir alles versuchen, jetzt schnell und entschlossen die Voraussetzungen für neues und stärkeres Wachstum zu schaffen. Wachstum zu schaffen, das ist das Ziel unserer Regierung, meine Damen und Herren.«

Nicht wenige westliche Regierungen sind sogar in Versuchung, den unbedingten Wachstumswillen gegen die Freiheit auszuspielen. Denn befeuert von den Wohlstandserwartungen ihrer Wähler, den echten wie den vermuteten, fiel ihr Auge längst auf die neuen staatskapitalistischen Länder. Auch wenn es kein westlicher Spitzenpolitiker je bekennen wird: Das futuristische Hochhausgebirge von Schanghai, die Erfolge der chinesischen Exportindustrie und die nun fast ein Vierteljahrhundert währende Erektion der dortigen Wachstumsraten lösen im Westen Faszination und Nachahmungsgelüste aus.

Es wird zwar gern gesagt, die Marktwirtschaft sei nach dem Ende der Planwirtschaft konkurrenzlos. Aber das stimmt nicht. Die erfolgreichen westlichen Wirtschaftssysteme sind, gemessen in der Währung der Wachstumszahlen, mit dem Ende der Sowjetunion sogar unter Druck geraten. Der schläfrige Bär war kein würdiger Rivale. Der chinesische Drache ist da von anderem Kaliber. Länder wie China oder auch die Arabischen Emirate haben eine neue Form des Staatskapitalismus entwickelt, den auch der glühendste Wall-Street-Kapitalist neidlos als »High Performer« anerkennt.

Private Firmen spielen in diesen Ländern zwar die Musikinstrumente, aber der Staat schwingt den Taktstock. Die Formen der Einflussnahme sind subtiler als zu Zeiten der sozialistischen Plankommissare. Staatsfonds, sogenannte sovereign wealth funds, bündeln das im Export verdiente Geld, um es strategisch einzusetzen. Die Regierungen entwickeln Leitlinien, denen die Unternehmen zu folgen haben. Die Währungspolitik wird zum Schutz der heimischen Industrie und zur Schwächung der Importländer eingesetzt.

Die Staatsfonds sind zu mächtigen Spielern in der Globalwirtschaft aufgestiegen. Ihr Gesamtbesitz beläuft sich nach Berechnungen des IWF auf rund zehn Billionen Dollar, was das Eigenkapital der 100 größten Banken um das Doppelte übersteigt. Diese Gelder unterstehen Männern wie dem ehemaligen Präsidenten Venezuelas Hugo Chávez, dem Königshaus von Saudi Arabien und der Kommunistischen Partei Chinas.

Der Staatskapitalismus fordert mit seinen praktischen Erfolgen unsere bisherigen Grundüberzeugungen heraus. Arbeitete die alte Planwirtschaft sowjetischer Bauart mit ihren Dysfunktionalitäten der westlichen Wirtschaftsordnung in die Hände, bedeutet die Existenz des Staatskapitalismus eine Provokation. Unsere beiden bisherigen Grundannahmen, dass marktwirtschaftliche Systeme höhere Wachstumsraten erzeugen und dass der Staat mit Geld weniger klug umgeht als die Privatwirtschaft, werden scheinbar widerlegt.

Der Siegeszug der staatskapitalistischen Länder ist kein exotisches Randthema. Er bildet das gedankliche Biotop, in dem sich die Wesensveränderung der westlichen Marktwirtschaften überhaupt erst so ungestört entwickeln konnte. Denn plötzlich war da eine Alternative, die höhere Wolkenkratzer, schneller wachsende Konzerne, stabilere Währungen hervorbrachte. Und sie tat es unter fortdauerndem Verstoß gegen die Spielregeln der Marktwirtschaft, in deren Zentrum der Freiheitsbegriff steht. In China haben die westlichen Politiker gelernt, dass es im Grenzbereich von Staat und Privatwirtschaft ein neues Betätigungsfeld für sie gibt. Ihre Neigung ist gewachsen, die Bastardökonomie nicht mehr als Ausnahmefall, sondern als neue Normalität anzuerkennen. Gern und oft spricht man neuerdings wieder vom »Primat der Politik«, ganz wie in den staatskapitalistischen Ländern auch. Die Marktwirtschaft rutscht in die Rolle des Sekundären. Nach dem Dauerrisiko unserer Tage, das man ihr zur Last legt, erscheint das als die angemessene Form der Bestrafung.

Dabei ist der fundamentale Unterschied zwischen den heutigen Ereignissen und dem Scheitern des Kapitalismus in den 30er Jahren des vorigen Jahrhunderts der folgende: Der Kapitalismus ging an sich selbst zugrunde. Er verstarb, weil man sein rohes Wesen und seine Begrenztheit durchschaut hatte. Die heutige Marktwirtschaft dagegen leidet, weil man ihr wahres Wesen manipuliert hat. Sie wird öffentlich für etwas angeklagt, was sie selbst nicht zu verantworten hat.

Wir haben in diesem Buch das Fenster zur Vergangenheit auch deshalb so weit aufgerissen, damit man Ursache und Wirkung in der langen Kette von Immobilien-, Banken- und Finanzkrise klar voneinander scheiden kann. Denn am Beginn aller Verwerfungen stand eben nicht der Markt, sondern das Wort des Staates. Er entfesselte die Finanzmärkte, auf dass sie ihm bei Wohlstandserzeugung und Wählerbeglückung behilflich seien. So kamen Staat und Banksystem ins Geschäft. So geschah, was nie hätte geschehen dürfen. Die Unvernunft drang tief in unser Wirtschaftssystem ein, um sich dort zu potenzieren.

Die Wachstumsraten, die unsere Volkswirtschaften ausweisen, sind seit Langem schon gewaltsam erzeugt. Nicht freie Märkte, sondern staatliche Stellen haben der Volkswirtschaft eine sich ständig selbst vergrößernde Kreditinfusion verpasst. Erst im Zusammenspiel echter Produktivitätsfortschritte, tatsächlicher technologischer Durchbrüche mit der Vorwegnahme künftigen Wachstums in Gestalt von Schulden sind die Wohlstandszuwächse entstanden, derer sich unsere Politiker rühmen. Verringern wir das jährliche Bruttosozialprodukt der Jahre 2000 bis 2012 um die jeweilige staatliche Kreditfinanzierung, sinkt die durchschnittliche Wachstumsrate dieses Zeitraumes von 1,3 Prozent auf 0,1 Prozent. Unsere Marktwirtschaft ist kreditgetrieben. Die Gegenwart wird beleuchtet um den Preis künftiger Verdunkelung.

Die Feinde des Wohlstandes, wir haben es gesehen, besitzen viele Gesichter. An manchen Tagen sehen sie aus wie ein Rudel halbstarker Investmentbanker, dann wieder wie ein Trupp ehrgeiziger Regierungspolitiker, der uns die eigene Zukunft verkaufen will. Und manchmal sehen die Feinde unseres Wohlstandes auch nur aus wie wir selbst. Die als krisenhaft empfundenen Umstände haben wir zwar nicht herbeigeführt und nicht gewollt. Die Augenblicksgier aber, und die Verführbarkeit mittels einer kleinen Zusatzdosis Wohlstand, beobachten wir auch an uns. Wer möchte, kann dieses Buch getrost als Spiegel benutzen.

Wenn wir unsere eigene Mündigkeit ernst nehmen, kommen wir nicht umhin festzustellen: Nichts geschieht, ohne dass wir es geschehen lassen. Auch der fortgesetzte politische Betrug entlässt uns nicht aus der Verantwortung. Die bittere Erkenntnis der Hannah Arendt, auch wenn von ihr in anderem Kontext gewonnen, hat nichts an Aktualität verloren: »Im Bereich der Politik, wo Geheimhaltung und bewusste Täuschung stets eine große Rolle gespielt haben, ist Selbstbetrug die Gefahr par excellence.«

Das »Denken ohne Geländer«, das die Grande Dame der politischen Philosophie für sich in Anspruch nahm, wäre auch uns zu empfehlen. Vom Parteienstaat zumindest, der stets aufs

Neue mit rhythmischem Parteitagsklatschen und der götzenhaften Verehrung eines jedweden Parteivorsitzenden seine Einfalt demonstriert, ist weder Linderung noch Lösung zu erwarten. Die Volksparteien liefern sich keinen Wettbewerb der Ideen und der Analysen. Sie wetteifern lediglich darum, ob die bastardisierten Verhältnisse unter sozialdemokratischer oder christdemokratischer Flagge fortgesetzt werden sollen. Die Kreditsucht hat ihnen den Geist vernebelt.

So sind wir auf uns selbst zurückgeworfen. Der mündige Bürger muss all seine Mündigkeit zusammennehmen. Wenn er selbst sich kein Licht anzündet, wird es niemand anders für ihn tun.

Vielleicht muss man neben der Wirklichkeit auch unsere Wahrnehmung von ihr verändern. Beim weiteren Fortgang unserer Wohlstandsgeschichte hängt vieles nicht von den Tatsachen ab, sondern von unserem Blick auf die Tatsachen. Wie wollen wir leben? Empfinden wir ein Absinken der Wachstumsraten als ehrverletzend oder als annehmbar? Welchen Stellenwert soll das Risiko in unserem Alltag spielen dürfen? Erlauben wir uns und anderen ein Leben der Auf- und Abschwünge, oder streben wir das Gemächliche und Erwartbare an? Konkurrieren wir noch mit China oder kopieren wir schon? Wollen wir uns vor der Zukunft gruseln, es uns im Grandhotel Abgrund bequem machen, oder wollen wir einander helfen, die Dinge nicht nur anders, sondern besser zu machen?

Was heute als Niederlage gilt, moderate Wachstumsraten zum Beispiel, lässt sich auch als willkommene Entschleunigung eines übertourig drehenden Wirtschaftssystems begreifen. Eine reife Industriegesellschaft wie die deutsche und die amerikanische müsste sich nicht an jedem Werktag mit den Wachstumsraten der spät industrialisierten Länder wie China und Indien messen. Es gibt auch für Volkswirtschaften ein altersgerechtes Verhalten. Vielleicht sollten wir unsere Erwartungen nicht nur den Möglichkeiten, sondern auch den Bekömmlichkeiten anpassen.

Das krediterzeugte Wachstum ist riskant und schädlich, darüber haben wir in diesem Buch ausführlich gesprochen. Aber die gute Nachricht lautet: Es ist unnötig. Es gibt zumindest keinen wirtschaftlichen Zwang, die Wachstumsraten künstlich hochzuhalten. Ein behutsames Ansteigen des Wohlstandsniveaus in Deutschland und den USA würde – anders als womöglich in China – keine sozialen Unruhen auslösen. Die Schwankungsanfälligkeit würde sinken, die Gefahr von Bankenkrisen mit dem Abbau der staatlichen Kreditsucht schwinden. Wobei hier nicht der Verzicht auf Wachstum gepredigt werden soll, nur der Verzicht auf das Hinzukaufen von Wachstum. Der echte Wohlstandszuwachs, der sich aus der Erfindung von gänzlich Neuem und der Verbesserung des Bestehenden speist, ist nicht zu tadeln. Eine stationäre Wirtschaft, die sich selbst genügt und das Neue für entbehrlich hält, wird auch dem gesellschaftlichen Fortschritt nicht förderlich sein.

Wenn wir schon mit uns selbst ins Gespräch kommen, sollten wir alle entscheidenden Begriffe nochmals neu in die Hand nehmen: Wohlstand, Freiheit, Sicherheit. Gerade jetzt, nachdem wir die komplexe Geschehenskette gemeinsam abgelaufen sind, fühlen sich diese Werte wertvoll an. Wir haben gesehen, dass keiner dieser drei im Zuge eines göttlichen Schöpfungsprogramms über uns gekommen ist. Alles hat sich entwickelt, ist erarbeitet, erkämpft, manches auch erduldet und erlitten. Aber nichts ist garantiert.

Der Wohlstand ist so flüchtig wie die Freiheit zerbrechlich. Selbst die Idee, die Geschichte besitze einen inneren Fortschrittsautomatismus, erwies sich, wie wir gesehen haben, als haltlose Schwärmerei. Es geht für unsere Gesellschaften in alle nur denkbaren Richtungen weiter – nach unten, nach oben, und seltener, als man glaubt, verbleibt eine Nation für längere Zeit auf dem Hochplateau des Gegenwärtigen.

Am besten geht es den Menschen dann, wenn Wohlstand, Freiheit und Sicherheit wie bei einem Puzzle ineinandergreifen. Freiheit in Armut ist so wenig verlockend wie ein Wohlstand, der durch Unfreiheit erkauft wurde.

Wahrscheinlich müssen Karl Popper und Ludwig Erhard nacheinander gelesen, aber zusammen gedacht werden. Wohlstand, der mehr sein will als die Anbetung von Konsum, kann nur in der offenen Gesellschaft heimisch werden. Und diese wiederum darf bei aller Sehnsucht nach Sicherheit ihre Beziehung zur Freiheit nicht erkalten lassen.

»Wir müssen für die Freiheit planen und nicht für die Sicherheit«, sagte Popper. Und fügte sogleich hinzu: »Wenn auch vielleicht aus keinem anderen Grund als dem, dass nur die Freiheit die Sicherheit sichern kann.«

Literatur

Acemoglu, Daron; Robinson, James A.: *Why Nations Fail.* London: Profile Books, 2012

Akerlof, Georg A.; Shiller, Robert J.: *Animal Spirits – Wie Wirtschaft wirklich funktioniert.* Frankfurt/Main: Campus Verlag, 2009

Ambrose, Stephen E.; Brinkley, Douglas G.: *Rise To Globalism.* New York: Penguin, 1997

Andersen, Kurt: *Reset.* New York: Random House, 2009

Appleby, Joyce: *The Relentless Revolution.* New York: W.W. Norton, 2010

Bagehot, Walter: *Lombard Street.* Greenbook Publications, LLC, 2010

Bagus, Philipp: *Die Tragödie des €uro – Ein System zerstört sich selbst.* München: FinanzBuch Verlag, 2011

Beck, Hanno: *Geld denkt nicht.* München: Carl Hanser Verlag, 2012

Beck, Ulrich: *Risikogesellschaft – Auf dem Weg in eine andere Moderne.* Frankfurt/ Main: Suhrkamp Verlag, 1986

Bollmann, Ralph: *Reform – Ein deutscher Mythos.* Berlin: wjs Verlag, Wolf Jobst Siedler jr., 2008

Bremmer, Ian: *Das Ende des freien Marktes.* München: Carl Hanser Verlag, 2011

Brooks, David: *The Social Animal – The Hidden Sources of Love, Character, and Achievement.* New York: Random House, 2012

Coggan, Philip: *Paper Promises – Money, Debt and the New World Order.* London: Penguin, 2012

Crouch, Colin: *Das befremdliche Überleben des Neoliberalismus*. Berlin: Suhrkamp Verlag, 2011

Dahrendorf, Ralf: *Die Krisen der Demokratie*. München: Verlag C. H. Beck, 2002

Demandt, Alexander: *Über die Deutschen – Eine Kulturgeschichte*. Berlin: Ullstein Buchverlage, 2007

Diamond, Jared: *Collaps*. New York: Penguin, 2005

Dorgan, Byron L.: *Reckless!* New York: Thomas Dunne Books, 2009

Eichengreen, Barry: *Globalizing Capital*. New Jersey: Princeton University Press, 2008

Engels, Wolfram: *Der Kapitalismus und seine Krise*. Düsseldorf: Wirtschaftswoche, Verlagsgruppe Handelsblatt, 1996

Enzensberger, Hans Magnus: *Ach Europa!* Frankfurt/Main: Suhrkamp Verlag, 1987

Enzensberger, Hans Magnus: *Sanftes Monster Brüssel oder die Entmündigung Europas*. Berlin: Suhrkamp Verlag, 2011

Erhard, Ludwig: *Wohlstand für Alle*. Düsseldorf: Econ Verlag, 1957

Ferguson, Niall: *Civilization:* London: Penguin, 2011

Flassbeck, Heiner: *Die Marktwirtschaft des 21. Jahrhunderts*. München: Westend Verlag, 2012

Flossbach, Bert; Vorndran, Philipp: *Die Schuldenlawine*. München: FinanzBuch Verlag, 2012

Fox, Justin: *The Myth of the Rational Market*. New York: Harper Collins, 2009

Friedell, Egon: *Kulturgeschichte der Neuzeit*. München: Verlag C. H. Beck, 2008

Friedmann, Milton: *Kapitalismus und Freiheit*. München: Piper Verlag, 2010

Fukuyama, Francis: *The Origins of Political Order*. New York: fsgbooks, 2011

Fulcher, James: *Capitalism – A Very Short Introduction.* New York: Oxford University Press, 2004
Galbraith, John Kenneth: *Die solidarische Gesellschaft.* Hamburg: Hoffmann und Campe Verlag, 1998
Habermas, Jürgen: *Die postnationale Konstellation.* Frankfurt/Main: Suhrkamp Verlag, 1998
Hank, Rainer; Plumpe, Werner (Hrsg.): *Wie wir reich wurden.* Stuttgart: Konrad Theiss Verlag, 2012
Hank, Rainer: *Die Pleite-Republik.* München: Karl Blessing Verlag, 2012
Hayek, Friedrich A.: *Der Weg zur Knechtschaft.* München: Olzog Verlag, 2009
Jay, Peter: *Das Streben nach Wohlstand.* Berlin: Ullstein Buchverlage, 2000
Kagan, Robert: *Macht und Ohnmacht.* Berlin: Siedler Verlag, 2003
Kennedy, Paul: *Aufstieg und Fall der großen Mächte.* Frankfurt/Main: Fischer Taschenbuch Verlag, 2000
Krugman, Paul: *The Return of Depression Economics.* New York: W. W. Norton, 2009
Krugman, Paul: *Vergesst die Krise! – Warum wir jetzt Geld ausgeben müssen!* Frankfurt/Main: Campus Verlag, 2012
Landes, David: *Wohlstand und Armut der Nationen.* Berlin: Siedler Verlag, 1998
Luhmann, Niklas: *Soziologie des Risikos.* Berlin: Walter de Gruyter, 2003
Luhmann, Niklas: *Vertrauen.* Stuttgart: Lucius & Lucius, 2000
Mallaby, Sebastian: *Mehr Geld als Gott.* München: FinanzBuch Verlag, 2011
Marquand, David: *The End of the West.* New Jersey: Princeton University Press, 2011

Meyer, Christopher; Kirby, Julia: *Standing on the Sun.* Boston: Harvard Business School Publishing Corporation, 2012

Miegel, Meinhard: *EXIT – Wohlstand ohne Wachstum.* Berlin: Ullstein Buchverlage, 2010

Mierzejewski, Alfred C.: *Ludwig Erhard – Der Wegbereiter der Sozialen Marktwirtschaft. Biografie.* München: Siedler Verlag, 2005

Morris, Charles R.: *The Two Trillion Dollar Meltdown.* New York: Public Affairs, 2008

Müller, Henrik: *Eurovision.* Frankfurt/Main: Campus Verlag, 2012

North, Douglass C.: *Understanding the Process of Economic Change.* New Jersey: Princeton University Press, 2005

O'Neill, Jim: *Die Märkte von Morgen.* München: FinanzBuch Verlag, 2012

Osterhammel, Jürgen: *Die Verwandlung der Welt.* München: Verlag C. H. Beck, 2009

Popper, Karl: *Die offene Gesellschaft und ihre Feinde – Band II.* Tübingen: J. C. B. Mohr (Paul Siebeck), 2003

Pozen, Robert: *Too Big to Save?* Hoboken, New Jersey: John Wiley, 2010

Prossliner, Johann: *Bruchstücke einer großen Konfusion.* München: Kastell Verlag, 2012

Rauchway, Eric: *The Great Depression & the New Deal.* New York: Oxford University Press, 2008

Ritholtz, Barry; Task, Aaron: *Bailout Nation.* Hoboken, New Jersey: John Wiley, 2009

Rürup, Bert; Heilmann, Dirk: *Fette Jahre.* München: Carl Hanser Verlag, 2012

Sandel, Michael J.: *What Money can't buy.* New York: fsgbooks, 2012

Sandschneider, Eberhard: *Der erfolgreiche Abstieg Europas.* München: Carl Hanser Verlag, 2011
Schirrmacher, Frank; Strobl, Thomas: *Die Zukunft des Kapitalismus.* Berlin: Suhrkamp Verlag, 2010
Schivelbusch, Wolfgang: *Entfernte Verwandtschaft.* Frankfurt/Main: Fischer Taschenbuch Verlag , 2008
Schmidt, Susanne: *Das Gesetz der Krise.* München: Droemer Verlag, 2012
Sedláček, Tomáš: *Die Ökonomie von Gut und Böse.* München: Carl Hanser Verlag, 2012
Sennett, Richard: *Zusammen arbeiten.* München: Hanser Berlin, 2012
Shlaes, Amity: *Der vergessene Mann.* Weinheim: Wiley-VCH Verlag & Co. KGaA, 2011
Sinn, Hans-Werner: *Kasino-Kapitalismus.* Berlin: Ullstein Buchverlage, 2009
Sloterdijk, Peter: *Im Weltinnenraum des Kapitals.* Frankfurt/Main: Suhrkamp Verlag, 2005
Sloterdijk, Peter: *Zeilen und Tage, Notizen 2008–2011.* Frankfurt/Main: Suhrkamp Verlag, 2012
Smith, Adam: *Der Wohlstand der Nationen.* München: C. H. Beck'sche Verlagsbuchhandlung, 1974, Ausgabe: Deutscher Taschenbuch Verlag, 2009
Sorkin, Andrew Ross: *Too Big to Fall.* New York: Penguin, 2009
Soros, George: *Financial Turmoil in Europe and the United States.* New York: Public Affairs, 2012
Starobin, Paul: *After America.* New York: Penguin, 2009
Steinbrück, Peer: *Unterm Strich.* Hamburg: Hoffmann und Campe Verlag, 2010
Steingart, Gabor: *Weltkrieg um Wohlstand. Wie Macht und Reichtum neu verteilt werden.* München: Piper Verlag, 2006

Steingart, Gabor: *Das Ende der Normalität.* München: Piper Verlag, 2011

Stiglitz, Joseph E.: *Freefall – America, free Markets, and the Sinking of the World Economy.* New York: W. W. Norton, 2010

Strobl, Thomas: *Ohne Schulden läuft nichts.* München: Deutscher Taschenbuch Verlag, 2010

Tooze, Adam: *Ökonomie der Zerstörung.* München: Siedler Verlag, 2007

Vogl, Joseph: *Das Gespenst des Kapitals.* Zürich: diaphanes, 2010/2011

Weidenfeld, Ursula; Sauga, Michael: *Gelduntergang – Wie Banken und Politik unsere Zukunft verspielen.* München: Piper Verlag, 2012

Weinstein, Leon A.: *Capitalism 101.* Telemachus Press, LLC, 2011

Wessel, David: *In Fed We Trust.* New York: Crown Business, 2009

Wittmann, Walter: *Superkrise – Die Wirtschaftsblase platzt.* Zürich: Orell Füssli Verlag, 2012

Woods Jr.; Thomas E.: *Meltdown.* Washington: Regnery Publishing, 2009

Yergin, Daniel; Stanislaw, Joseph: *The Commanding Heights.* New York: Touchstone, 1998

Danksagung

»Schreiben ist nicht schön. Schön ist, geschrieben zu haben« war einer der Sinnsprüche, die Rudolf Augstein stets auf den Lippen trug. Wenn sich im Fall des vorliegenden Buches das schöne Gefühl schon vor der Fertigstellung einstellte, liegt das an der Vielzahl von inspirierenden Gesprächen mit klugen und wohlmeinenden Menschen, die dieses Buch von Anfang an begleiteten. Zu danken ist an erster Stelle meinem Verleger, Ideengeber und Lektor Wolfgang Ferchl, der keine Mühe und Uhrzeit scheute, um hilfreich zu sein. Viele Gedanken, die in diesem Buch stecken, sind im Dialog entstanden. Wolfgang Ferchl ist ein Quer- und Mitdenker.

Zu danken ist Professor Dr. Bert Rürup, der trotz der zeit- und kräftezehrenden Aufbauarbeit, die er als Präsident des Handelsblatt Research Institutes leistet, die Rolle des fachlichen Kritikers übernahm. Seine ökonomische Expertise und sein freundschaftlicher Rat sind gar nicht hoch genug zu bewerten. Mein besonderer Dank geht an Dr. Jörg Lichter, der dieses Buch mit Fleiß und Akribie dokumentiert hat. Für alle denkbaren Fehler bin ich selbst verantwortlich, aber dass es so wenige sind, habe ich Jörg Lichter zu verdanken.

Ich bedanke mich bei Wolfgang Nowak, dem ehemaligen Geschäftsführer der Alfred-Herrhausen-Gesellschaft, für seine treuen Dienste als Geist des Widerspruchs. Kein Buch ohne meine Agentin Bettina Keil, die dieses Projekt so leidenschaftlich vorantrieb wie die vorherigen auch. Als Gegenleserin leistete sie, gerade weil sie nicht Ökonomin, sondern Literaturexpertin ist, wertvolle Dienste. Auch Birgit Politycki möchte ich die Ehre erweisen, die ihr gebührt: Erst ihre Öffentlichkeitsarbeit sorgt dafür, dass die werte Leserschaft auch von diesem Buch erfährt. Last, but not least danke ich den Vorständen der internationalen Bankenwelt, den Regulierern und Reguliererinnen, den Regierungsmitgliedern verschiedenster Länder dafür, dass sie sich die Zeit zum Dialog und zum Disput genommen haben. Unter den Vertretern der Bastardökonomie fanden sich nicht wenige, die ihr Tun und Treiben der Selbstreflexion geöffnet haben. Und auch den anderen, die in eigener Sache auf Unschuld plädieren, sei hier bei aller Kritik in der Sache der Respekt des Autors versichert. Es gibt Grund zur Kritik, aber nicht für Feindseligkeit.

Nassim Nicholas Taleb

Antifragilität

Anleitung für eine Welt, die wir nicht verstehen

Nach *Der Schwarze Schwan* –
der neue Bestseller des Kultautors.

In *Der Schwarze Schwan* problematisierte Nassim Nicholas Taleb die zunehmende Unberechenbarkeit der Welt. Jetzt liegt sein wichtigstes Buch vor: In *Antifragilität* liefert »der führende Denker unserer Zeit« (*Times*) eine wirkmächtige Gebrauchsanweisung, wie wir selbst, unsere Unternehmen und Strukturen, Chaos und unberechenbare Ereignisse nicht nur überstehen, sondern sogar davon profitieren können.

»Um die Gegenwart zu verstehen,
muss man Antifragilität verstehen.«

Rolf Dobelli, Autor von
Die Kunst des klaren Denkens und
Die Kunst des klugen Handelns

Nassim Nicholas Taleb
Antifragilität
Anleitung für eine Welt, die wir nicht verstehen

Knaus Verlag
688 Seiten
978-3-8135-0489-7

Abriss bitte mitnehmen!

Datum · bezahlt bis · Uhrzeit

Bezahlt **Standort**

In den Geschäften mit diesem Zeichen wird Ihre Parkgebühr angerechnet!